Tierbabys häkeln

Liebe Leserin und lieber Leser,
wir haben alle Anleitungen sorgfältig geprüft. Falls es doch einen Fehler geben sollte, findest du dazu hier eine Errata: www.mitp.de/0766. Bei Fragen zum Buch kannst du dich gerne hier melden: lektorat@mitp.de

Manuela Reinhardt

Tierbabys häkeln

22 süße Amigurumi aus aller Welt

mitp

Bibliografische Information der Deutschen Nationalbibliothek

Die Deutsche Nationalbibliothek verzeichnet diese Publikation in der Deutschen Nationalbibliografie; detaillierte bibliografische Daten sind im Internet über http://dnb.dnb.de abrufbar.

Bei der Herstellung des Werkes haben wir uns zukunftsbewusst für umweltverträgliche und wiederverwertbare Materialien entschieden.
Der Inhalt ist auf elementar chlorfreiem Papier gedruckt.

ISBN 978-3-7475-0766-7
1. Auflage 2024

www.mitp.de
E-Mail: mitp-verlag@sigloch.de
Telefon: +49 7953 / 7189 - 079
Telefax: +49 7953 / 7189 - 08

Lektorat & Sprachkorrektorat: Nicole Winkel
Covergestaltung: Christian Kalkert
Fotos: Manuela Reinhardt, Hobbii A/S (S. 12/13), Carolin Ullrich (S. 8)
Druck: ADverts in Riga, Lettland

Druckprodukt mit finanziellem
Klimabeitrag
ClimatePartner.com/18246-2601-1007

Inhalt

Arktis/nördliche Polarregion

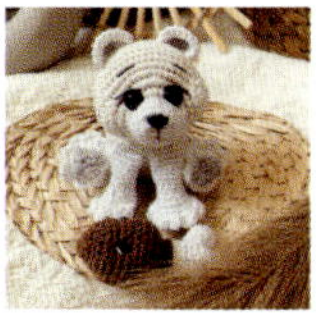

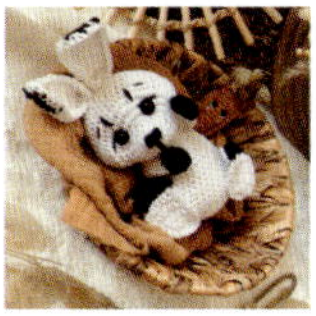

Antarktis/ südliche Polarregion

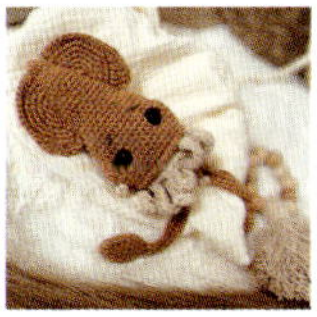

Europa

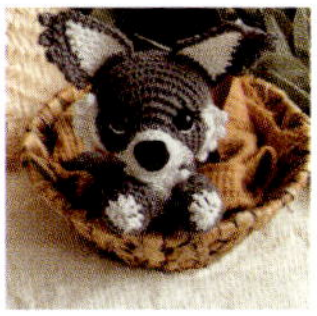

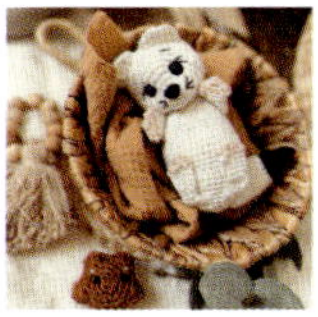

Australien

Afrika

Asien

Nord-, Mittel- und Südamerika

Vorwort

Hallo du Herzchen,

hier ist es also: mein erstes Buch! Wahnsinn, ich hätte mir in meinen kühnsten Träumen nicht vorgestellt, mal ein eigenes Buch zu schreiben. Ich bin so überwältigt!

Mein Name ist Manuela, ich bin 36 Jahre jung und wohne im schönen Unterfranken in Bayern. Ich bin Mama von einem 4-jährigen kleinen Sonnenschein, der auch der ausschlaggebende Punkt für meine Häkelsucht ist.

Alles fing damit an, dass ich eine Wal-Kinderwagenkette im Internet gesehen hatte. Diese wollte ich unbedingt haben. Und da ich ja so gerne selbst Hand anlege, dachte ich, ich probiere es mal selbst aus. Also Häkelsachen besorgt und YouTube an. Nach ein paar Versuchen war der erste Wal geboren und die Leidenschaft war entfacht. So entstanden dann zahlreiche weitere Tierchen, die ich auf meinem Instagram-Account online stellte.

Der Anfang war gemacht und seitdem habe ich so viele tolle neue Freunde und Häklerinnen und Häkler kennengelernt! Ja und dann kam die Anfrage von der lieben Nicole und dem mitp-Verlag per Mail bei mir an. Und was sollte ich sagen? Einfach nur »JAAAAAAA«!

Ich habe so tolle Freunde, einen tollen Ehemann, eine starke Familie und eine tolle Community … und alle haben mich tatkräftig unterstützt und es möglich gemacht, meinen Traum vom eigenen Buch mit meinen eigenen Designs zu verwirklichen. An dieser Stelle möchte ich allen meinen Unterstützern, vor allem meinen Testhäklern und meiner Lektorin Nicole, danken.

In der Hand hältst du jetzt diesen Traum mit meinen 22 Tierbabys aus aller Welt, die mit so viel Liebe entstanden sind. Jedes davon ist einzigartig und es steckt so viel Arbeit und Leidenschaft darin. Die Tierbabys sind für Groß und Klein, fühlen sich überall zuhause und passen überall hin. Es würde mich so freuen, deine Tierbabys kennenzulernen. Du kannst mir deine Babys auf Instagram mit dem Hashtag #elastierbabys zeigen – und gerne auch als Designerin mit @ela_and_ mr._max zu markieren.

Hab jetzt ganz viel Spaß mit diesem Buch und erlebe eine fantastische Reise auf alle Kontinente zu den bezaubernden Tierbabys.

Deine Ela

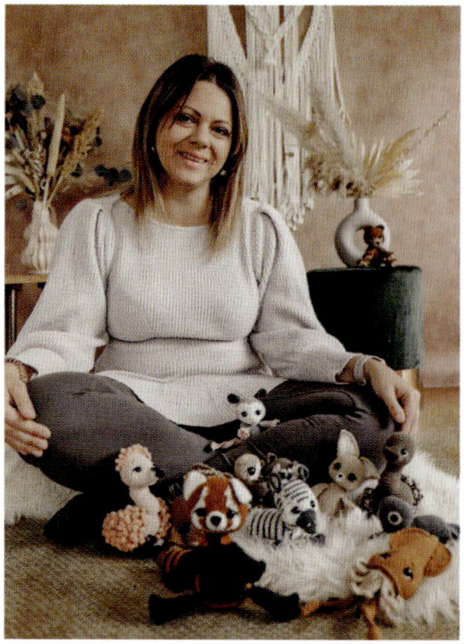

_@ela_and_mr._max

_ela_and_mr._max

P.S.: Dieses tolle Bild oben rechts hat die wundervolle Caro gemacht:
_@oneandonlyphotos

Was ist vorab wichtig?

Häkeltechniken

Die von mir verwendeten Häkeltechniken solltest du dir vor dem Häkeln der Tierchen gut anschauen. Ich verwende neben den geläufigen Techniken auch einige **Spezialtechniken**, um meine Tierchen zu erschaffen.

Im Buch werden die Techniken kurz erwähnt und du findest auch oft einen **QR-Code** zu einem meiner **Youtube-Videos**.

Um eine ausführliche Beschreibung der Techniken zu erhalten, kannst du dir das Kapitel auch als erweitertes **Bonus-Kapitel** mit allen Fotos im Großformat herunterladen. Gehe dazu einfach auf www.mitp.de/0766.

Abkürzungen

Dir werden in diesem Buch ganz viele Abkürzungen begegnen. Daher habe ich dir hier eine **Liste** erstellt. Als kleines **Goodie** kannst du dir diese Liste auch auf der mitp-Website unter www.mitp.de/0766 herunterladen, auf A4 ausdrucken und z.B. auf ein Stück Karton kleben. So hast du nicht nur ein praktisches **Lesezeichen**, sondern hast die Liste auch immer parat, um die Bedeutung der Abkürzungen nachzuschlagen.

Abkürzungen

ab 2. M – ab der zweiten Masche von der Nadel aus zurück
abn – Abnahme
Agm – Ausgleichsmasche zum Verschieben des Rundenanfangs
dLfmk – doppelte Luftmaschenkette
dStb – doppelte Stäbchen
Fab – Faden abschneiden und beenden
fM – feste Masche(n)
FW – Farbwechsel
hMgl – hinteres Maschenglied
hStb – halbes Stäbchen
Km – Kettmasche
KmFab – Kettmasche, Faden abschneiden und beenden
KmLFab – Kettmasche, langen Faden lassen und abschneiden
LFab – langen Faden lassen und abschneiden
Lfm – Luftmasche(n)
Lfmk – Luftmaschenkette
M – Masche(n)
Mg – Maschenglied(er)
MR – Maschenring
N – Noppe (3 Stb zusammen abmaschen)
R – Reihe(n)
Rd – Runde(n)
Rdanf – Rundenanfang
Stb – Stäbchen
üspr – überspringen
verd – Zunahme
vMgl – vorderes Maschenglied
Wlfm – Wendeluftmasche(n)

Farbwechsel

Bei den meisten Anleitungen steht der Farbwechsel ganz normal im Text. Manche Tierchen brauchen jedoch **sehr viele Farbwechsel**. Du siehst dann einen entsprechenden Hinweis am Anfang der Anleitung:

In diesen Fällen sind die Farbwechsel durch unterschiedliche Textfarben ausgezeichnet. Welche Textfarbe zu welcher Wollfarbe gehört, kannst du den Hinweisen im Materialkasten entnehmen.

Videos

Zu vielen Anleitungen findest du auch **QR-Codes**, die dich zu meinen Videos auf YouTube führen. Dort kannst du dir noch einmal genau anschauen, wie gehäkelt werden muss. Auch bei den Häkeltechniken findest du QR-Codes. Schau auch einfach mal auf meinem Kanal vorbei.

Schwierigkeitsgrade

Der Schwierigkeitsgrad der Häkelanleitungen wird in diesem Buch mit der Anzahl der **Wollknäuel** angegeben. Aufgrund der vielen verwendeten Techniken solltest du schon Häkelerfahrung mitbringen, sonst könnte selbst Schwierigkeitsgrad 1 eine kleine Herausforderung für dich darstellen.

Materialkunde

Du findest gleich im nächsten Kapitel Hinweise zu den Materialien, die du für die Tierbabys brauchen wirst. Außerdem gibt es noch einmal eine Übersicht in jeder Anleitung.

Besonders wichtig fürs Häkeln ist natürlich die Wolle! Ich verwende am liebsten Wolle von Hobbii (warum, erfährst du gleich), aber du kannst natürlich auch andere Wolle verwenden. Du musst dann nur darauf achten, dass die Farben und Eigenschaften der Wolle zum jeweiligen Tierbaby passen.

Wie liest du meine Anleitungen?

Ganz wichtig am Anfang: Lies dir die Anleitung vor dem Häkeln einmal komplett durch, damit du weißt, was dich erwartet.

Außerdem ist es wichtig, in der vorgegebenen Reihenfolge zu häkeln, da oftmals die Körperteile an bestimmten Stellen in den Körper eingehäkelt werden.

Um Verwirrungen zu vermeiden und meine Anleitungen so eindeutig wie möglich zu gestalten, ist es hilfreich zu wissen, wie du meine Anleitungen lesen musst. Das zeige ich dir im Folgenden!

1. **MR 6 fM (6)**
   Hier fängst du mit einem Maschenring mit 6 fM an.
2. **6 fM (6)**
   In der nachfolgenden Runde häkelst du ebenfalls 6 fM.
3. **1 M verd x6 (12)**
   In dieser Runde musst du Maschen verdoppelt. Das Ganze machst du 6x in dieser Runde. Am Ende der Runde hast du 12 M.
4. **5 fM, 1 M verd x4, 3 fM + 1 Agm (16+1)**
   Jetzt häkelst du zuerst 5 fM, danach verdoppelst du 4x eine Masche und häkelst anschließend wieder 3 fM. Zum Schluss folgt noch eine Ausgleichsmasche, so kommst du auf reguläre 16 M sowie 1 Agm.
5. **4 fM, (1 fM, 1 M verd) x2, (1 M verd, 1 fM) x2, 4 fM (20)**
   In dieser Runde siehst du Klammern. Die musst du lesen wie in der Mathematik: Alles, was in der Klammer steht, wird zuerst gehäkelt und dann so oft wiederholt, wie es direkt hinter der Klammer angegeben ist.

   In diesem Fall häkelst du also 4 fM, dann häkelst du 1 fM und verdoppelst die nächste Masche (und das 2x, also ausgeschrieben: 1 fM, 1 M verd, 1 M, 1 M verd), dann geht es weiter mit dem Verdoppeln 1 M und dem Häkeln einer weiteren fM (und das auch 2x!). Zum Schluss häkelst du nochmal 4 fM, sodass du dann am Ende der Runde insgesamt 20 Maschen hast.

Material

Im Folgenden zeige ich dir, welche Materialien du auf jeden Fall für das Häkeln meiner Tierbabys benötigst. Zusätzlich findest du noch einige Tipps und Tricks, die ich dir mit auf den Weg geben möchte.

Häkelnadeln

Ich benutze gerne Häkelnadeln mit einem Soft-Touch-Griff. Diese liegen gut in der Hand und man kann sie lang benutzen. Aber jeder hat seine eigenen Favoriten und man sollte einfach ausprobieren, welche einem am besten in der Hand liegen.

Schere

Benutze am besten eine Schere, die für Wolle geeignet ist, damit du immer einen sauberen Schnitt machen kannst. Dann lässt sich die Wolle später gut auf deine Nadeln auffädeln.

Füllwatte

Ich benutze gerne Füllwatte, die für Spielzeuge geeignet ist, da diese auch für Babys geeignet ist und sich gut waschen lässt. Du kannst aber auch Kissenfüllwatte benutzen.

Maschenmarkierer

Maschenmarkierer sind sehr wichtig, damit du dir immer den Anfang deiner Runde markieren kannst. Sie helfen dir dabei, immer genau diese Stelle schnell und einfach zu finden.

Es gibt sehr viele verschiedene Arten von Maschenmarkierern. Ich habe gerne welche aus Metall mit schönen Formen und Figuren.

Stickgarn

Ich benutze gerne ein Stickgarn für die Wimpern und Augenbrauen meiner Tierchen, da es ein bisschen feiner ist als die normale Wolle. Stickgarn findest du meist in jedem Wollladen.

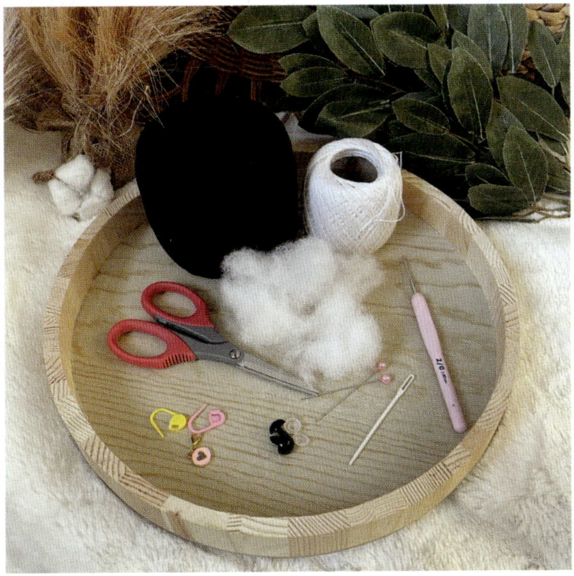

Stopfnadeln

Ich nehme gerne Stopfnadeln mit einer stumpfen Spitze zum Vernähen meiner Endfäden.

Sicherheitsaugen

Es gibt so viele verschiedene Arten von Sicherheitsaugen. Ich verwende immer einfarbig schwarze.

Wenn ich die Sicherheitsaugen angebracht habe, verschmelze ich die Enden noch mal mit dem Feuerzeug, da sie dann einen richtig festen Sitz haben.

Es bleibt aber dir überlassen, welche du verwendest.

Hobbii-Wolle

Wer ist Hobbii?

Hobbii ist ein **Onlineshop**, der den Versand nach Deutschland, Österreich und in die Schweiz anbietet, aber auch drei **Filialen** in Hamburg, Lübeck und Bremen betreibt. Wenn du so wie ich gerne häkelst (oder auch strickst), findest du dort alles, was dein kreatives Herz begehrt.

Bei der Wolle von Hobbii gibt es so viele unterschiedliche **Farben**! Das ist toll und bietet so viele Möglichkeiten. Man kann damit so viele unterschiedliche Tierchen häkeln!

Aber neben Wolle findest du dort auch jegliches **Zubehör**, dass du fürs Häkeln oder Stricken brauchst, z.B. Häkelnadeln, Maschenmarkierer und vieles mehr!

Sehr praktisch finde ich es auch, dass man Punkte für Bestellungen, Bewertungen und das Verfassen von Anleitungen erhält. Diese Punkte kann man dann im **Punkteshop** einlösen, wo es viele tolle Goodies gibt.

Warum Hobbii?

Für meine Tierbabys habe mich für die **Hobbii Friends Cotton 8/4** entschieden, weil ich es liebe, mit Baumwolle zu häkeln, und dieses Garn lässt sich einfach so super verarbeiten. Es ist unglaublich weich, stark und atmungsaktiv. Es besteht aus 100% aus **Baumwolle**.

Ich habe schon mit einigen Garnarten gearbeitet und dieses gehört mit zu meinen liebsten Garnen.

Was sehr praktisch ist: Bei allen Garnen aus der Friends-Familie entspricht die **Farbnummer** immer der gleichen **Farbe**. Auch andere Garnstärken, z.B. die Friends Cotton 8/8 haben die gleichen Farbnummern.

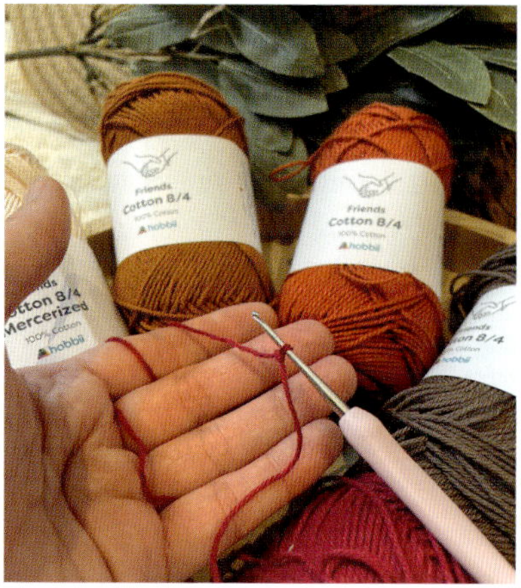

Derzeit gibt es **124** (!) verschiedene Farben der Friends Cotton 8/4, da ist dann wirklich für jedes nur denkbare Tierbaby eine Farbe dabei!

Es gibt z.B. auch die **Friends Cotton 8/4 Mercerized** (stärkerer Faden,

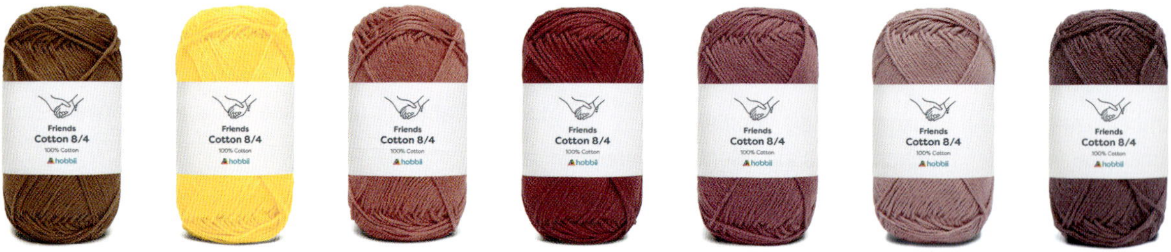

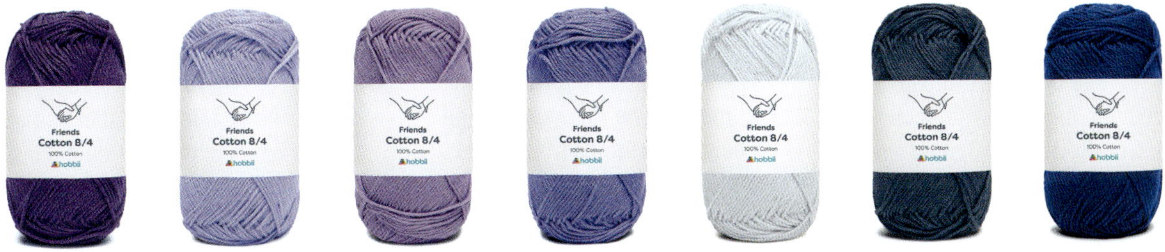

weniger Flusen und eine glänzende Oberfläche) und die **Friends Cotton 8/4 Print** (besteht aus jeweils 4 Farben der normalen Friends Cotton 8/4, ergibt tolle Farbverläufe). Von diesen beiden Garntypen gibt es zwar nur eine kleinere Farbauswahl, aber durch die Möglichkeit, die unterschiedlichen Garntypen zu kombinieren, ergeben sich endlose Möglichkeiten!

Also einfach mal ausprobieren!

Zertifizierung

Das Garn ist sogar **OEKO-TEX®** zertifiziert (Nr. 2276-367). Das ist mir sehr wichtig, weil meine Häkelprojekte für Kinder geeignet sein sollen. Die Zertifizierung besagt, dass alles auf Schadstoffe geprüft wurde und von den Garnen keine Gefahr für die Gesundheit ausgeht.

Außerdem ist das Garn noch bis 40 Grad **waschbar**, was auch sehr praktisch ist!

Danke!

An dieser Stelle möchte ich mich bei Hobbii dafür bedanken, dass mir die Wolle für all die tollen Tierbabys in diesem Buch kostenfrei zur Verfügung gestellt wurde!

Vielen Dank! :-)

Ich hoffe, dass ich euch neugierig machen konnte!

Schaut einfach mal vorbei, entweder in einer Filiale oder online unter www.hobbii.de!

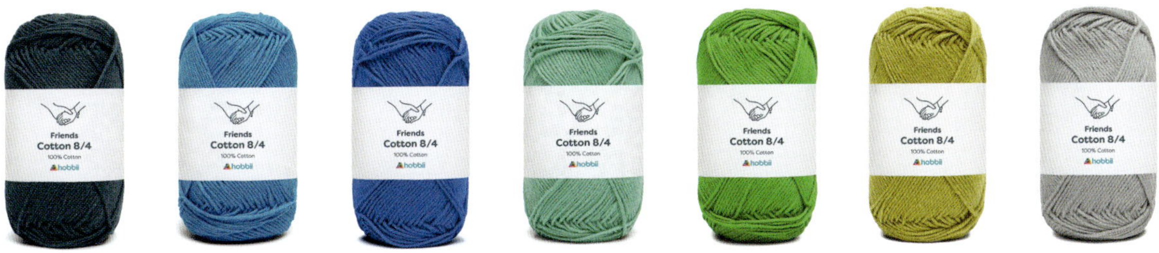

Häkeltechniken

Bonus-Kapitel

Du kannst dir dieses Kapitel (mit größeren und teilweise auch zusätzlichen Bildern) auch als Bonus-Kapitel von der mitp-Website herunterladen:

www.mitp.de/0766

Anfangsschlinge

Die Anfangsschlinge ist die erste Schlinge, die du am Beginn deiner Häkelarbeit machen musst. Es gibt verschiedene Arten, um diese Schlinge herzustellen. Bilde eine Schlaufe, stich deine Nadel durch die Schlaufe und hole dir den Faden. Ziehe diesen durch deine Schlaufe, die du dann zusammenziehst.

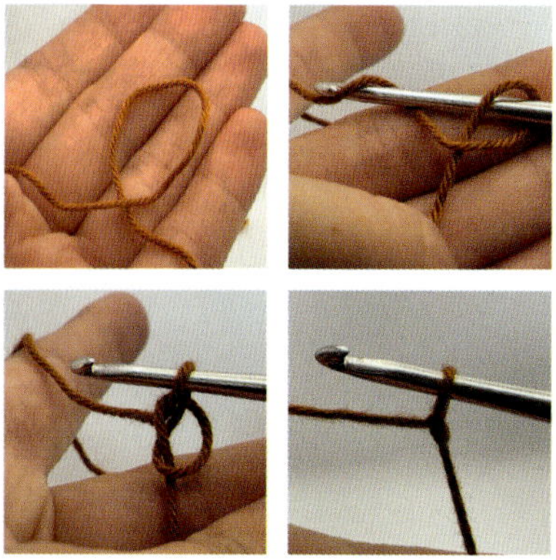

Luftmasche (Lm) und Luftmaschenkette (Lmk)

Wickle den Faden um deine Hand und mache eine Anfangsschlinge. Diese zählt nicht als Masche im Rahmen der Anleitungen!

Danach holst du dir den Arbeitsfaden um deine Häkelnadel und ziehst diesen durch die Anfangsschlinge. Die erste Luftmasche ist fertig. Diesen Vorgang wiederholst du immer wieder, bis du die gewünschte Anzahl an Luftmaschen hast. Das ist dann deine Luftmaschenkette.

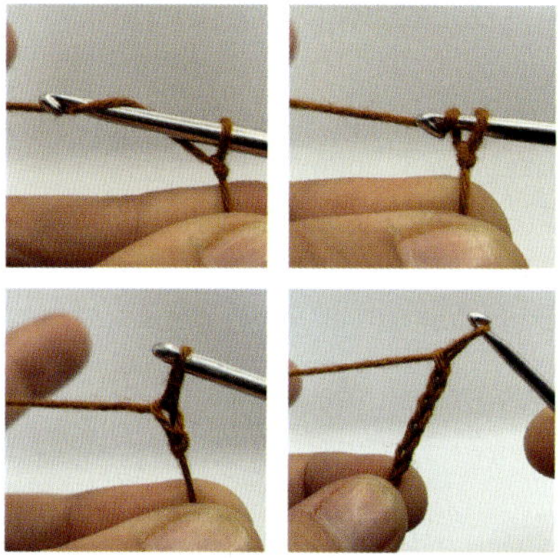

Luftmaschenkette häkeln

Umhäkeln der Lmk

Beim Umhäkeln einer Luftmaschenkette beginnst du immer in der 2. Masche von deiner Nadel aus gesehen. Dabei umhäkelst du die Luftmaschen von oben und von unten.

Dafür häkelst du erst mal in Reihen. Luftmaschenkette häkeln, dann in die 2. Masche von der Nadel aus einstechen und zurückhäkeln. Meist wird in die letzte Masche verdoppelt oder verdreifacht und du häkelst auf der anderen Seite der Luftmaschenkette zurück. So entsteht eine Runde.

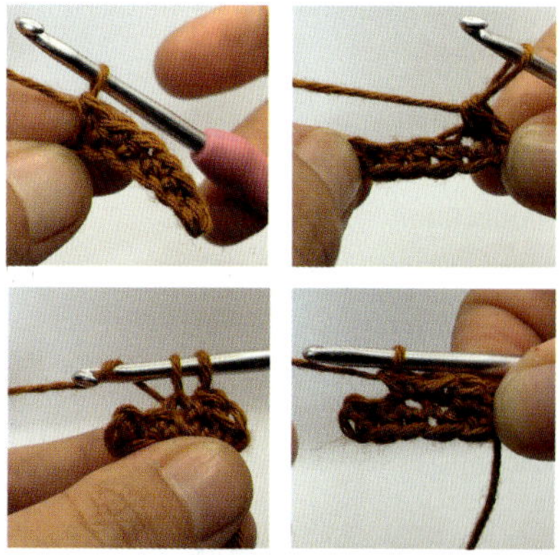

Luftmaschenkette umhäkeln

Wendeluftmasche (Wlfm)

Eine Wendeluftmasche ist eine Luftmasche, die nach einer Reihe gehäkelt wird, um das Wenden zu erleichtern und dafür zu sorgen, dass deine Reihen gleichmäßig werden.

Die Wendeluftmasche wird nicht behäkelt.

Doppelte Luftmaschenkette (dLmk)

Mache zuerst eine Anfangsschlaufe, lasse aber einen langen Anfangsfaden. Diesen benötigst du, um deine doppelte Luftmaschenkette herzustellen.

Lege diesen Anfangsfaden über deine Nadel, hole dir deinen Arbeitsfaden und ziehe diesen durch deine 2 Schlaufen auf der Nadel.

Dies wiederholst du, bis du die angegebene Anzahl an Luftmaschen erreicht hast, die in deiner Anleitung steht.

Doppelte Luftmaschenkette häkeln

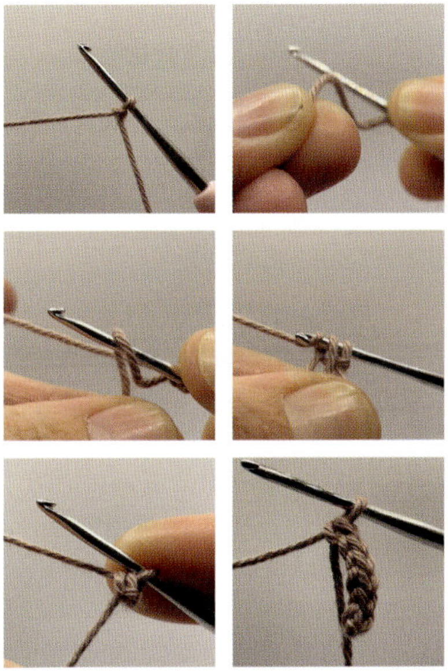

Fadenaufnahme mit Lm

Stich in eines der vorderen Maschenglieder, das behäkelt werden soll, ein, hole den Arbeitsfaden und häkle eine Luftmasche. In die nächste Masche einstechen und den Faden holen. Jetzt hast du zwei Schlaufen auf der Nadel, hole dir erneut den Arbeitsfaden und ziehe ihn durch diese zwei Schlaufen.

Häkle dann wie gewünscht weiter.

Ausgleichsmasche (Agm)

Ausgleichsmaschen sind Maschen, die dir helfen, den Rundenanfang zu verschieben, damit es im Ergebnis besser passt. In den Anleitungen steht, wie viele Ausgleichsmaschen du häkeln musst.

Feste Maschen (fM)

Stich mit deiner Nadel in eine Masche der Vorrunde ein, hole dir den Faden auf die Nadel und ziehe ihn durch diese Masche. Jetzt hast du zwei Schlingen auf deiner Nadel.

Hole dir den Faden wieder auf deine Nadel und ziehe ihn durch die zwei Schlingen auf deiner Nadel.

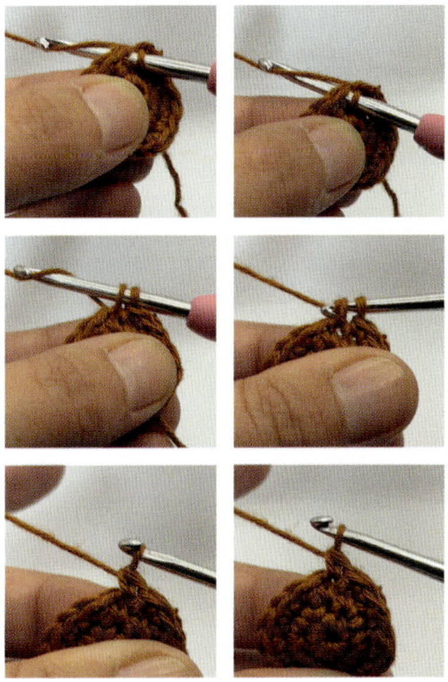

Maschenring (MR)

Mache eine Anfangsschlinge, schließe diese aber nicht, sondern lasse sie als großen Ring. Halte den Ring mit dem Daumen und dem Zeigefinger fest und hole dir den Faden durch den Ring. Dies machst du erneut und häkelst so fM in deinen Ring.

Zum Schluss kannst du am Fadenende ziehen: So schließt sich dein Magic Ring.

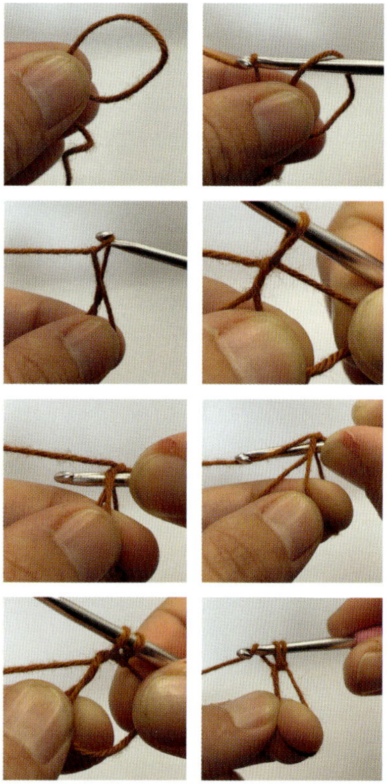

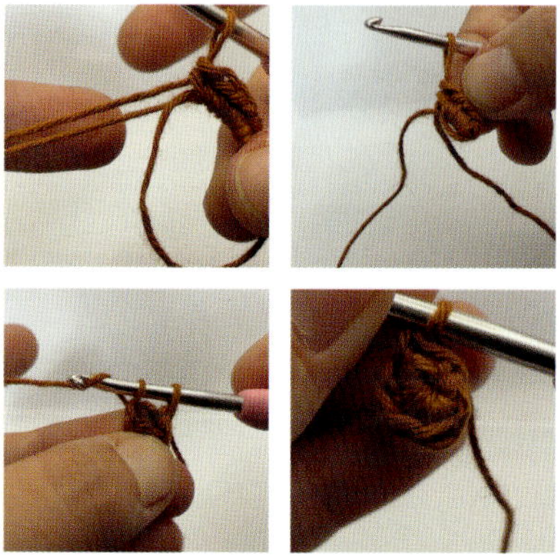

Basis in Runden häkeln mit fM

Es wird in meinem Buch sehr viel in Spiralrunden gehäkelt. Dabei häkelst du durchgehend, d.h. du markierst dir deinen Rundenanfang immer mit einem Maschenmarkierer und häkelst weiter bis genau eine Masche vor deinem Maschenmarkierer. So hast du eine Spiralrunde gehäkelt und dein Rundenbeginn verschiebt sich kontinuierlich nach rechts.

Rundenabschluss

Um eine Runde, z.B. das Loch am Ende des Kopfes oder Körpers zu schließen, fädelst du deinen Restfaden in eine Stopfnadel. Führe dann die Nadel durch die verbliebenen vorderen Maschenglieder der letzten Runde. Ziehe dann am Faden, sodass sich das Loch schließt. Jetzt kannst du deinen Faden noch vernähen.

Basis in Reihen häkeln mit fM

Der Startpunkt, um die Basis einer Reihe zu häkeln, ist eine Luftmaschenkette (z.B: 10 fM + 1 Wlfm).

Dann häkelst du fM in die 2. Masche ab der Nadel zurück bis zum Ende der Luftmaschenkette.

Jetzt häkelst du wieder eine Wendeluftmasche, wendest das Häkelstück und wiederholst den letzten Vorgang. Und so wird immer weitergehäkelt.

Nach jeder Reihe häkelst du immer eine Wendeluftmasche.

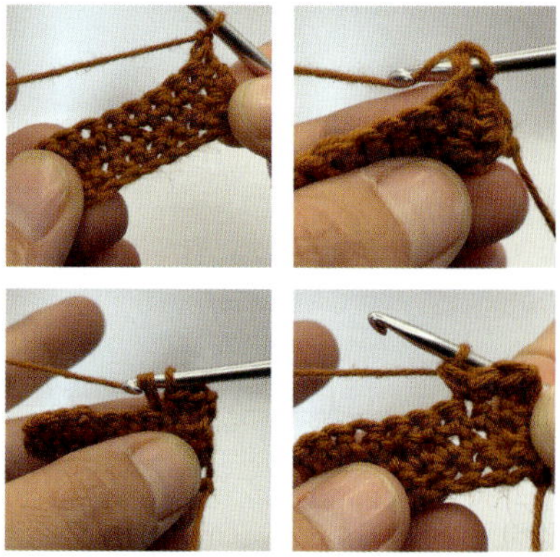

Basis in Reihen häkeln mit fM

Maschen verdoppeln (verd)

Um Maschen zu verdoppeln, häkelst du einfach zwei feste Maschen in eine Masche.

Stich in eine Masche der Vorrunde ein und hole dir den Arbeitsfaden. Nun hast du zwei Schlaufen auf der Nadel. Jetzt holst du dir wieder deinen Faden und führst ihn durch die zwei Schlaufen. Dies wiederholst du jetzt noch einmal in derselben Masche.

Maschen zusammen abnehmen (abn)

Dies erreichst du, indem du zwei Maschen zusammenhäkelst.

Stich in die nächste Masche ein und hole dir den Arbeitsfaden, jetzt hast du eine weitere Schlaufe auf der Nadel. Anschließend in die nächste Masche einstechen und noch einmal den Arbeitsfaden holen. Jetzt hast du drei Schlaufen auf der Nadel. Hole jetzt deinen Arbeitsfaden und ziehe ihn durch alle drei Schlaufen auf deiner Nadel.

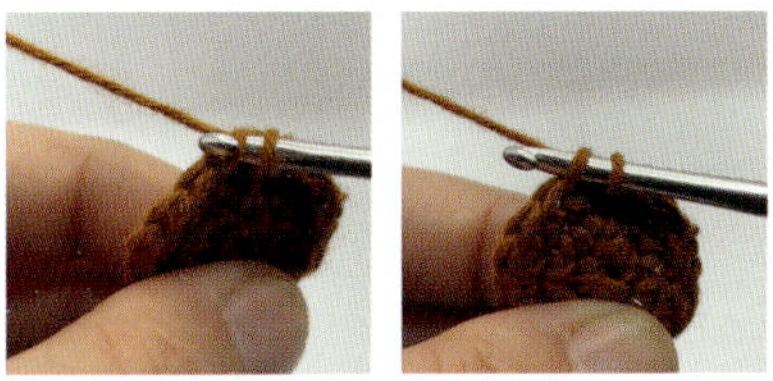

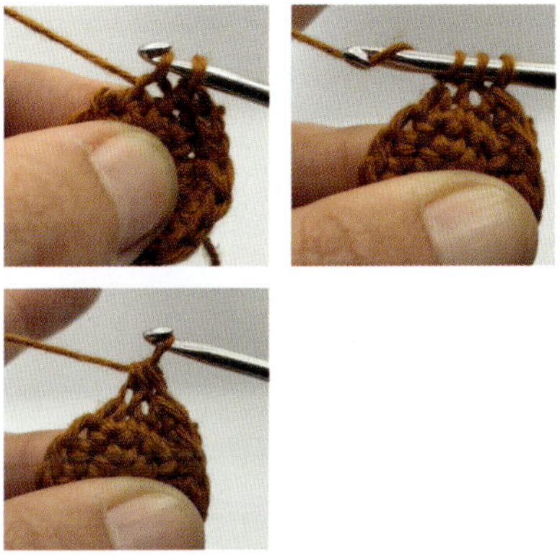

Farbwechsel

Um einen sauberen Farbwechsel zu bekommen, solltest du bereits die letzte Masche mit der neuen Farbe abmaschen, d.h. du beendest deine letzte fM mit der neuen Farbe. Anschließend kannst du mit der neuen Farbe weiterhäkeln. Verknote einfach immer die Anfangsfäden miteinander, damit du einen besseren Halt hast und sich nichts auftrennt.

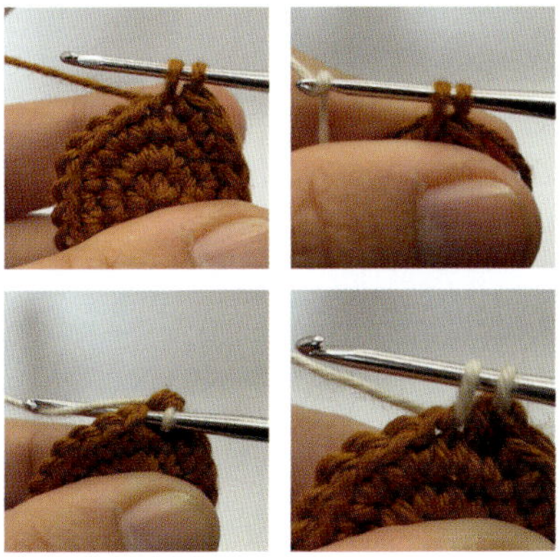

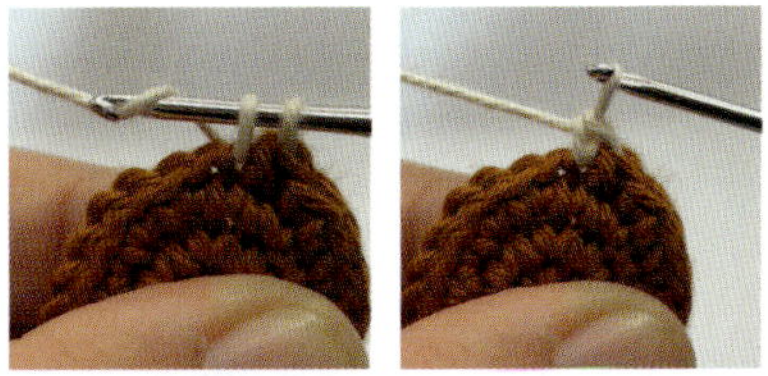

Kettmasche (Km)

Stich mit deiner Nadel in die nächste Masche ein, hole dir den Faden auf deine Nadel, ziehe ihn durch die Masche und gleichzeitig durch die Schlinge auf deiner Nadel.

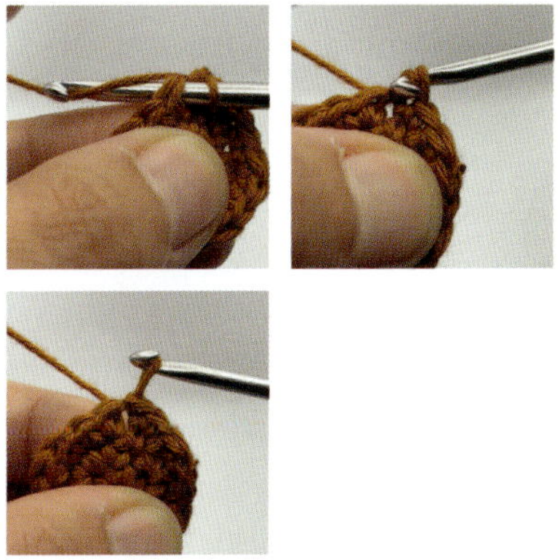

Halbes Stäbchen (hStb)

Hole dir zuerst einen Umschlag (den Arbeitsfaden) über deine Nadel. Stich dann mit der Nadel in die nächste Masche ein, hole dir wieder den Arbeitsfaden und ziehe diesen durch die Masche. Nun hast du drei Schlingen auf der Nadel.

Jetzt holst du dir den Arbeitsfaden wieder auf deine Nadel und ziehst ihn durch alle drei Schlingen durch.

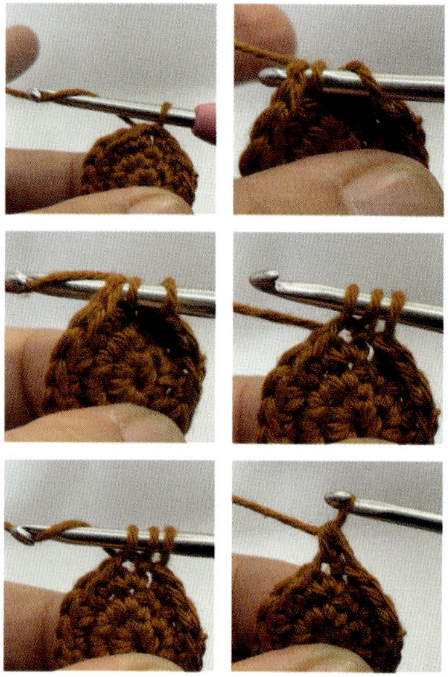

Stäbchen (Stb)

Hole dir zuerst einen Umschlag (den Arbeitsfaden) über deine Nadel. Stich dann mit der Nadel in die nächste Masche ein, hole dir wieder den Arbeitsfaden und ziehe diesen durch die Masche. Nun hast du drei Schlingen auf der Nadel.

Jetzt holst du dir den Arbeitsfaden wieder auf deine Nadel und ziehst ihn durch die ersten zwei Schlingen auf der Nadel hindurch. Du hast nun noch zwei Schlingen auf deiner Nadel.

Hole den Arbeitsfaden erneut und ziehe ihn durch die verbleibenden zwei Schlingen.

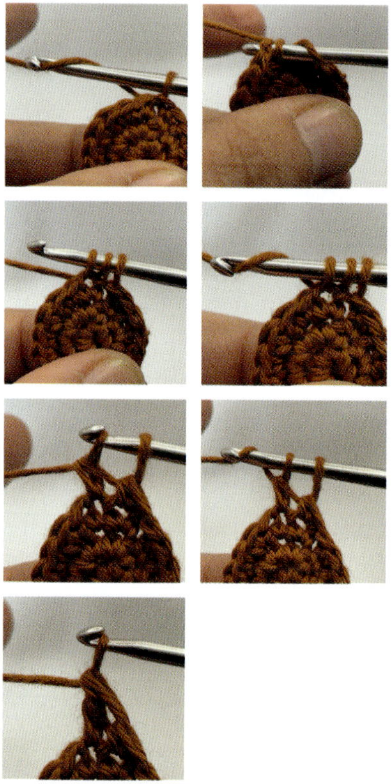

Doppelstäbchen (dStb)

Hole dir bei einem Doppelstäbchen zuerst zwei Umschläge (zweimal den Arbeitsfaden) über deine Nadel. Stich dann mit der Nadel in die nächste Masche ein, hole dir den erneut Arbeitsfaden und ziehe ihn durch die Masche. Nun hast du vier Schlingen auf der Nadel. Hole dir den Arbeitsfaden wieder und ziehe ihn durch die ersten zwei Schlingen, jetzt hast du noch drei Schlingen auf der Nadel.

Dann wieder den Arbeitsfaden holen und ihn durch die nächsten zwei Schlingen ziehen: Nun hast du noch zwei Schlingen auf der Nadel.

Den Arbeitsfaden nun noch ein letztes Mal holen und durch die letzten zwei Schlaufen ziehen.

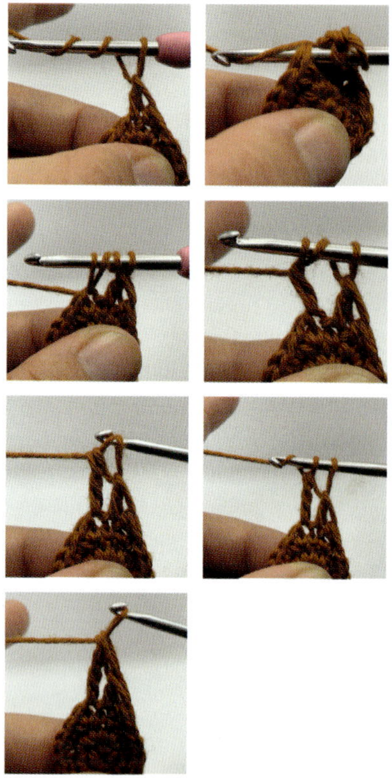

Noppe (aus 4 Stb)

Eine Noppe ist eine Gruppe von Maschen, die zusammen in eine Masche gehäkelt und zum Schluss gemeinsam abgemascht werden.

Du wickelst den Arbeitsfaden um die Nadel und stichst in die nächste Masche ein.

Hole dir den Arbeitsfaden und ziehe ihn durch diese Masche. Nun hast du drei Schlaufen auf der Nadel. Dann holst du dir wieder den Arbeitsfaden und ziehst ihn durch die ersten zwei Schlaufen auf deiner Nadel.

Die letzten 2 Schlaufen verbleiben erst mal auf deiner Nadel. Nun legst du wieder den Arbeitsfaden über deine Nadel und stichst wieder in dieselbe Masche ein, in der schon dein letztes halbfertiges Stäbchen ist.

Häkle nun noch drei halbfertige Stäbchen. Nun hast du am Ende vier Schlingen auf deiner Nadel. Hole dir nun den Arbeitsfaden und ziehe in durch alle vier Schlaufen gleichzeitig durch.

Wenn du dir unsicher bist, schau dir doch auch einfach nochmal das Video zur nächsten Technik (*von hinten eine fM häkeln*) an, da siehst du auch, wie die Noppe gemacht wird.

In das hintere Maschenglied häkeln

Stich dabei nur in das hintere Maschenglied der Vorrunde ein und häkle hier deine Maschen.

Das hat den Zweck, dass die vMgl hierdurch unbehäkelt bleiben, um später Dinge anzuhäkeln oder anzunähen.

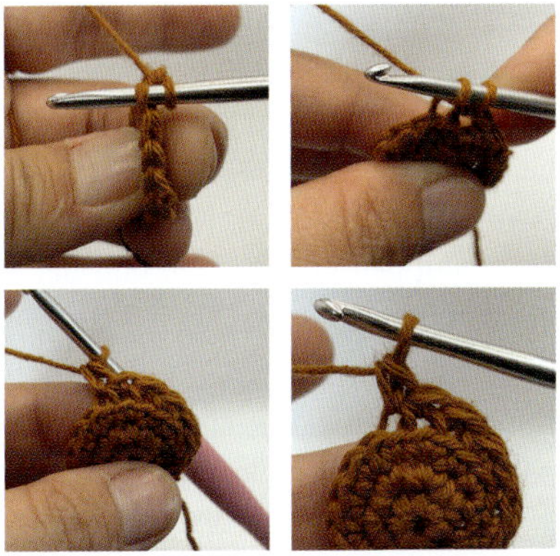

Ins hintere Maschenglied häkeln

In das hintere Maschenglied der Vorrunde häkeln

Stich in das hintere Maschenglied ein, das du in der Vorrunde ausgelassen hast und häkle dort deine Maschen. Meist wird das vordere Maschenglied der Vorrunde nicht mehr behäkelt.

In das hintere Maschenglied der Vorrunde häkeln

In das vordere Maschenglied der Vorrunde häkeln

Stich dabei nur in die vorderen Maschenglieder der Vorrunde ein und häkle hier deine Maschen.

Dies hat den Zweck, dass das hmgl frei bleibt und du es in der nächsten Runde behäkeln kannst. So entsteht ein tolles Muster oder ein Absatz.

Von hinten eine fM häkeln

Wenn in deiner Anleitung steht, dass du eine fM von hinten häkeln sollst, dann stichst du nicht von vorne in deine Masche ein, sondern von hinten. Das hat den Vorteil, dass deine vorherige Noppe besser zur Geltung kommt.

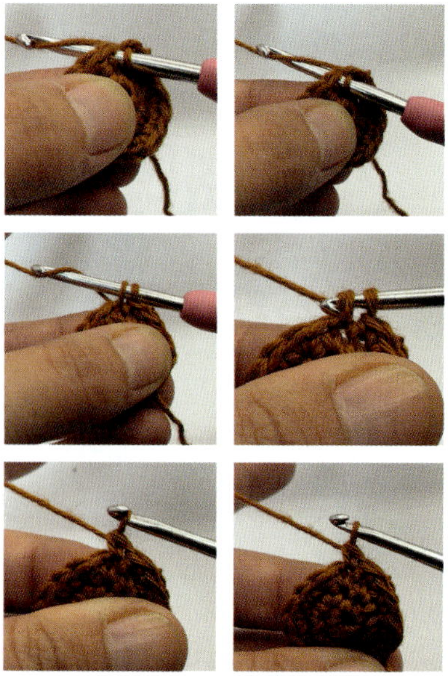

Von hinten eine fM häkeln

Schlingenmasche

Hole dir mit deinem Daumen den Arbeitsfaden und forme nach unten hin eine Schlaufe.

Je weiter du diese Schlinge über deinen Daumen ziehst, umso größer wird deine Schlinge am Schluss.

Stich in die nächste Masche ein, wobei dein Arbeitsfaden unter der Nadel liegt. Lasse die Schlinge am Daumen nicht los. Hole dir wieder den Arbeitsfaden und ziehe ihn durch die Masche. Jetzt hast du wieder zwei Schlingen auf der Nadel. Hole dir erneut den Arbeitsfaden und ziehe ihn durch beide Schlingen auf der Nadel hindurch.

Nun kannst du die Schlinge um deinen Daumen herum loslassen.

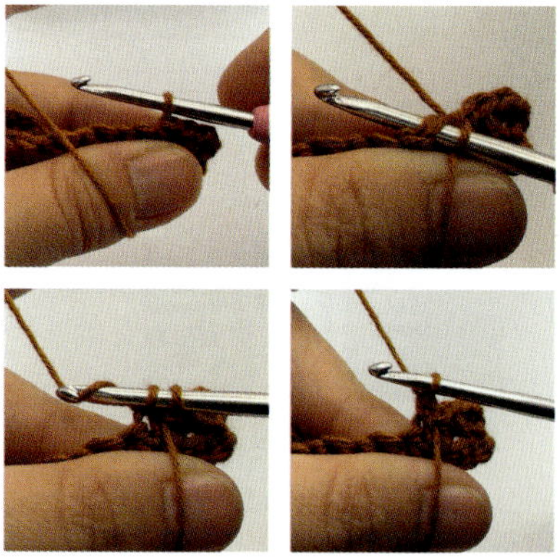

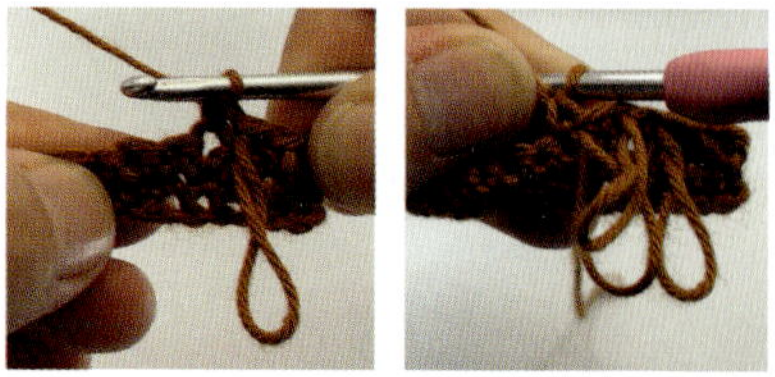

Knötchenstich

Ziehe den Faden mit einer Sticknadel an der gewünschten Stelle von hinten durch. Die Nadel unter dem Faden durchführen und 5x um die Nadel wickeln.

Halte den aufgewickelten Faden fest und stich dicht neben der Stelle, wo dein Anfangsfaden liegt, wieder ein und ziehe den Knoten fest.

Knötchenstich

V-Maschen und X-Maschen

In meinen Anleitungen wird mit normalen V-Maschen gehäkelt. Das heißt, der Faden wird über meine Nadel gelegt und durch meine Maschen geführt. Dadurch entsteht ein V-förmiges Muster.

Bei X-Maschen wickelt man den Faden von unten über die Nadel und führt ihn dann durch die Masche. Dadurch entsteht ein X-förmiges Muster beim Häkeln.

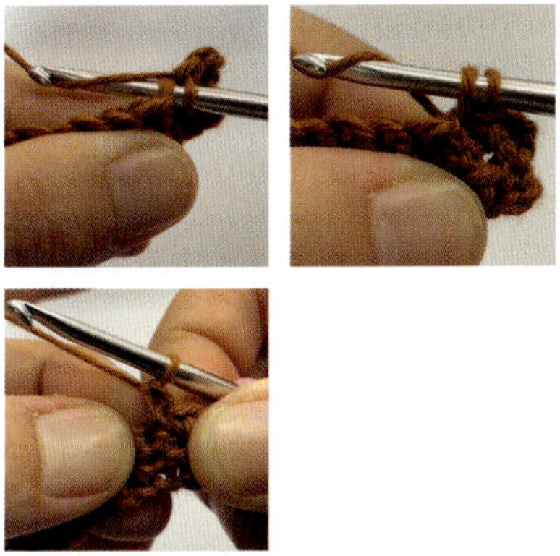

Fäden vernähen

Fädle den Faden in eine Stopfnadel und führe diese durch die Maschen auf der Rückseite deiner Häkelarbeit. Den Schlussfaden kannst du abschneiden.

Stopfen

Stopfe deine Amigurumi gut mit Füllmaterial. Es ist wichtig, dass sie gut gefüllt sind, damit die Form schön ist und die Proportionen stimmen.

Anhäkeln von Maul, Hals usw.

Stich in die Maschen, die zu behäkeln sind, ein und hole dir den Faden. Häkle dann wie in der Anleitung beschrieben weiter.

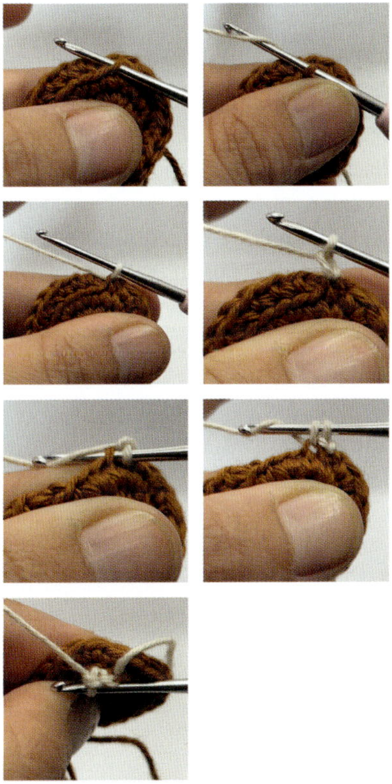

Anhäkeln von Maul, Hals usw.

Anhäkeln von Körperteilen

Bei einigen Amigurumi werden Arme und Beine direkt in den Körper mit eingehäkelt.

Hierbei stichst du zuerst durch die Maschen des Arms/Beins deines Tierbabys und dann durch den Körper. Hole den Faden durch beide Körperteile hindurch und häkele deine fM.

Kopf annähen

In manchen Anleitungen musst du den Kopf annähen. Im Video wird erklärt, wie du das am besten machst. Du kannst den Kopf so an dein Tierbaby nähen, wie es dir gefällt.

Kopf annähen

Loch verschließen

Je nachdem, welches Tierbaby du häkelst, hast du an unterschiedlichen Stellen im Körper »Löcher«. Fädle dazu den Restfaden auf eine stumpfe Nadel und führe ihn durch die verbliebenen vorderen Maschenglieder (vMgl) der letzten Runde. Ziehe dann am Faden, um das Loch zu verschließen.

Loch verschließen

Augen vertiefen

Nimm dir einen etwas längeren Faden in der Farbe deines Häkelstücks und fädle ihn in eine Sticknadel.

Stich unten am Kopf ein und komme so nah wie möglich am Auge heraus.

Mache eine Schlaufe um das Auge und stich auf der gegenüberliegenden Seite vom Auge wieder ein (die Schlaufe verläuft oberhalb des Auges). Führe den Faden zurück nach unten durch den Kopf, und komme mit der Nadel eine Masche neben der Eintrittsmasche wieder heraus. Jetzt ziehst du an beiden Enden so fest, dass sich das Auge nach innen in den Kopf zieht und das der Faden hinter dem Auge verschwindet. Je nachdem, wie tief du die Augen haben willst, verknotest du die Fäden und ziehst die Enden nach innen in den Kopf.

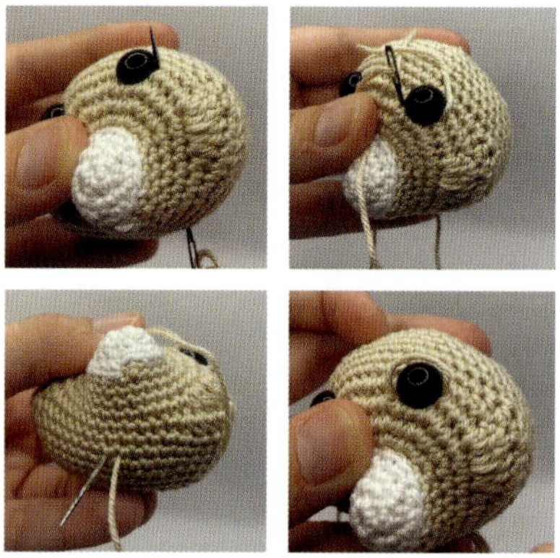

Augen vertiefen

Augenpatches, Augen einsetzen

Wenn Augenpatches in der Anleitung verwendet werden, setzt du die Augen zuerst in die Patches ein und dann erst in den Kopf deines Amigurumi. Die Augenpatches werden nicht angenäht, wenn du dein Amigurumi für Kleinkinder herstellst, kannst du sie aber zur Sicherheit annähen.

Gesicht gestalten

Wenn du deine Augen vertieft hast, kannst du deinem Amigurumi einen schönen Ausdruck verleihen. Ich sticke meinen Tierbabys immer einen kleinen Bogen mit einem weißen Faden direkt unter dem Auge auf.

Danach sticke ich immer ein paar Wimpern auf. Fädle dazu einen schwarzen Faden auf deine Sticknadel und führe ihn von unten am Kopf nach oben hin zum Auge. Sticke oberhalb des Auges einen größeren Bogen.

Dann kannst du noch einen zweiten Bogen aufsticken, mit ein bisschen Abstand zum ersten, sodass sich zwei Wimpernstränge bilden.

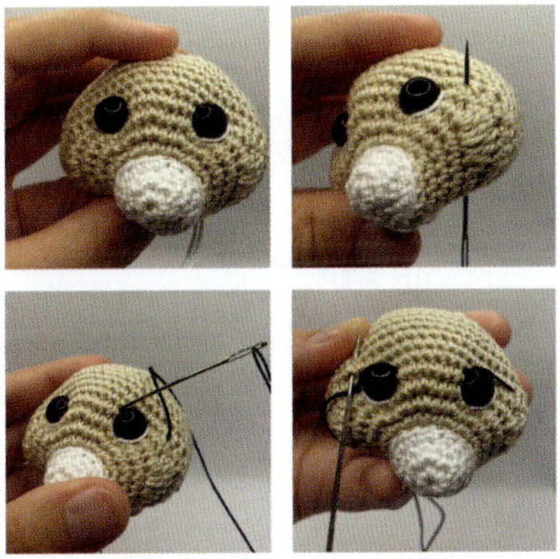

Wimpern aufsticken

Nase aufsticken

Beim Aufsticken der Nase machst du dir zuerst ein Dreieck über die Schnauze. Danach kannst du das Dreieck mit deinem schwarzen Faden ausfüllen und immer an diesen Linien entlangsticken.

Tipp

Wie du siehst, gibt es zu vielen Techniken, aber später auch zu den einzelnen Tierbabys Videos auf meinem YouTube-Kanal. Schau doch einfach mal vorbei, denn dort findest du im Zweifelsfall auch noch weitere Videos, wenn sich zu meinen Tierbabys irgendwelche Fragen ergeben, die das Buch nicht beantwortet.

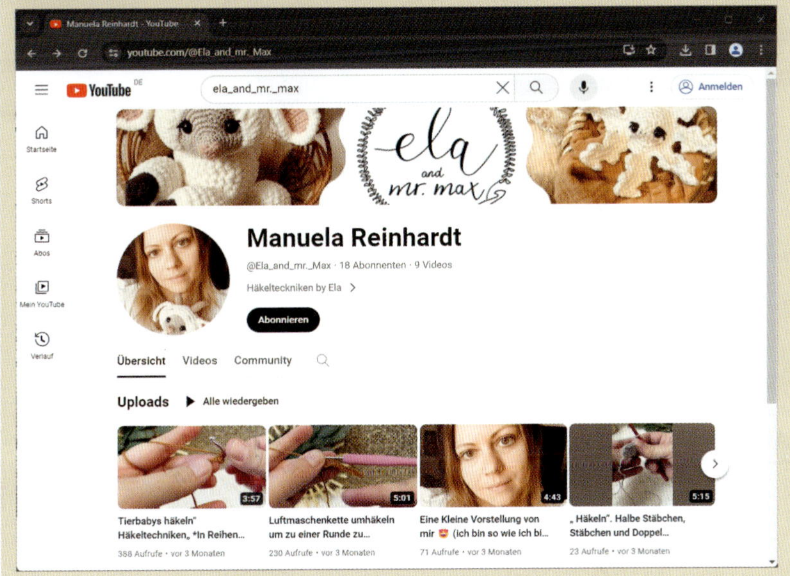

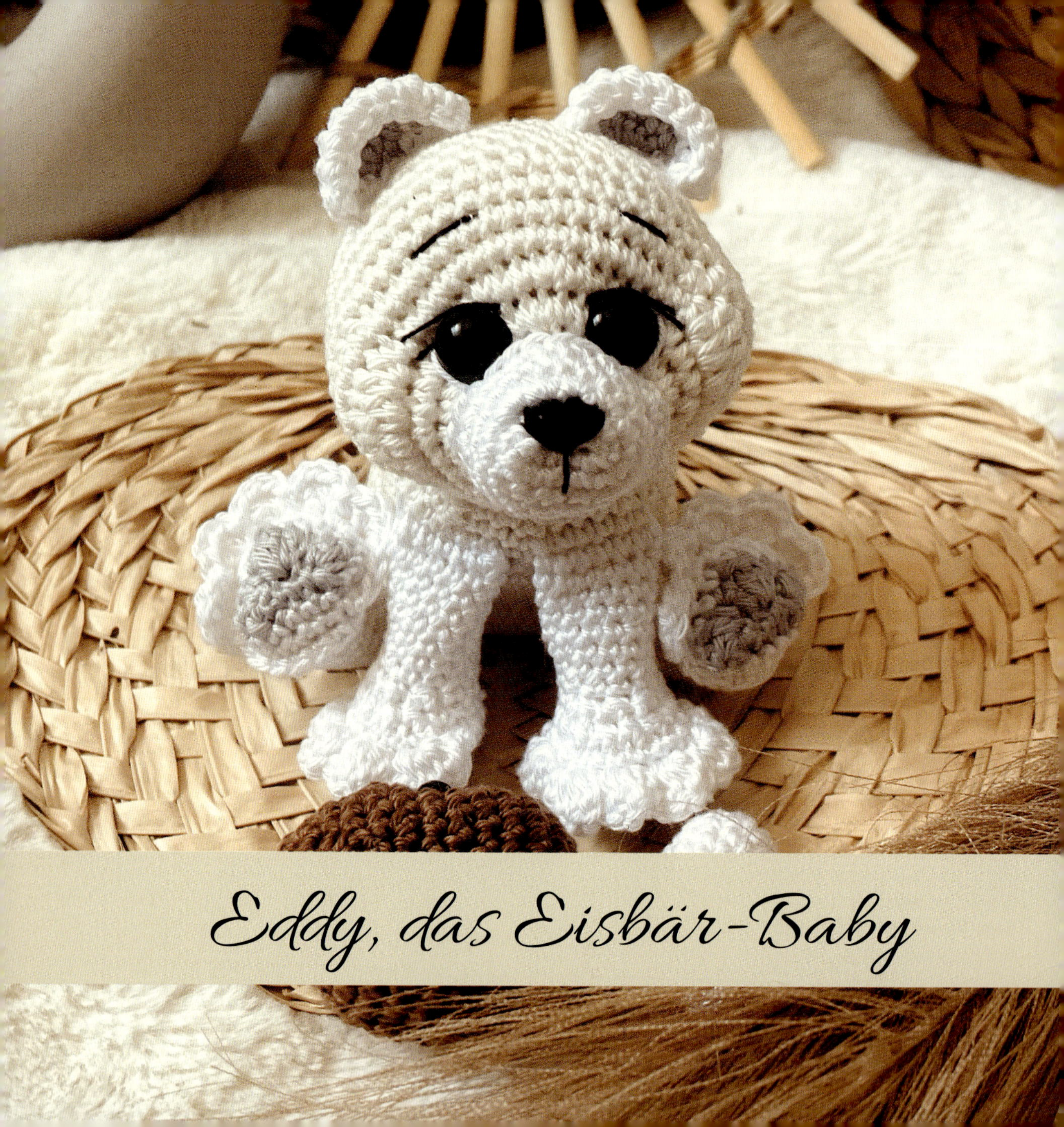

Eddy, das Eisbär-Baby

Infos & Material

Schwierigkeitsgrad:
Maschenart: geeignet für fM in X und V
Wolle: Hobbii Friends Cotton 8/4
- 01 White
- 02 Natural White
- 116 Light Gray

Häkelnadel: 2,00 mm
Sicherheitsaugen: 12 mm Ø
Sonstiges Material:
- Schere
- Füllwatte
- Stopfnadel & Stickgarn
- Maschenmarkierer

Faktencheck

Der Eisbär, auch Polarbär genannt, lebt an den Küsten und auf dem Eis in der Arktis (nördliche Polarregion). Die Bärenbabys werden zwischen November und Januar geboren.

Bei der Geburt sind die jungen Eisbären blind und taub, sie wiegen nur ca. 400-900 Gramm. Nach ca. zwei Monaten wiegen sie zwischen 10 und 15 kg und ihr weißes Fell wird immer dichter. Die Jungen werden etwa 1,5 bis 2,5 Jahre lang gesäugt.

Kopf

Häkle in **Natural White**.

1. MR 6 fM (6)
2. 1 M verd x6 (12)
3. 12 fM (12)
4. (1 fM, 1 M verd) x6 (18)
5. 5 fM, 1 M verd x7, 6 fM (25)
6. 5 fM, (1 fM, 1 M verd) x7, 6 fM (32)
7. 5 fM, (1 M verd, 2 fM) x7, 6 fM (39)
8. 5 fM, 1 hStb verd, 1 Stb verd x2, 1 hStb verd, 18 fM, 1 hStb verd, 1 Stb verd x2, 1 hStb verd, 8 fM (47)
9. 6 fM, 8 hStb, 18 fM, 8 hStb, 7 fM (47)

10.-15. 47 fM (6 Rd) (47)

16. (7 fM, 1 M abn) x5, 2 fM (42)

Setze die Augen zwischen den Rd 6/7 mit einem Abstand von 4 sichtbaren M ein. Fülle den Kopf fortlaufend mit Füllmaterial.

17. (5 fM, 1 M abn) x6 (36)
18. (4 fM, 1 M abn) x6 (30)
19. 30 fM (30)
20. (3 fM, 1 M abn) x6 (24)
21. (2 fM, 1 M abn) x6 (18)
22. (1 fM, 1 M abn) x6 (12)
23. 1 M abn x6 (6)

Stopfe noch einmal gut nach. Fab und das Loch schließen. Faden vernähen. Vertiefe die Augen (siehe *Häkeltechniken*).

Schnauze

Häkle in **White**.

1. 4 Lfm, wenden, ab 2. M zurück (4)
2. 1 M verd, 1 fM, 4 fM in eine M, auf der anderen Seite der Lfmk: 1 fM, 1 M verd (10)
3. (1 fM, 1 M verd) x5 (15)
4. 1 fM, 1 M verd x2, 1 fM, 1 M verd x2, 9 fM, (19)
5. 19 fM (19)
6. 4 fM, 1 M verd x4, 6 fM, 1 M verd x4, 1 fM (27)

KmlFab. Nähe nun die Schnauze mittig am Kopf fest, sodass sie leicht über die Augen steht.

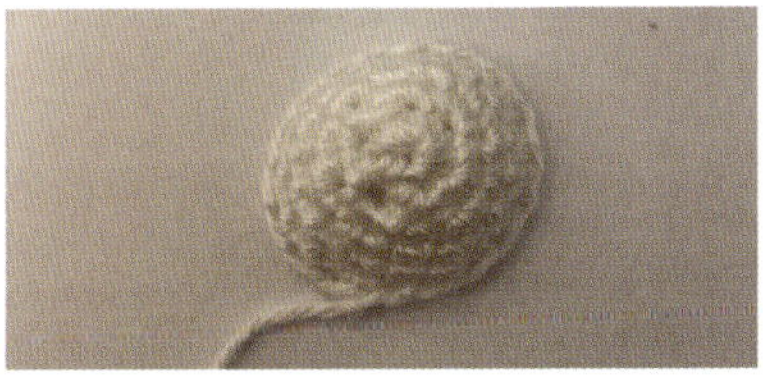

Sticke anschließend noch eine schöne Nase auf die Schnauze und ergänze die Augendetails.

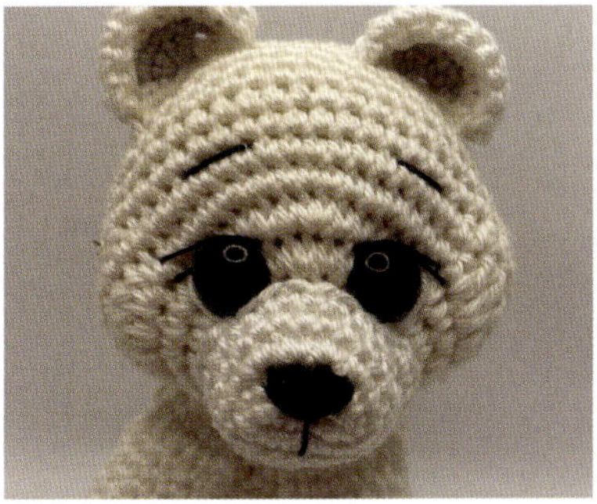

Ohren (2x)

Starte in **Light Gray**. Es wird in R gehäkelt.

1. MR 7 fM, wenden, ab 2. M zurück (6)
2. 1 M verd, 4 fM, 1 M verd, 1 Wlfm (8+1)

FW zu **White**.

3. 1 M verd, 6 fM, 1 M verd, 1 Wlfm (10+1)
4. 10 fM (10)

Das Ohr mit fM umhäkeln. In den MR an der geraden Unterseite häkelst du 3 fM. KmlFab. Nähe die Ohren leicht schräg nach vorne gebogen zwischen den Rd 13-15 mit einem Abstand von 4 M am Kopf fest.

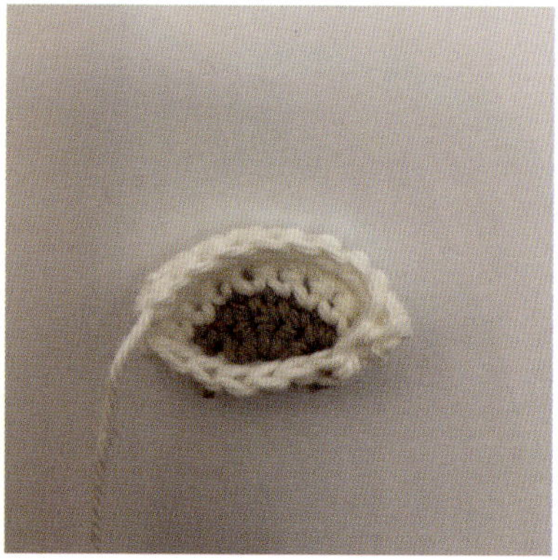

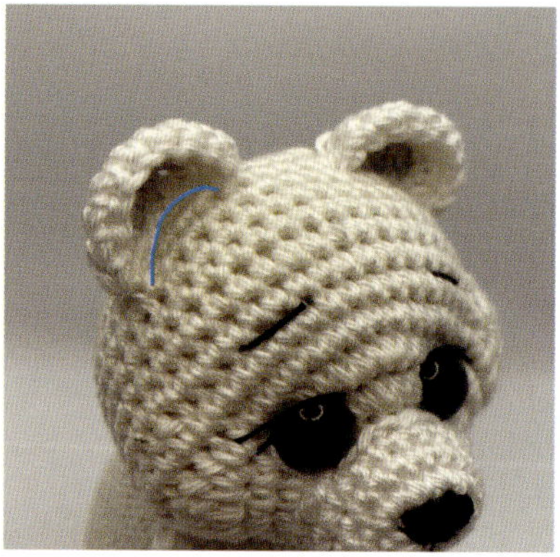

Pfoten (4x)

Starte in **Light Gray**.

1. 6 Lfm, wenden, ab 2. M zurück (6)
2. 2 Stb in eine M, 1 Km, (1 Stb, 1 dStb, 1 Stb in eine M), 1 Km, 3 Stb in eine M, auf der anderen Seite der Lfmk: 4 fM (14)

FW zu **White**.

3. 14 fM (14)
4. 2 fM, (1 M verd, 1 fM) x4, 4 fM (18)
5. 3 fM, (vMg 3 hStb in eine M, 1 Km) x5, 5 fM (28)
6. 3 fM, hMg aus Rd 4 10 fM, 5 fM (18)
7. 18 fM (18)
8. 4 fM, 1 M abn x4, 6 fM (14)

9.-16. 14 fM (8 Rd) (14)

Stopfe die Pfoten vorne gut mit Füllmaterial aus. Die letzten 4 Rd werden nicht befüllt.

17. (5 fM, 1 M abn) x2 (12)

Häkle 3 fM, um an die Seite der Pfote zu gelangen.

Falte die Öffnung und häkle diese mit 6 fM zusammen.

Fab. Die Pfoten werden später in den Körper eingehäkelt.

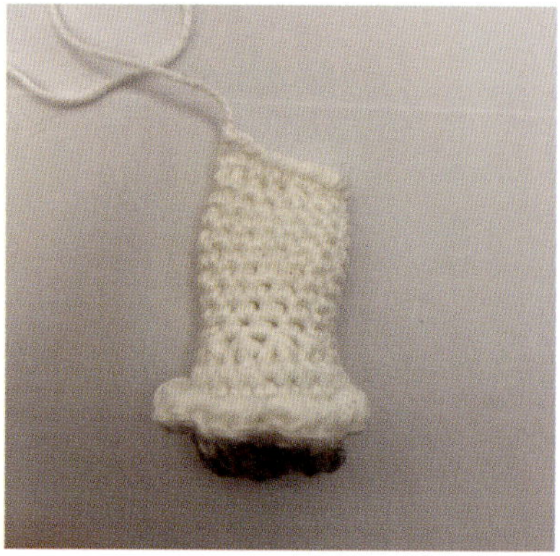

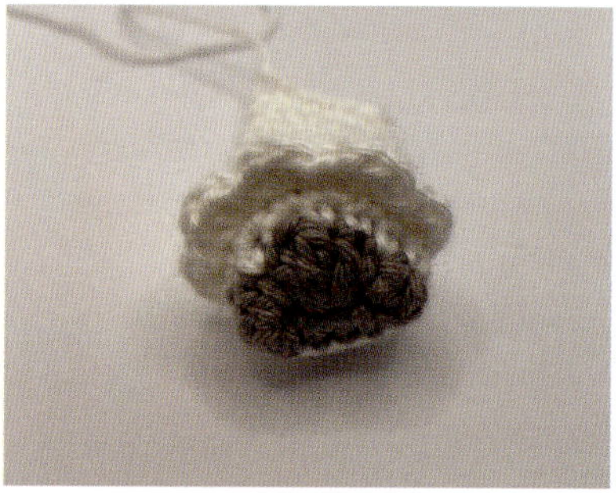

Wichtig

Wenn du die Pfoten einhäkelst, achte darauf, dass die Zehen nach oben zeigen.

Pfoten häkeln

Körper

Häkle in **Natural White**.

1. MR 8fM (8)
2. 1M verd x8 (16)
3. (1fM, 1M verd) x8 (24)
4. (2fM, 1M verd) x8 (32)
5. (3fM, 1M verd) x8 (40)
6. (4fM, 1M verd) x8 (48)

7.-9. 48fM (3Rd) (48)

10. 7fM, **Pfote 1** mit 6fM einhäkeln, 29fM, **Pfote 2** mit 6fM einhäkeln (48)

11.-12. 48fM (2Rd) (48)

13. 9fM, (1M abn, 1fM) x3, 21fM, (1M abn, 1fM) x3, (42)

14. 10fM, 1M abn x3, 20fM, 1M abn x3 (36)

15.-19. 36fM (5Rd) (36)

20. (4fM, 1M abn) x6 (30)

Fülle den Körper fortlaufend mit Füllmaterial.

21. 30fM + 3Agm (30+3)

Jetzt werden die oberen Pfoten/Arme eingehäkelt.

Neuer Rdanf!

22. 2fM, **Pfote 3** mit 6fM einhäkeln, 16fM, **Pfote 4** mit 6fM einhäkeln (30)

23. (3fM, 1M abn) x6 (24)

24. (2fM, 1M abn) x6 (18)

25. (1fM, 1M abn) x6 (12)

KmlFab. Körper noch einmal gut nachfüllen. Nähe den Kopf an den Körper beim Kopf zwischen den Rd9-16.

Schwanz

Wird nicht gefüllt. Häkle in **White**.

1. MR 6fM (6)
2. 1M verd x6 (12)

3.-5. 12fM (3Rd) (12)

Zusammenlegen und die Öffnung mit 6fM zusammenhäkeln.

KmlFab. Nähe den Schwanz hinten mittig nach Rd6 am Körper fest.

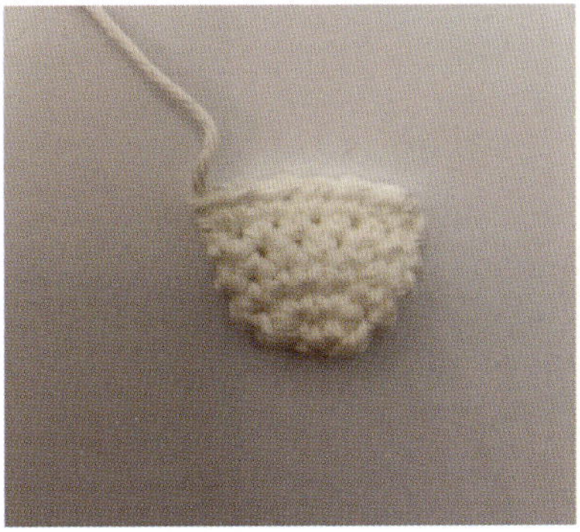

Variation

Eddy braucht eine Freundin! Wenn du möchtest, kannst du auch das Grizzlybär-Baby Ginger häkeln.

Benutze einfach folgende Wolle:

Hobbii Friends Cotton 8/4

- 11 Chestnut
- 09 Nougat

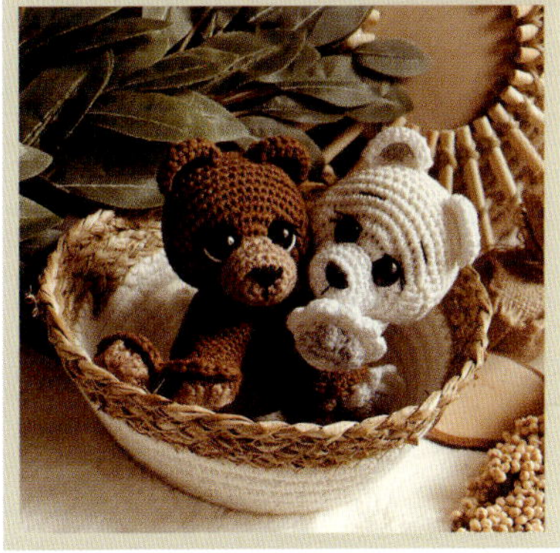

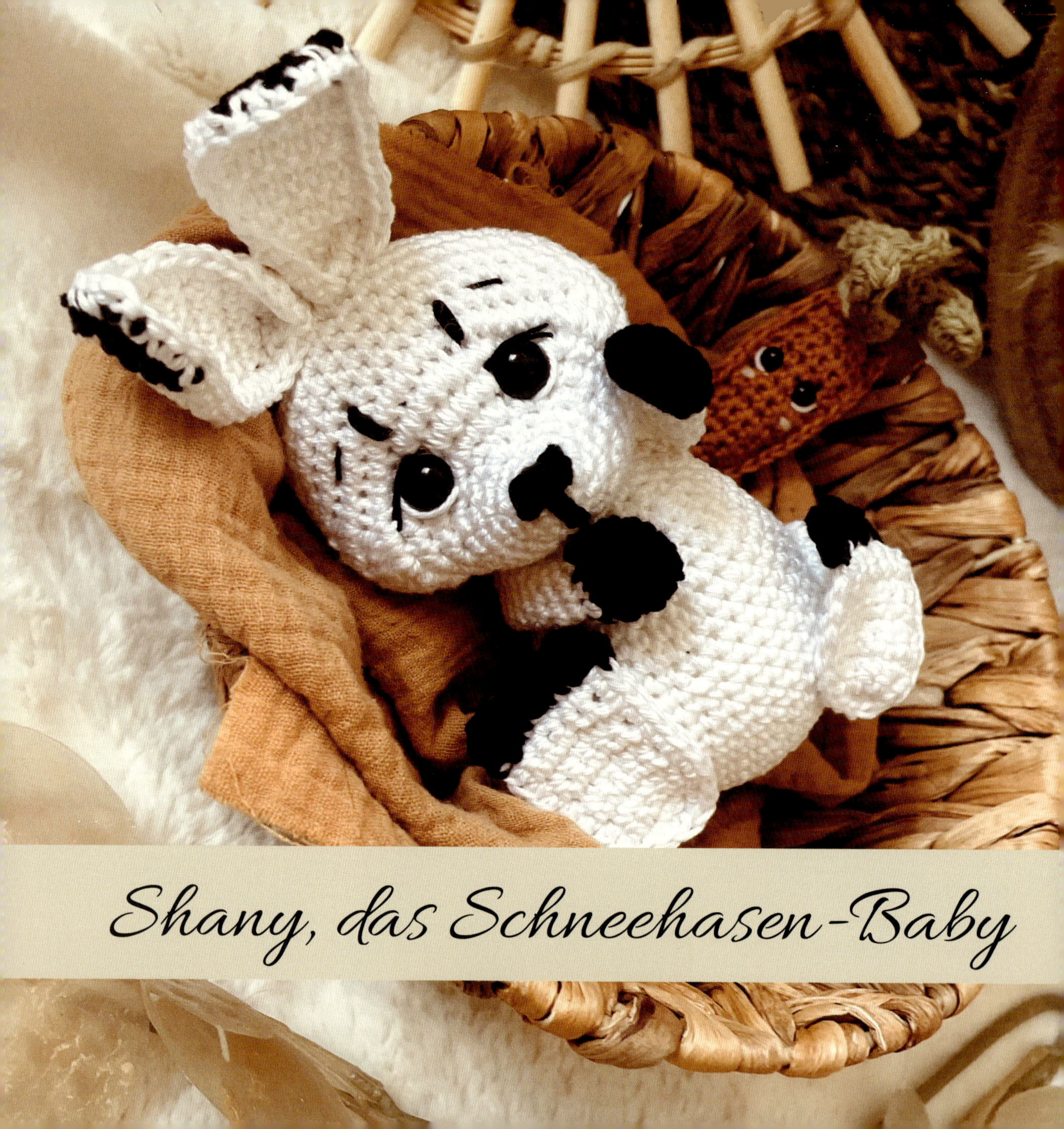

Shany, das Schneehasen-Baby

Infos & Material

Schwierigkeitsgrad:

Maschenart: geeignet für fM in X und V

Wolle: Hobbii Friends Cotton 8/4

- 01 White
- 124 Black

Häkelnadel: 2,00 mm

Sicherheitsaugen: 12 mm Ø

Sonstiges Material:

- Schere
- Füllwatte
- Stopfnadel & Stickgarn
- Maschenmarkierer

Faktencheck

Schneehasen leben in großen Teilen des nordlichen Euraslens, in ganz Sibirien, im Norden Chinas und auf der japanischen Insel Hokkaido.

Ihr weißes Fell hilft ihnen bei der Tarnung im Schnee. Das Weibchen bringt zwei bis drei Mal im Jahr zwei bis fünf Jungtiere zur Welt. Die Jungtiere haben bei der Geburt bereits ihr Fell und wachsen sehr schnell. Schon nach vier Wochen werden sie von der Mutter entwöhnt.

Kopf

Häkle in **White**.

1. MR 6 fM (6)
2. 1 M verd x6 (12)
3. 12 fM (12)
4. (1 fM, 1 M verd) x6 (18)
5. 18 fM (18)
6. 5 fM, 7x 1 M verd, 6 fM (25)
7. 5 fM, (1 fM, 1 M verd) x7, 6 fM (32)
8. 5 fM, (1 M verd, 2fM) x7, 6 fM (39)
9. 6 fM, 1 hStb verd, 1 Stb verd 2x, 1 hStb verd, 18 fM, 1 hStb verd, 1 Stb verd 2x, 1 hStb verd, 7 fM (47)
10. 6 fM, 8 hStb, 18 fM, 8 hStb, 7 fM (47)

11.-15. 47 fM (5 Rd) (47)

16. (7 fM, 1 M abn) x5, 2 fM (42)

Setze die Augen zwischen den Rd 7/8 mit einem Abstand von 6 sichtbaren Maschen ein. Stopfe den Kopf nach und nach mit Füllmaterial aus.

17. (5 fM, 1 M abn) x6 (36)

18. (4 fM, 1 M abn) x6 (30)

19. 30 fM (30)

20. (3 fM, 1 M abn) x6 (24)

21. (2 fM, 1 M abn) x6 (18)

22. (1 fM, 1 M abn) x6 (12)

23. 1 M abn x6 (6)

Stopfe noch einmal fest nach, lFab. Das Loch schließen und den Faden vernähen. Vertiefe die Augen (siehe *Häkeltechniken.*)

Sticke deinem Schneehasen noch ein paar schöne Augendetails auf.

Ohren (2x)

Starte in **Black**. Es wird in R gehäkelt.

1. 2 Lfm, wenden, ab 2. M zurück 2 fM in eine M, 1 Wlfm (2+1)
2. 1 M verd x2, 1 Wlfm (4+1)
3. 1 M verd, 2 fM, 1 M verd, 1 Wlfm (6+1)

FW zu **Weiß**.

4.-15. 6 fM, 1 Wlfm (12 R) (6+1)

16. 6 fM (6)

Schneide den Faden nicht ab, sondern umhäkle das Ohr mit fM. Mit einer Km in die gegenüberliegende M beenden. lFab.

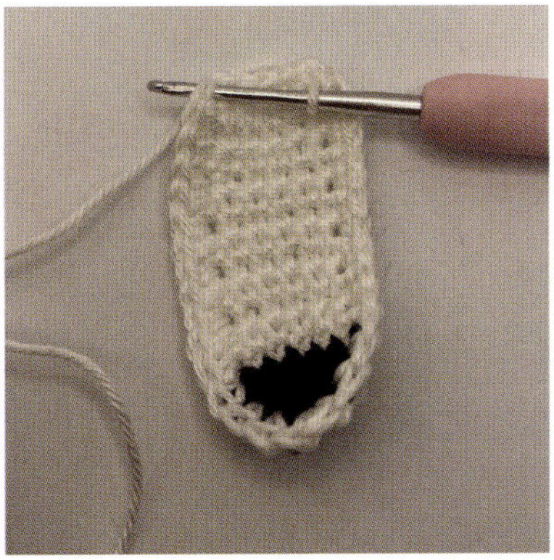

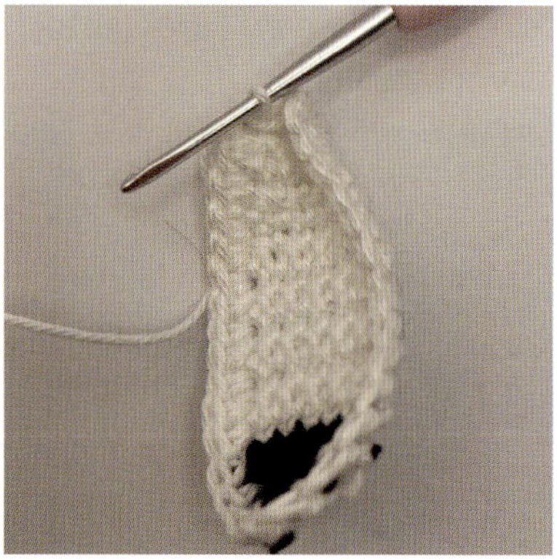

Nase

Häkle in **Black**.

1. 5 Lfm, wenden, in die 3. M von der Nadel aus zurück (5)
2. (1 hStb, 1 Km, 2 hStb, 1 Km in eine M), die restlichen Lfm werden nicht behäkelt.

IFab zum späteren Annähen. Nähe die Nase vorne direkt an die Schnauze deines Hasen.

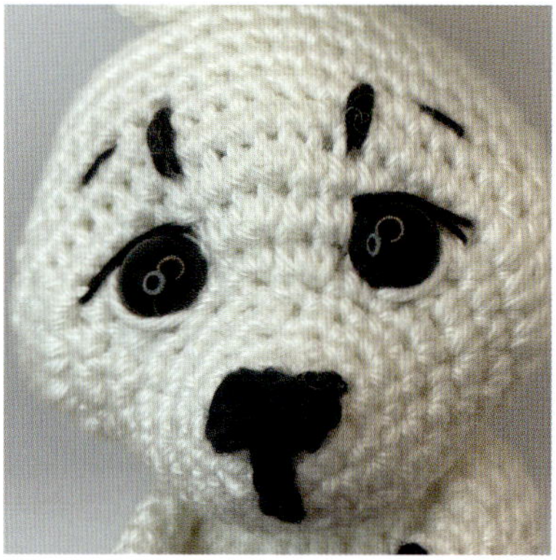

Arme (2x)

Starte in **Black**. Die Arme werden nicht gefüllt.

1. MR 6 fM (6)
2. 1 M verd x6 (12)

3.-4. 12 fM (2 Rd) (12)

FW zu **White**.

5. (1 fM, 1 M abn) x4 (8)

6.-13. 8 fM (8 Rd) (8)

Lege beide Seiten aufeinander und häkle diese mit 4 fM zusammen. IFab zum späteren Annähen. Nähe die Arme später links und rechts direkt unterhalb des Kopfes an die Rd 21-23 an den Körper.

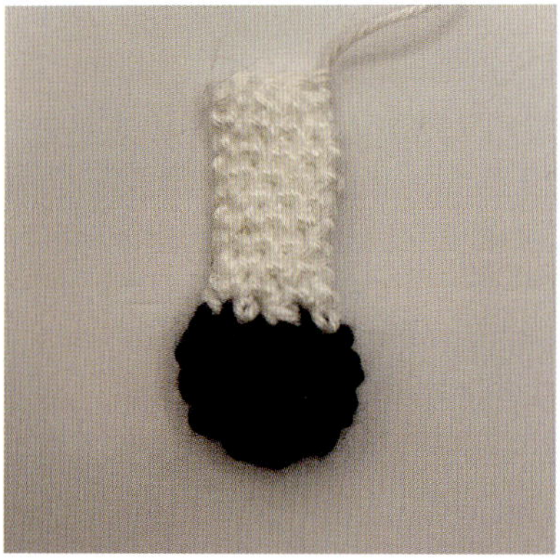

Hinterbeine (2x)

Häkle in **White**. Die Hinterbeine werden nicht gefüllt.

1. MR 6 fM (6)
2. 1 M verd x6 (12)
3. (1 fM, 1 M verd) x6 (18)
4. (2 fM, 1 M verd) x6 (24)
5. (3 fM, 1 M verd) x6 (30)

6.-8. 30 fM (3 Rd) (30)

9. (3 fM, 1 M abn) x6 (24)
10. (2 fM, 1 M abn) x6 (18)
11. (1 fM, 1 M abn) x6 (12)
12. 1 M abn x6 (6)

IFab und das Loch schließen. Faden nicht abschneiden, denn damit werden später noch die Beine an den Körper genäht.

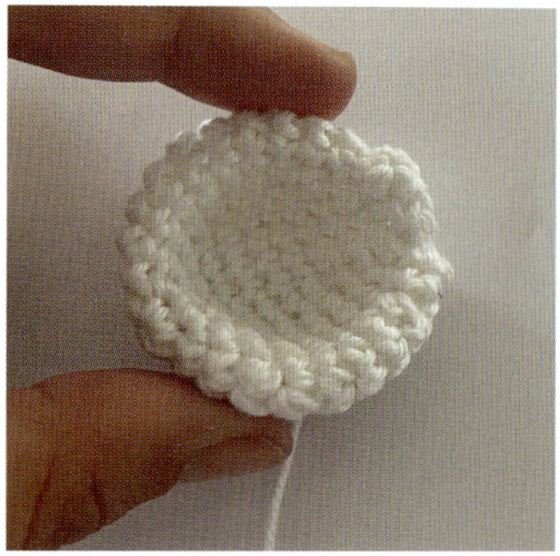

Pfoten (2x)

Häkle in **White**.

1. 2 Lfm, wenden, ab 2. M zurück 2 fM in eine M, 1 Wlfm (2+1)
2. 1 M verd x2, 1 Wlfm (4+1)
3. 1 M verd, 2 fM, 1 M verd, 1 Wlfm (6+1)

4.-9. 6 fM, 1 Wlfm (6 R) (6+1)

10. 6 fM, umhäkle nun die Pfote mit fM, dabei in die Spitze der Pfote 2 fM arbeiten.

FW zu **Black**. An der geraden Kante weiter wie folgt häkelst du jetzt die Zehen:

4 Stb in eine M, 1 Km, 4 Stb in eine M, 1 Km, 4 Stb in eine M, 1 Km (15)

Fab. Nähe nun Bein und Pfote, wie auf den Bildern gezeigt, zusammen.

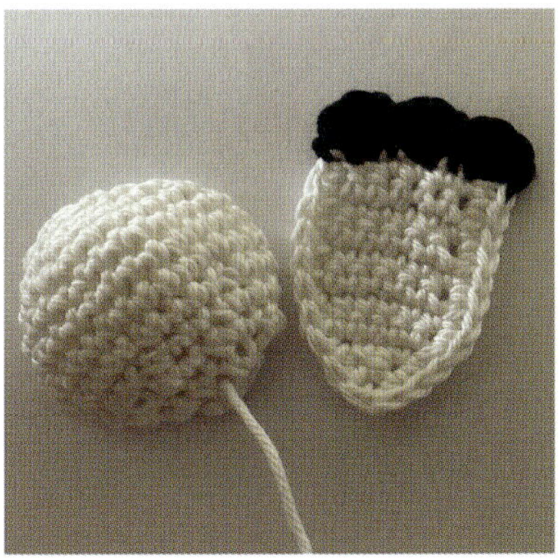

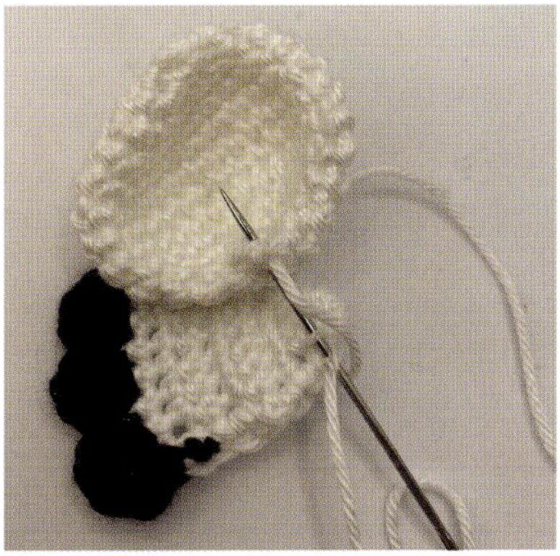

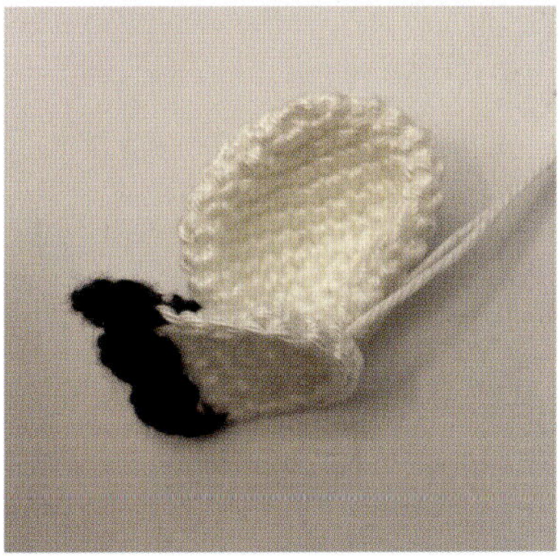

Körper

Häkle in **White**. Der Rdanf befindet sich vorne am Bauch.

1. MR 8 fM (8)
2. 1 M verd x8 (16)
3. (1 fM, 1 M verd) x8 (24)
4. (2 fM, 1 M verd) x8 (32)
5. (3 fM, 1 M verd) x8 (40)
6. (4 fM, 1 M verd) x8 (48)

7.-10. 48 fM (4 Rd) (48)

11. 20 fM, 1 M abn x4, 20 fM, (44)

12.-13. 44 fM (2 Rd) (44) + 1 Agm (44+1)

14. 14 fM, 1 M abn x2, 8 fM, 1 M abn x2, 14 fM (40)

15. 40 fM (40)

16. 12 fM, (1 fM, 1 M abn) x5, 13 fM (35)

17.-18. 35 fM (2 Rd) (35)

19. (5 fM, 1 M abn) x5 (30)

20. 30 fM (30)

21. (4 fM, 1 M abn) x5 (25)

22. (3 fM, 1 M abn) x5 (20)

23. 20 fM (20)

24. (2 fM, 1 M abn) x5 (15)

Stopfe den Körper fest mit Füllmaterial aus. lFab zum späteren Annähen des Kopfes.

Schwänzchen

Häkle in **White**.

1. MR 6 fM (6)
2. 1 M verd x6 (12)
3. (1 fM, 1 M verd) x6 (18)

4.-6. 18 fM (3 Rd) (18)

7. (1 fM, 1 M abn) x6 (12)

Stopfe nun das Schwänzchen

8. 1 M abn x6 (6)

Noch einmal gut nachstopfen. lFab und das Loch schließen.

Nähe den Schwanz mittig bei Rd 6-10 hinten am Rücken fest.

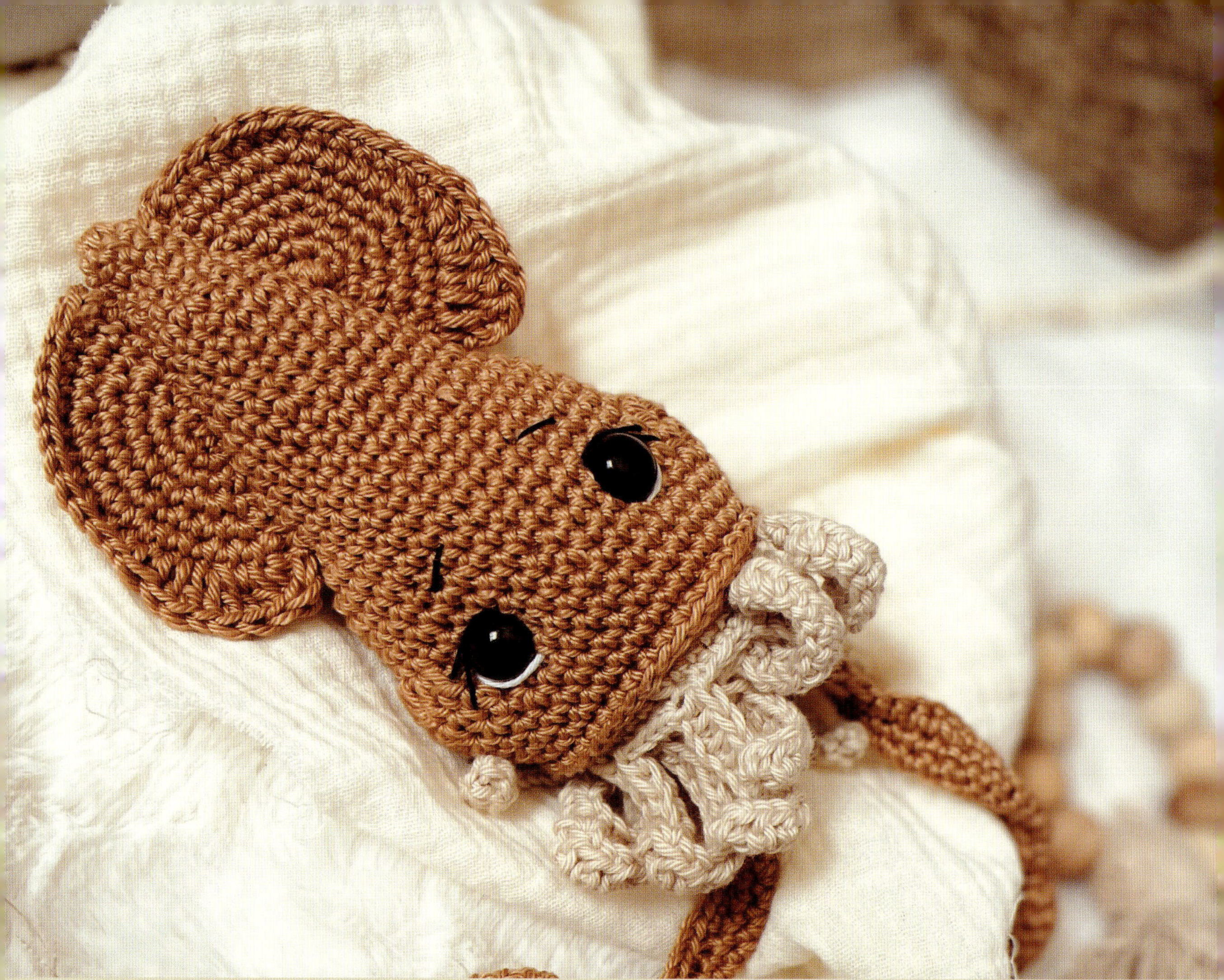

Kemal, das Kalmar-Baby

Infos & Material

Schwierigkeitsgrad:

Maschenart: geeignet für fM in X und V

Wolle: Hobbii Friends Cotton 8/4

- 05 Beige
- 13 Ochre

Häkelnadel: 2,00 mm

Sicherheitsaugen: 10 mm Ø

Sonstiges Material:

- Schere
- Füllwatte
- Stopfnadel & Stickgarn
- Maschenmarkierer

Faktencheck

Kalmare gehören zur Gattung der Tintenfische und es gibt über 200 Arten von ihnen. Sie gehören zu den wenigen Tieren, die auch im eiskalten Wasser der Antarktis überleben können. Kalmare haben Kiemen und atmen wie Fische.

Zur Paarung bilden sie große Schwärme. Das Weibchen legt seine befruchteten Eier an Steinen und Pflanzen ab. Jungtiere ernähren sich vor allem von Zooplankton, bevor sie später alle Arten von tierischer Kost fressen.

Kopf

Häkle in **Ochre**.

1. MR 6 fM (6)
2. (1 fM, 1 M verd) x3 (9)
3. 9 fM (9)
4. (2 fM, 1 M verd) x3 (12)
5. 12 fM (12)
6. (3 fM, 1 M verd) x3 (15)
7. 15 fM (15)
8. (4 fM, 1 M verd) x3 (18)
9. 18 fM (18)
10. (5 fM, 1 M verd) x3 (21)
11. 21 fM (21)
12. (6 fM, 1 M verd) x3 (24)
13. 24 fM (24)
14. (7 fM, 1 M verd) x3 (27)
15. 27 fM (27)
16. (8 fM, 1 M verd) x3 (30)
17. 30 fM (30)
18. 11 fM, 1 M verd x4, 11 fM, 1 M verd x4 (38)

19.-24. 38 fM (6 Rd) (38)

Stopfe nun die Spitze des Kopfes fest mit Füllwatte aus. Den Körper ab hier fortlaufend füllen.

25. 14 fM, 1 hStb, 1 Stb verd x2, 1 hStb, 15 fM, 1 hStb, 1 Stb verd x2, 1 hStb, 1 fM (42)
26. 14 fM, 6 hStb, 15 fM, 6 hStb, 1 fM (42)

27.-30. 42 fM (4 Rd) (42)

Setze nun die Sicherheitsaugen zwischen den Rd 25/26 (im Bereich zwischen den hStb) mit einem Abstand von 6-7 M ein.

31. vMg 42 fM (42)
32. hMg der Rd 30 42 fM (42)

FW zu **Beige**.

33. hMg (5 fM, 1 M abn) x6 (36)
34. hMg (4 fM, 1 M abn) x6 (30)
35. hMg (3 fM, 1 M abn) x6 (24)
36. hMg (2 fM, 1 M abn) x6 (18)
37. hMg (1 fM, 1 M abn) x6 (12)

Noch einmal gut füllen.

38. 1 M abn x6 (6)

Fab und Loch verschließen. Vertiefe die Augen (siehe *Häkeltechniken*).

Nun kannst du deinem Kalmar noch ein paar schöne Augendetails aufsticken, wie z.B. Augenweiß und Wimpern. Die Augenbrauen werden zwischen Rd 20/21 schräg über 1 M mit schwarzem Garn aufgestickt (ca. 4 fM Abstand zueinander).

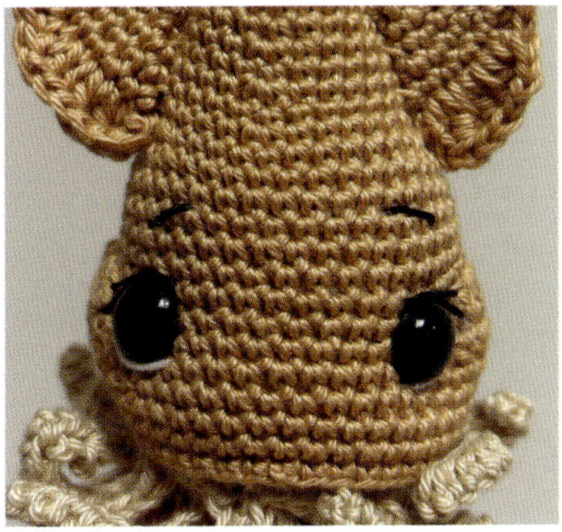

Kleine Fangarme

Häkle in **Beige**. Halte deinen Kalmar kopfüber, denn du machst jetzt an der Unterseite deines Tierbabys weiter.

Kette in Rd 33 beim FW in das verbliebene vMg an und häkle wie folgt:

13 Lfm, wenden, ab 2. M zurück 12 hStb, 1 Km in die nächste M, 4 fM

Wiederhole dies bis zum Ende der Rd 33. In der nächsten Rd häkelst du wie folgt weiter:

13 Lfm, wenden, ab 2. M zurück 12hStb, 1Km in die nächste M, 2fM

Wiederhole dies bis zum Ende der Rd 34.

Fab. Vernähe nun den Endfaden.

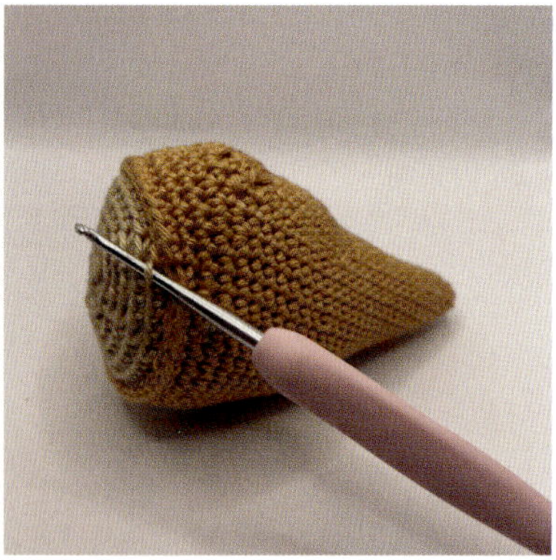

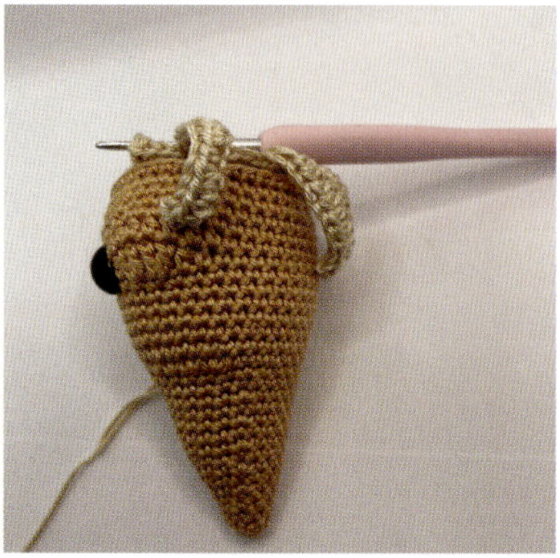

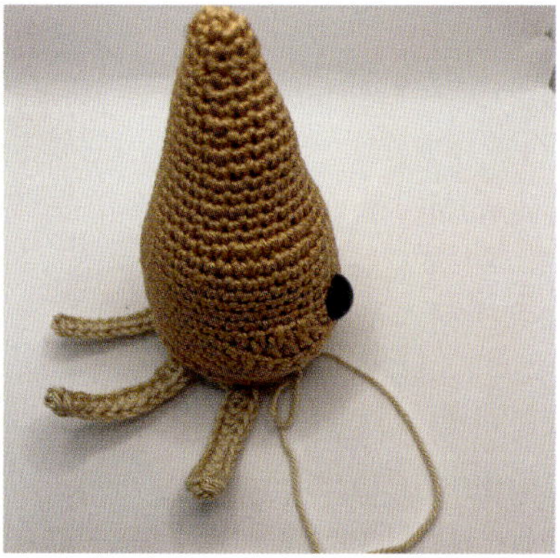

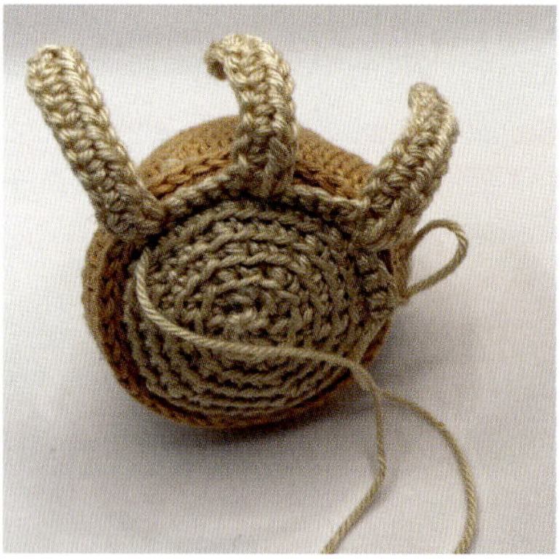

Flossen (2x)

Häkle in Ochre. Die Flossen werden nicht gefüllt.

Flosse 1

1. MR 6 fM (6)

2. 1 M verd x6 (12)

3. (1 fM, 1 M verd) x6 (18)

4. (2 fM, 1 M verd) x6 (24)

5. (3 fM, 1 M verd) x6 (30)

6. (4 fM, 1 M verd) x6 (36)

Falte den Kreis in der Hälfte und häkle ihn wie folgt zusammen, häkle dabei durch beide Lagen:

11 fM, 2 hStb, 1 Stb verd x2, 1 dStb verd x2, 1 Km

LFab und den Endfaden zum Annähen stehen lassen.

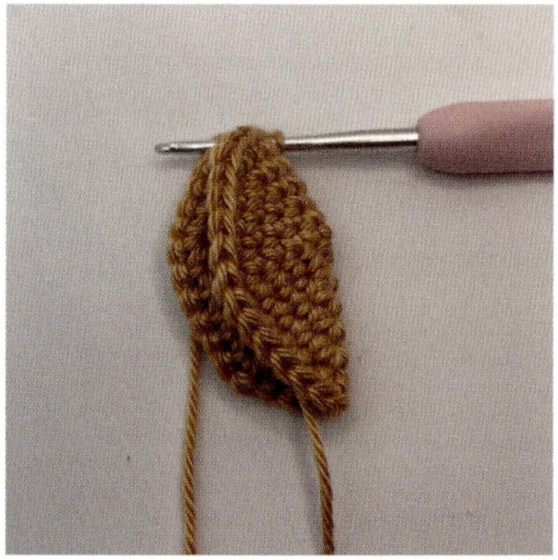

Flosse 2

Wiederhole die Rd 1-6. Falte den Kreis wieder in der Hälfte und häkle ihn wie folgt zusammen, häkle dabei durch beide Lagen:

1 Km, 1 dStb verd x2, 1 Stb verd x2, 2 hStb, 11 fM

lFab und den Endfaden zum Annähen stehen lassen.

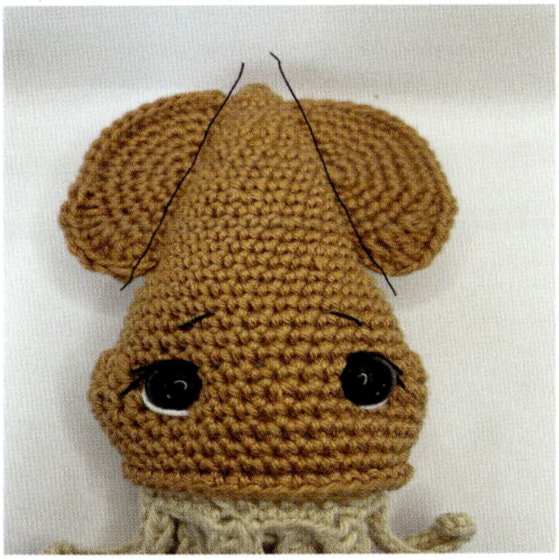

Nähe die Flossen seitlich (mit der geraden Seite) an deinem Kalmar fest. Beginne am Körper bei Rd 2 und ende ca. bei Rd 18-20. Du kannst dir die Flossen auch erst einmal mit Stecknadeln fixieren, um die optimale Position zu finden. Die Stb der Flossen zeigen beim Annähen nach unten in Richtung Augen.

Lange Fangarme (2x)

Häkle in **Ochre**. Lasse einen langen Anfangsfaden. Diesen brauchst du später zum Annähen. Es wird in R gehäkelt.

Lange Fangarme häkeln

1. 21 Lfm, wenden, ab 2. M zurück (21)

2.-4. 20 fM, 1 Wlfm (3 R) (20+1)

Lege beide Seiten längs aufeinander und häkle sie mit 20 fM zusammen:

1 Lfm, wenden

Häkle an der unteren Seite 2 fM und 1 Wlfm. (Schau dir hierzu gerne auch das Video an.)

Ab jetzt wird wieder in Rd gehäkelt:

1. vMg 1 M verd x2 und weiter auf der anderen Seite in die verbliebenen freien Mg 1 M verd x2 (8)

2. (1 fM, 1 M verd) x4 (12)

3.-5. 12 fM (3 Rd) (12)

6. (2 fM, 1 M abn) x3 (9)

7. 9 fM (9) (leicht befüllen)

8. (1 fM, 1 M abn) x3 (6)

Fab. Das Loch verschließen und Faden vernähen.

Nähe die Fangarme mit deinem langen Anfangsfaden unten mittig, parallel zu den Augen, mit einem kleinen Abstand zueinander an deinem Kalmar fest.

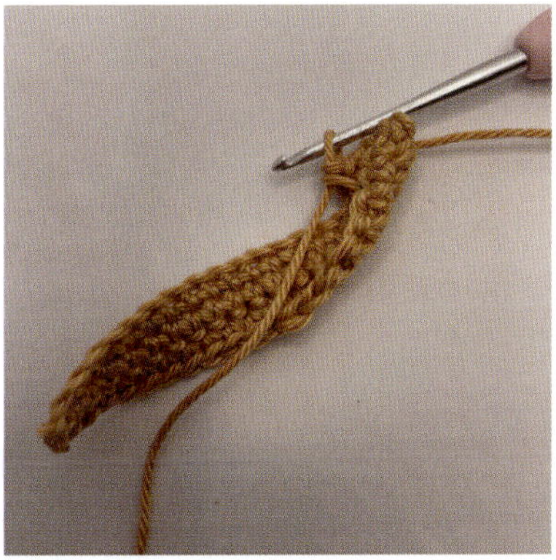

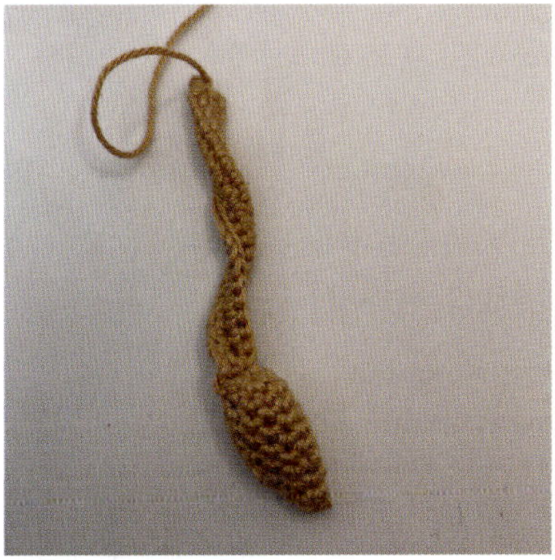

Fangarmspitze häkeln

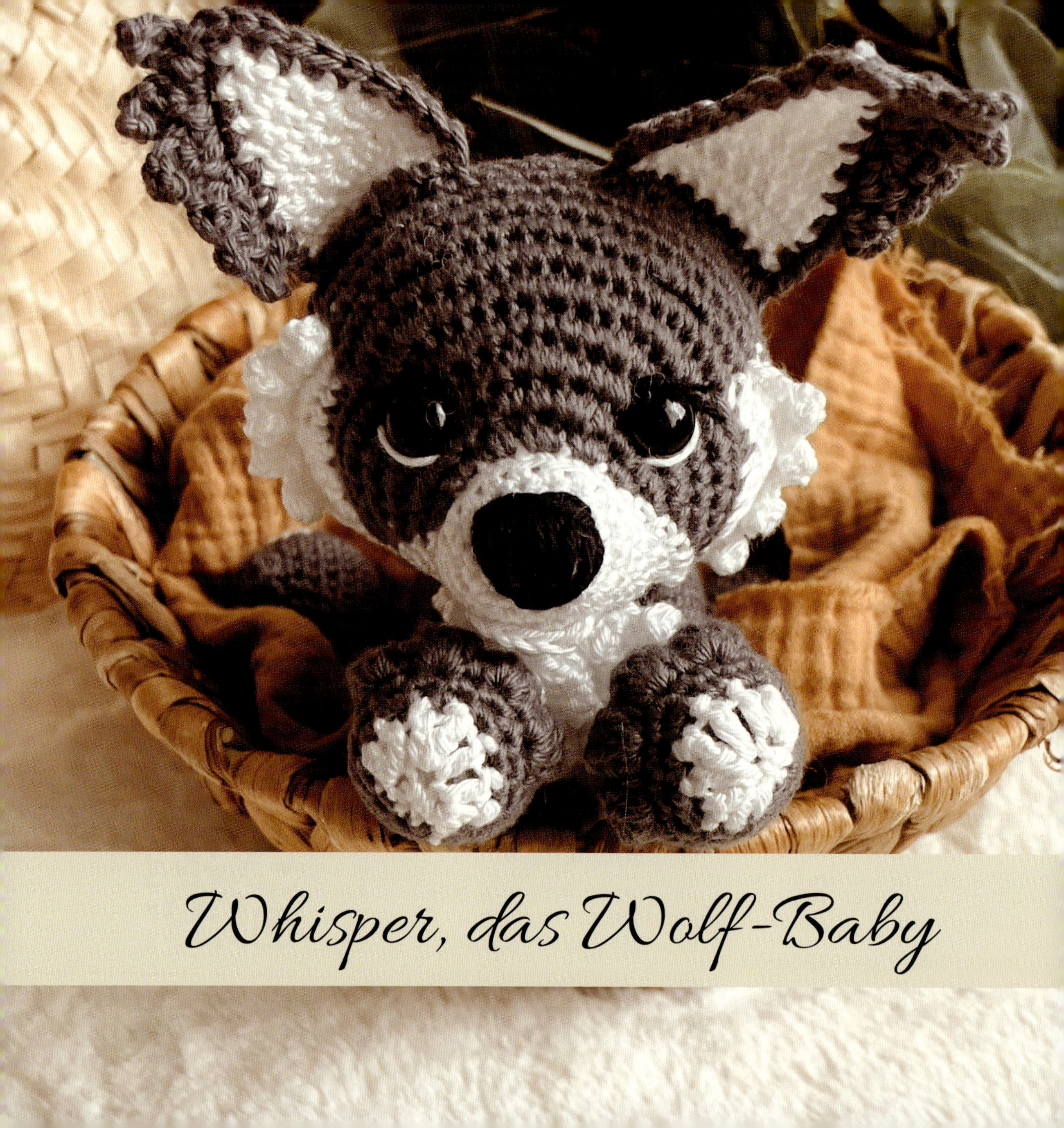

Whisper, das Wolf-Baby

Infos & Material

Schwierigkeitsgrad: 3 von 3

Maschenart: geeignet für fM in X und V

Wolle: Hobbii Friends Cotton 8/4

- 01 White
- 123 Charcoal

Häkelnadel: 2,00 mm

Sicherheitsaugen: 12 mm Ø

Sonstiges Material:

- Schere
- Füllwatte
- Stopfnadel & Stickgarn
- Maschenmarkierer

Faktencheck

Der Wolf ist das größte Raubtier aus der Familie der Hunde. Wölfe leben in Rudeln und ihr Lebensraum erstreckt sich über Europa, Nordamerika und weite Teile Asiens.

Ein Wurf besteht aus einem bis elf, normalerweise aber vier bis sechs Welpen, die zwischen 300 und 500 Gramm wiegen. Nach etwa zwei Wochen können die Welpen laufen, knurren und kauen. Etwa am 20. Tag verlassen sie zum ersten Mal ihre Höhle.

Wichtig

In dieser Anleitung werden Farbwechsel unter anderem durch eine veränderte Schriftfarbe angezeigt. Orientiere dich dafür auch an der Farbauflistung im Kasten links.

Kopf

Starte in White, dann FW mit **Charcoal**.

1. dLfmk mit 3 M, 1 Wlfm, wenden, ab 2. M zurück (3+1)
2. 1 M verd, 1 fM, 3 fM in die letzte M, auf der anderen Seite weiter: 1 fM, 1 M verd (9)
3. 1 M verd, 2 fM, 1 M verd x3, 2 fM, 1 M verd (14)
4. 1 fM, 1 M verd, 2 fM, (1 fM, 1 M verd) x3, 3 fM, 1 M verd (19)
5. 19 fM (19)
6. hMg 19 fM (19)
7. 3 fM, 1 M verd x6, 10 fM (25)
8. 3 fM, (1 M verd, 1 fM) x3, (1 fM, 1 M verd) x3, 10 fM (31)
9. 3 fM, (2 fM, 1 M verd) x3, (1 M verd, 2 fM) x3, 10 fM (37)
10. 3 fM, (1 M verd, 3 fM) x3, (3 fM, 1 M verd) x3, 1 fM, 9 fM (43)
11. 3 fM, (4 fM, 1 M verd) x3, (1 M verd, 4 fM) x3, 1 fM, 9 fM (49)
12. 3 fM, (hMg 1 Stb, 1 Stb verd x2, 1 Stb, 3 fM), 22 fM, (hMg 3 fM, 1 Stb, 1 Stb verd x2, 1 Stb), 10 fM (53)
13. 3 fM, (1 hStb verd, 1 hStb) x3, 1 hStb, 3 fM, 20 fM, 3 fM, 1 hStb, (1 hStb, 1 hStb verd) x3, 10 fM (59)
14. 3 fM, (hMg 13 fM), 20 fM, (hMg 13 fM), 10 fM (59)

15.-17. 59 fM (3 Rd) (59)

18. (5 fM, 1 M abn) x8, 3 fM (51)

Setze nun die Sicherheitsaugen zwischen den Rd 9/10 mit einem Abstand von 12 sichtbaren M ein.

19. (4 fM, 1 M abn) x8, 3 fM (43)
20. (3 fM, 1 M abn) x8, 3 fM (35)
21. (6 fM, 1 M abn) x4, 3 fM (31)
22. (3 fM, 1 M abn) x6, 1 fM (25)
23. (2 fM, 1 M abn) x6, 1 fM (19)

Stopfe den Kopf gut mit Füllmaterial.

24. (1 fM, 1 M abn) x6, 1 fM (13)
25. 1 M abn x6, 1 fM (7)

Kopf nochmals gut stopfen. Fab. Das Loch schließen und den Faden vernähen.

Vertiefe die Augen (siehe *Häkeltechniken*). Nun kannst du deinem Wolf die Details für die Augen und eine Nase aufsticken.

Die Augenbrauen liegen zwischen den Rd 12/13 mit einem Abstand von 7M.

Die Nase liegt vorne über 3-4 Rd.

Backenhaare

Häkle in White. Kette im ersten vMg der Rd 14 an.

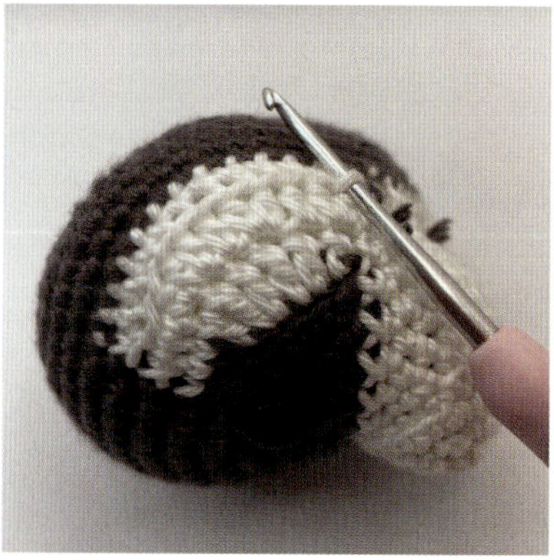

Häkle wie folgt:

(3 Lfm, wenden, ab 2. M zurück, 2 fM, 1 Km wieder in den Kopf, 2 fM) x5

Auf der anderen Seite startest du im ersten vMg neben dem Auge und häkelst auch hier:

3 Lfm, wenden, ab 2. M zurück, 2 fM, 1 Km wieder in den Kopf, 2 fM) x5

Backenhaare anhäkeln

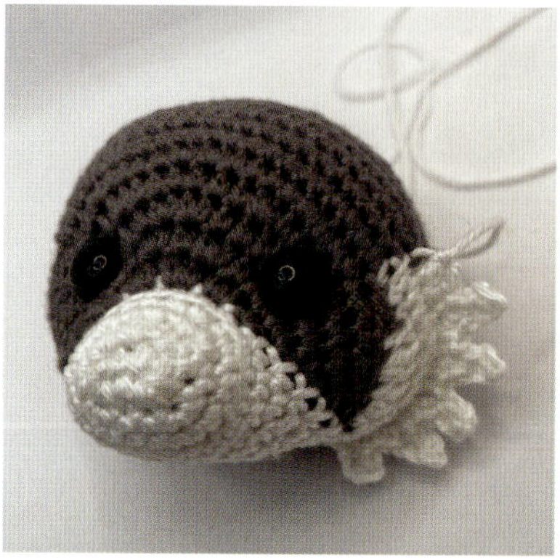

Maul

Du kannst deinem Whisper auch ein Maul anhäkeln, wenn du möchtest. Dazu hältst du deinen Wolf kopfüber und kettest in White rechts in dem ersten vMg aus Rd 6 an.

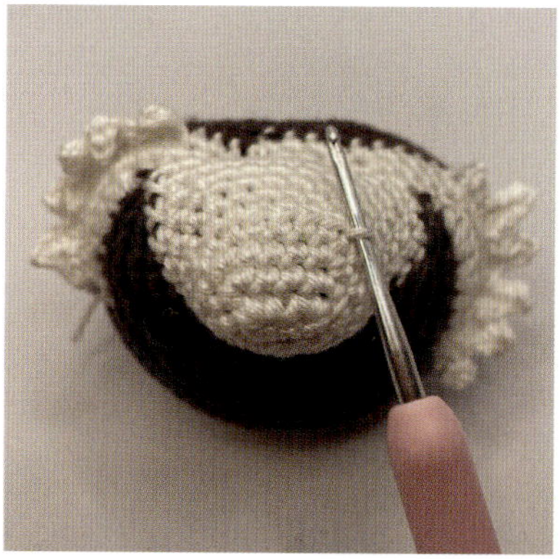

Häkle 1 fM, 3 hStb, 1 fM. Schneide dann den Faden ab und ziehe ihn durch die M. Vernähe die Fäden.

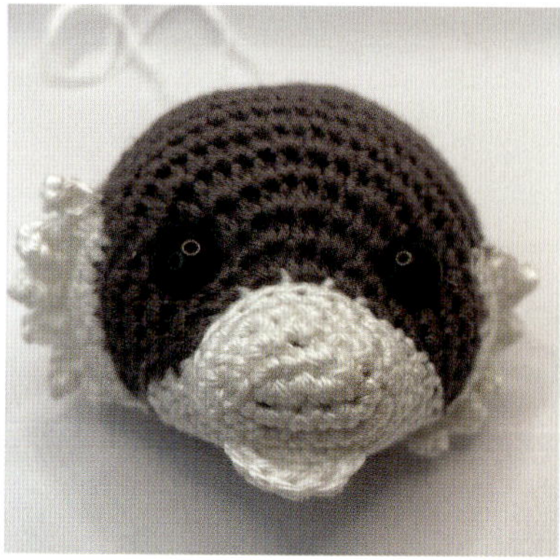

Ohren (2x)

Es wird in R gehäkelt. Häkle in White.

1. 9 Lfm, wenden, ab 2. M zurück (9)

2.-3. 8 fM, 1 Wlfm (2 R) (8+1)

4. 1 M üspr, 7 fM, 1 Wlfm (7+1)

5. 1 M üspr, 6 fM, 1 Wlfm (6+1)

6. 1 M üspr, 5 fM, 1 Wlfm (5+1)

7. 1 M üspr, 4 fM, 1 Wlfm (4+1)

8. 1 M üspr, 3 fM, 1 Wlfm (3+1)

9. 1 M üspr, 2 fM, 1 Wlfm (2+1)

10. 1 M üspr, 1 fM, 1 Wlfm (1+1)

FW zu **Charcoal**.

1. Ohr:

Das Häkelstück mit ca. 25-27 fM umhäkeln (dabei in die Ecken 2 fM arbeiten). Die Rd mit 1 Km schließen und weiter mit:

(4 Lfm, wenden, ab 2. M zurück, 3 fM, 1 Km wieder ins Ohr, 1 fM) x4, 1 fM, (3 Lfm, wenden, ab 2. M

zurück, 2 fM, 1 Km wieder ins Ohr, 1 fM) x2, lFab.

2. Ohr:

Das Häkelstück mit ca. 25-27 fM umhäkeln (dabei in die Ecken 2 fM arbeiten.) Die Rd mit 1 Km schließen. Wende jetzt dein Häkelstück, sodass du, anders als beim ersten Ohr, in die entgegengesetzte Richtung arbeitest. Starte mit:

(4Lfm, wenden, ab 2. M zurück 3 fM, 1 Km wieder ins Ohr, 1 fM) x4, 1fM, (3 Lfm, wenden, ab 2. M zurück 2 fM, 1 Km wieder ins Ohr, 1 fM) x2, lFab.

Nähe die Ohren an den Rd 16-18 leicht schräg an den Kopf.

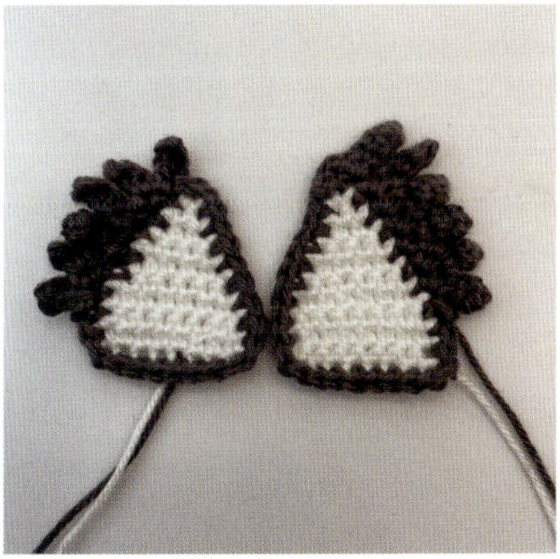

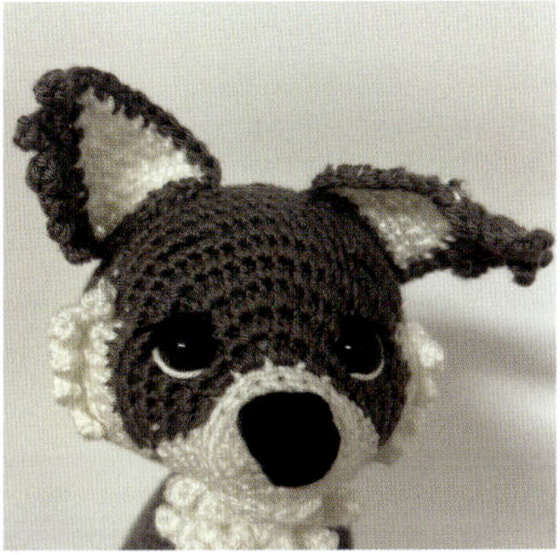

Beine (4x)

Starte in White, danach FW zu **Charcoal**.

1. 4 Lfm, ab 2. M zurück (4)
2. 2 Stb in eine M, (1 Stb, 1 dStb, 1 Stb in eine M), 2 Stb in eine M, auf der anderen Seite weiter: 1 Lfm, 3 fM (10)
3. (1 fM, 1 M verd) x4, 1 fM, 1 M abn (14)
4. (2 fM, 1 M verd) x4, 1 fM, 1 M verd (19)
5. 5 fM, (4 Stb in eine M, 1 fM) x4, 6 fM (31)
6. 5 fM, (hMg 1 M abn x2, beide Mg 1 fM) x4, 6 fM (23)
7. 5 fM, (1 M abn, 1 fM) x4, 6 fM (19)
8. 5 fM, 1 M abn x4, 4 fM, 1 M abn (14)

9.-18. 14 fM (10 Rd) (14)

Fülle nur den unteren Teil der Pfoten. Häkle so viele M weiter, bis du an der Seite der Pfoten angelangt bist und häkle sie mit 7fM zusammen.

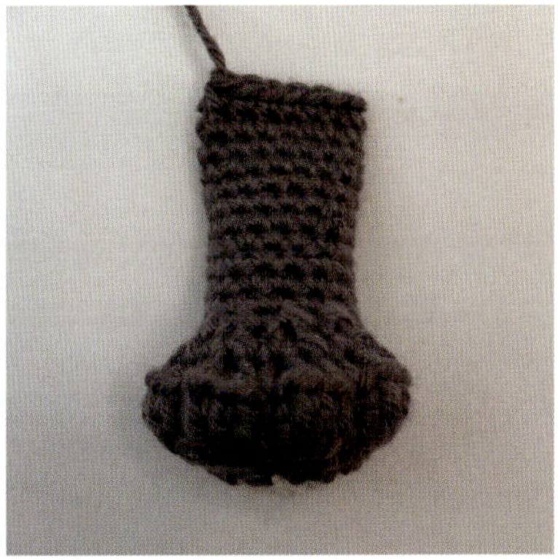

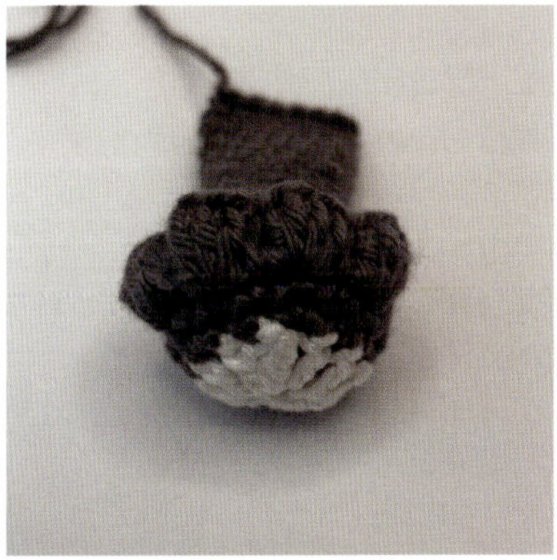

Tipp

Achte beim Einhäkeln der Pfoten in den Körper darauf, dass die Zehen Richtung Kopf zeigen.

Körper

Häkle in **Charcoal**. Der Rdanf befindet sich am Bauch.

1. MR 8 fM (8)

2. 1 M verd x8 (16)

3. (1 fM, 1 M verd) x8 (24)

4. (2 fM, 1 M verd) x8 (32)

5. (3 fM, 1 M verd) x8 (40)

6. (4 fM, 1 M verd) x8 (48)

7.-10. 48 fM (4 Rd) (48)

11. 5 fM, **Bein 1** mit 7 fM einhäkeln, 24 fM, **Bein 2** mit 7 fM einhäkeln, 5 fM (48)

12. (1 M abn, 2 fM) x3, 24 fM, (1 M abn, 2 fM) x3 (42)

13. 42 fM (42)

14. (1 M abn, 1 fM) x3, 24 fM, (1 M abn, 1 fM) x3 (36)

15.-19. 36 fM (5 Rd) (36)

20. 36 fM + 2 Agm (36+2)

Neuer Rdanf!

21. 1 fM, **Bein 3** mit 7 fM einhäkeln, 20 fM, **Bein 4** mit 7 fM einhäkeln, 1 fM (36)

22. (4 fM, abn) x6 (30)

Tipp

Die Öffnung für den Hals sollte sich mittig am Körper befinden. Passe im Zweifelsfall die Maschenanzahl individuell an (Agm).

23. 10 fM, 9 Lfm, 9 M üspr, 11 fM (30)

24. (3 fM, abn) x6 (24)

25. (2 fM, abn) x6 (18)

26. (1 fM, abn) x6 (12)

27. 1 M abn x6 (6)

KmlFab. Das Loch schließen und den Faden vernähen.

Hals

Häkle in **Charcoal**.

Starte in der rechten unteren Ecke von Rd 22 (siehe auch den Hals des Zebras auf S. 85).

Häkle 20 fM. Häkle in die Ecken je 1fM:

1.-2. 20 fM (2 Rd) (20)

KmlFab. Nähe nun den Kopf an den Körper. Du kannst die Kopfhaltung so variieren, wie sie dir am besten gefällt.

Schwanz

Starte in White.

1. MR 6 fM (6)

2. (1 fM, 1 M verd) x3 (9)

3. 9 fM (9)

4. hMg 9 fM (9)

5. (2 fM, 1 M verd) x3 (12)

6. hMg 12 fM (12)

7. (3 fM, 1 M verd) x3 (15)

8. hMg (4 fM, 1 M verd) x3 (18)

FW zu **Charcoal**.

9. (5 fM, 1 M verd) x3 (21)

10.-15. 21 fM (6 Rd) (21)

Fülle die Schwanzspitze schon mal mit Füllmaterial. Nur bis Rd 15 wird gefüllt.

16. (5 fM, 1 M abn) x3 (18)

17.-18. 18 fM (2 Rd) (18)

Lege die Öffnung aufeinander und häkle diese mit 8 fM zusammen.

lFab. Jetzt häkelst du das Fell mit White an die Schwanzspitze. Kette dazu den Faden im letzten vMg aus Rd 8 neu an (direkt beim FW).

Häkle 3 Lfm, wenden, ab 2. M zurück 2 fM, vMg 2 Km.

Dies wiederholst du so lange, bis du an der Schwanzspitze angekommen bist. Fab und den Faden vernähen. Jetzt kannst du den Schwanz mittig an den Körper bei den Rd 7-8 nähen.

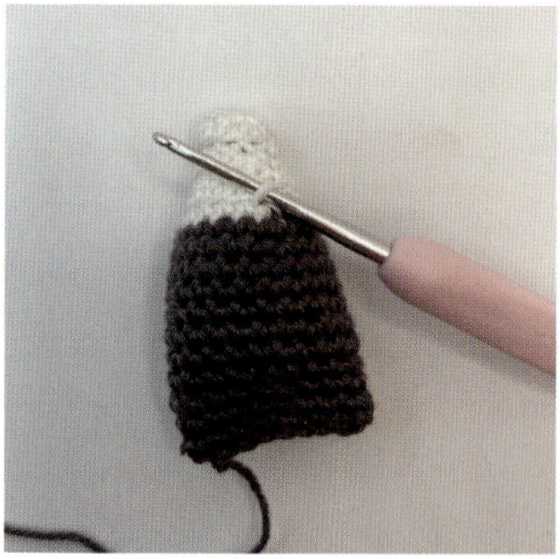

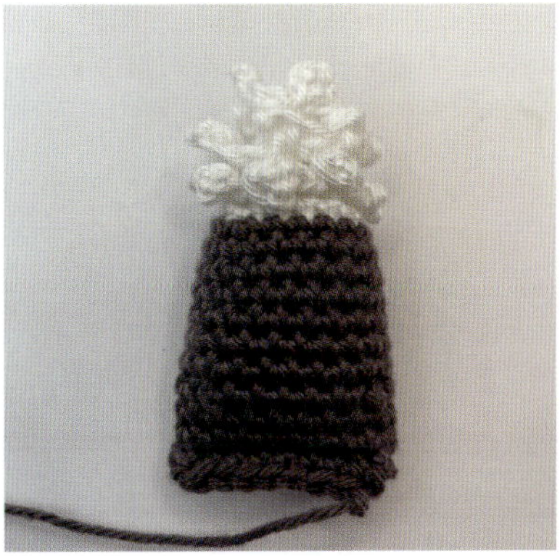

Halsfleck

Häkle in White. Es wird in R gehäkelt.

1. 9 Lfm, wenden, ab 2. M zurück (9)
2. 8 fM, 1 Wlfm (8+1)
3. vMg 1 M üspr, 7 fM, 1 Wlfm (7+1)
4. hMg 1 M üspr, 6 fM, 1 Wlfm (6+1)
5. vMg 1 M üspr, 5 fM, 1 Wlfm (5+1)
6. hMg 1 M üspr, 4 fM, 1 Wlfm (4+1)
7. vMg 1 M üspr, 3 fM, 1 Wlfm (3+1)
8. hMg 1 M üspr, 2 fM, 1 Wlfm (2+1)

Umhäkle dein Häkelstück mit fM. In die Ecken werden je 2 fM gehäkelt. Wende nun dein Häkelstück und häkle weiter wie folgt:

vMg von Rd 8 1 fM, (4 LfM, wenden, ab 2. M zurück, 3 fM), 1 fM in die nächste M.

Dies wiederholst du in allen verbliebenen freien vMg bis zur Spitze des Halsflecks.

IFab. Nähe den Halsfleck direkt unterhalb des Kopfes am Hals fest.

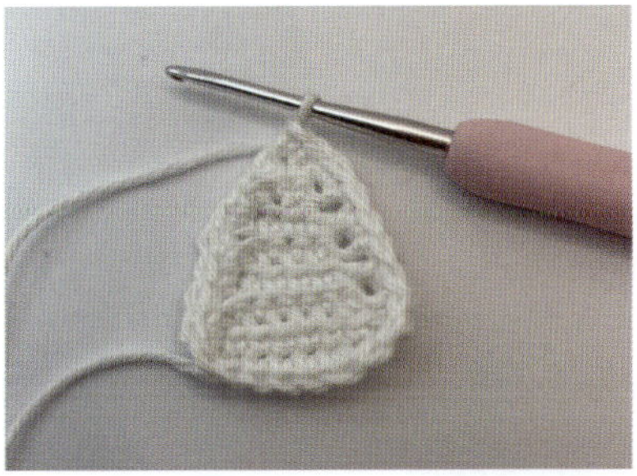

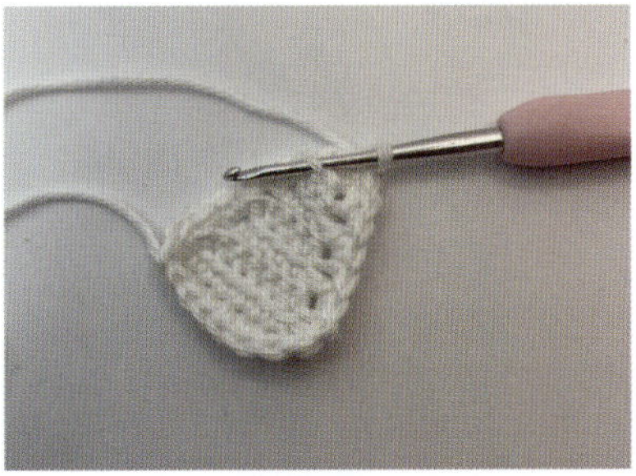

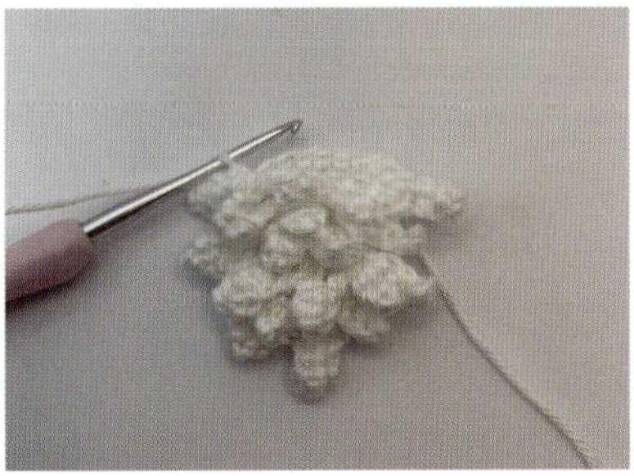

Tipp

Suche dir einfach die richtige Position für den Halsfleck mit Stecknadeln, um dir das Annähen zu erleichtern.

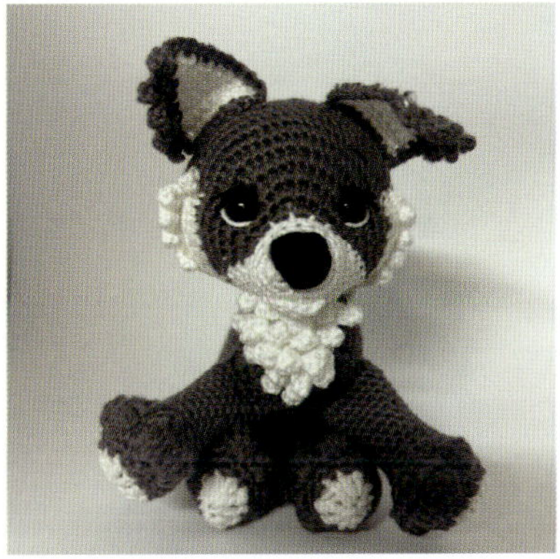

Variation

Du kannst Whisper auch in einer hellgrauen Variante häkeln:

Hobbii Friends Cotton 8/4

- 01 White
- 118 Silver
- 124 Black

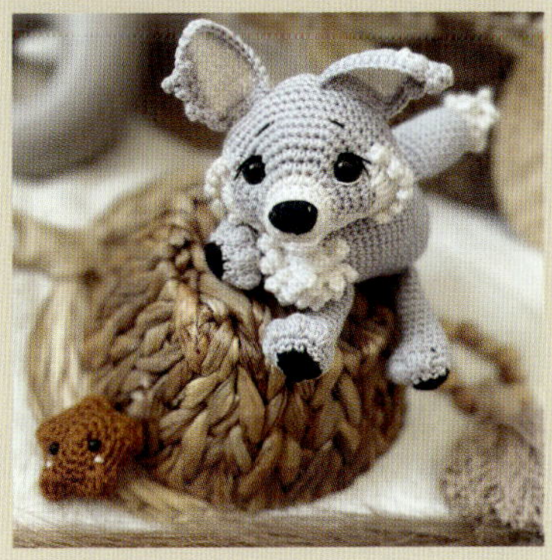

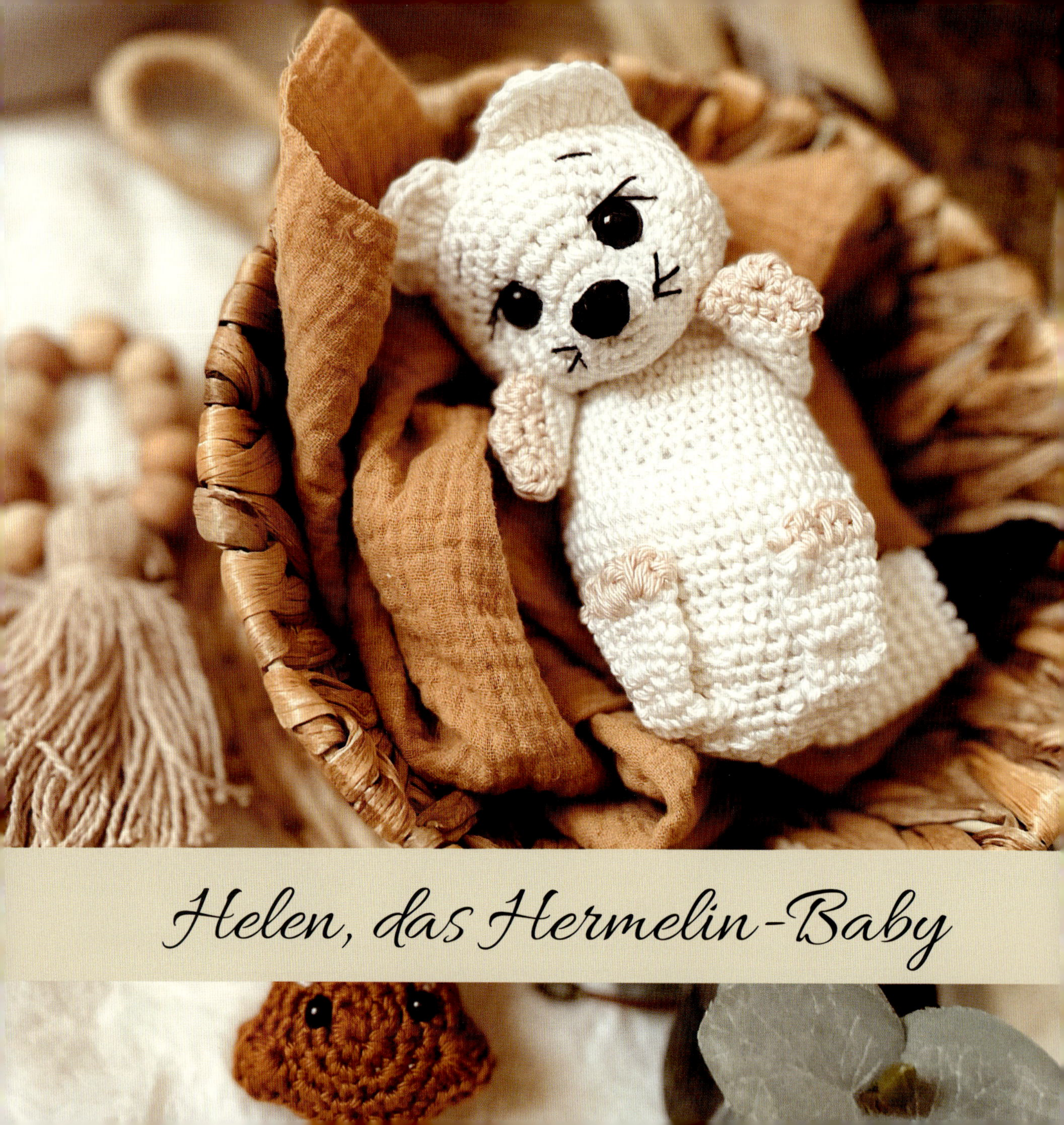

Helen, das Hermelin-Baby

Infos & Material

Schwierigkeitsgrad: 2 von 3

Maschenart: geeignet für fM in X und V

Wolle: Hobbii Friends Cotton 8/4

- 01 White
- 51 Baby Pink
- 124 Black

Häkelnadel: 2,00 mm

Sicherheitsaugen: 12 mm Ø

Sonstiges Material:

- Schere
- Füllwatte
- Stopfnadel & Stickgarn
- Maschenmarkierer

Faktencheck

Das Hermelin ist in Europa beheimatet und gehört zur Gattung der Wiesel. Im Winter ist sein Fell ganz weiß und dient zur Tarnung im Schnee, während es im Sommer weiß-braun ist.

Im Mai bringt das Hermelin-Weibchen ca. 3-18 Jungtiere zur Welt. Sie haben ein Gewicht von etwa zwei bis drei Gramm, sind blind und hilflos, aber werden von der Mutter beschützt und versorgt. Sie werden 6 Wochen lang gesäugt.

Kopf

Häkle in **White**.

1. MR 6 fM (6)
2. (1 fM, 1 M verd) x3 (9)
3. 9 fM (9)
4. (2 fM, 1 M verd) x3 (12)
5. 12 fM (12)
6. 3 fM, 1 M verd x6, 3 fM (18)
7. 3 fM, (1 M verd, 1 fM) x3, (1 fM, 1 M verd) x3, 3 fM (24)
8. 3 fM, (1 M verd, 2 fM) x3, (2 fM, 1 M verd) x3, 3 fM (30)
9. 3 fM, (1 M verd, 3 fM) x3, (3 fM, 1 M verd) x3, 3 fM (36)
10. 7 fM, 1 hStb, 1 Stb verd x2, 1 hStb, 14 fM, 1 hStb, 1 Stb verd x2, 1 hStb, 7 fM (40)
11. 6 fM, 8 hStb, 12 fM, 8 hStb, 6 fM (40)

12.-13. 40 fM (2 Rd) (40)

In der nächsten Rd häkelst du die Ohren.

Wichtig

Eventuell musst du in dieser Rd Agm häkeln, damit die Ohren symmetrisch am Kopf sitzen und die Halsöffnung unten in der Mitte ist.

14. 15 fM, (vMg 1 Stb verd, 1 dStb verd x3, 1 Stb verd), 3 fM, (vMg 1 Stb verd, 1 dStb verd x3, 1 Stb verd), 10 fM, 7 LfM, 7 fM üspr, 1 fM (46)

Setze hier deinen neuen Rdanf.

15. 9 fM, 5 fM in das hMg der Rd 13, 3 fM, 5 fM in das hMg aus Rd 13, 18 fM (40)

16.-17. 40 fM (2 Rd) (40)

Setze die Sicherheitsaugen zwischen den Rd 8/9 mit einem Abstand von 6 sichtbaren M ein.

18. (6 fM, 1 M abn) x5 (35)
19. (5 fM, 1 M abn) x5 (30)
20. 30 fM (30)
21. (4 fM, 1 M abn) x5 (25)

Stopfe ab hier den Kopf fortlaufend.

22. (3 fM, 1 M abn) x5 (20)
23. (2 fM, 1 M abn) x5 (15)
24. (1 fM, 1 M abn) x5 (10)
25. 1 M abn x5 (5)

Fab und das Loch schließen. Vertiefe die Augen.

Sticke deinem Hermelin noch ein paar schöne Augendetails, eine Nase und ein paar Schnurrhaare auf.

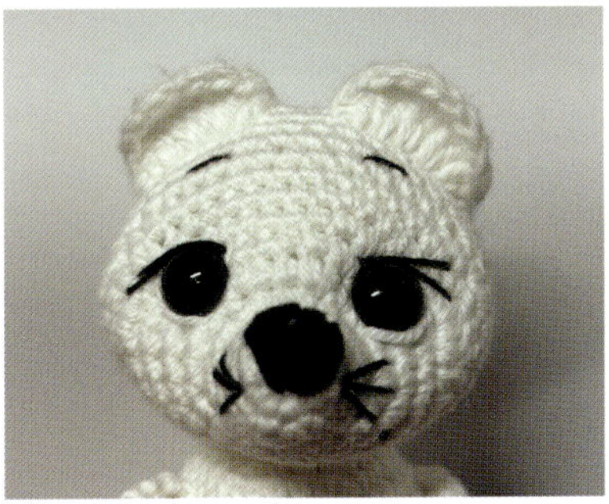

Körper

Halte den Kopf kopfüber und beginne in der rechten Ecke mit 1 Lfm. Der Rdanf befindet sich am Rücken.

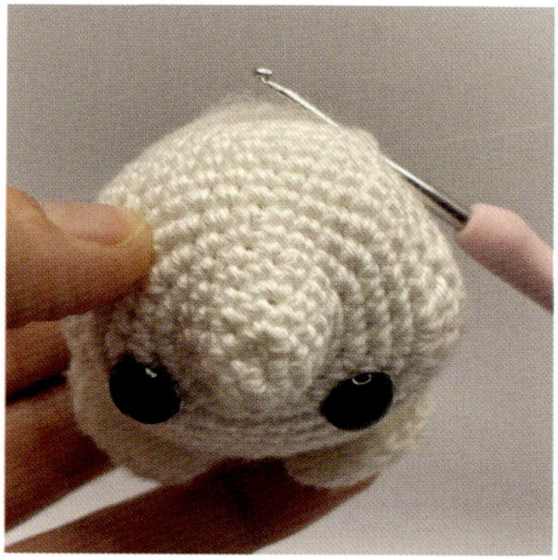

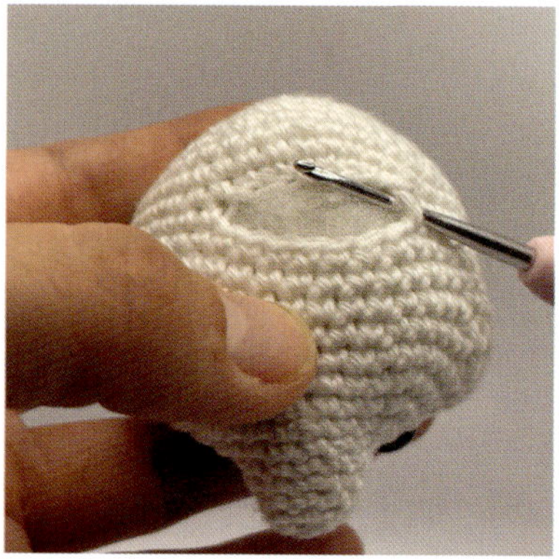

1. 2 fM in die rechte Ecke, 7 fM, 2 fM in die linke Ecke, 7 fM (18)
2. 18 fM (18)
3. (2 fM, 1 M verd) x6 (24)
4. (3 fM, 1 M verd) x6 (30)

Stopfe noch einmal gut nach.

5. (4 fM, 1 M verd) x6 (36)

6.-13. **36 fM (8 Rd) (36)**

14. 9 fM, 1 M verd x6, 21 fM (42)

15.-17. 42 fM (3 Rd) (42)

18. 7 fM, 1 M abn, 12 fM, 1 M abn, 19 fM (40)

19. 6 fM, 1 M abn, 12 fM, 1 M abn, 18 fM (38)

20.-22. 38 fM (3 Rd) (38)

23. (4 fM, 1 M abn) x6, 2 fM (32)

24. 32 fM (32)

25. 3 fM, 1 M abn, 14 fM, 1 M abn, 11 fM (30)

26. 7 fM, 3 Lfm, 3 M üspr, 3 fM, 3 Lfm, 3 fM üspr, 14 fM (30)

27. 7 fM, 3 fM ins hMg der Lfmk, 3 fM, 3 fM ins hMg der Lfmk, 14 fM (30)

28. (3f M, 1 M abn) x6 (24)

29. (2f M, 1 M abn) x6 (18)

30. (1f M, 1 M abn) x6 (12)

Noch einmal gut mit Füllmaterial stopfen.

31. 1 M abn x6 (6)

IFab und das Loch schließen. Endfaden vernähen.

> **Tipp**
>
> Schau dir nochmal die Technik zum Anhäkeln von Körperteilen an (siehe *Häkeltechniken*). Du findest dort auch einen Videolink.

Arme (2x)

Starte mit **Baby Pink**. Es wird in R gehäkelt.

1. 6 Lfm, wenden, ab 2. M zurück (6)
2. 1 hStb verd, 1 Km, 3 hStb in eine M, 1 Km, (2 hStb, 1 Lfm, 1 Km in eine M), 1 Lfm, auf der anderen Seite weiter: 5 fM, 1 Wlfm

FW zu **White**. Es wird in Rd weitergehäkelt:

3. vMg 5 fM, hMg 5 fM (10)

4.-8. 10 fM (5 Rd) + 2 Agm (10+2)

Die Arme werden nicht gefüllt. Falte die Öffnung und häkle sie mit 5fM zusammen.

IFab. Nähe die Arme seitlich zwischen den Rd 5-9 leicht schräg am Körper fest.

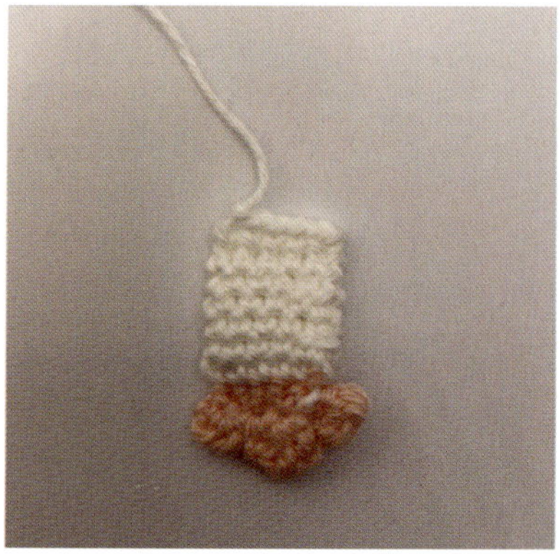

Beine (2x)

Die Beine werden direkt in die Öffnungen von Rd 26 am Körper angehäkelt. Starte in **White**.

Halte dein Hermelin so, dass der Kopf zu dir zeigt. Kette in der rechten Ecke mit 1 Lfm an und häkle 8 fM. Die Ecken werden mit behäkelt. Dann häkelst du weiter:

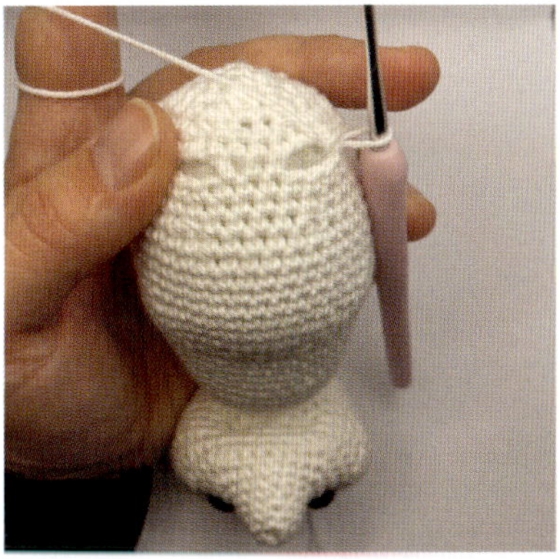

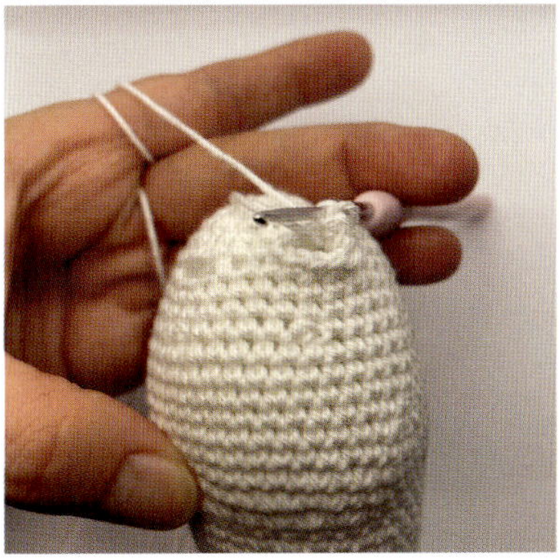

1.-2. 8 fM (2 Rd) (8 fM)

3. Lege nun beide Seiten aufeinander und häkle diese mit 4 fM zusammen, 1 Wlfm (4+1)

4. vMg 4 fM, wenden, hMg 4 fM (8)

5. (1 fM, 1 M verd) x4 (12)

6.-7. 12 fM (2 Rd) (12)

FW zu **Baby Pink**.

Häkle nun beide Seiten wie folgt zusammen:

8. 3 hStb in eine M, 1 Km, 3 hStb in eine M, 1 Km, 3 hStb in eine M, 1 Km

Fab und Faden vernähen.

In der zweiten Öffnung nun die Rd 1-8 wiederholen. Du kannst die Beine zum Schluss mit einem weißen Faden noch an den Körper annähen, damit sie nicht abstehen.

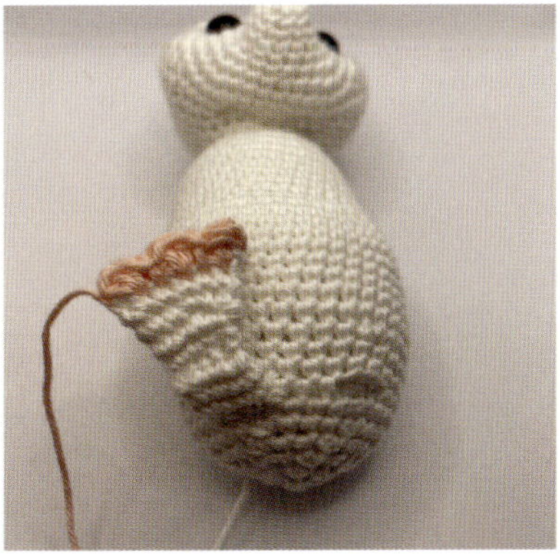

Schwanz

Starte in **Black**.

1. MR 6 fM (6)

2. (1 fM, 1 M verd) x3 (9)

3.-4. 9 fM (2 Rd) (9)

5. (2 fM, 1 M verd) x3 (12)

6. 12 fM (12)

7. (3 fM, 1 M verd) x3, (15)

8. (4 fM, 1 M verd) x3 (18)

FW zu **White**.

9. (5 fM, 1 M verd) x3 (21)

10.-18. 21 fM (9 Rd) (21)

19. (5 fM, 1 M abn) x3 (18)

Stopfe den Schwanz fest mit Füllmaterial aus.

20.-22. 18 fM (3 Rd) (18)

23. (4 fM, 1 M abn) x3 (15)

Falte die Öffnung und häkle sie mit 7 fM zusammen. lFab. Nähe den Schwanz hinten zwischen den R 22-28 leicht schräg an den Rücken deines Hermelins an.

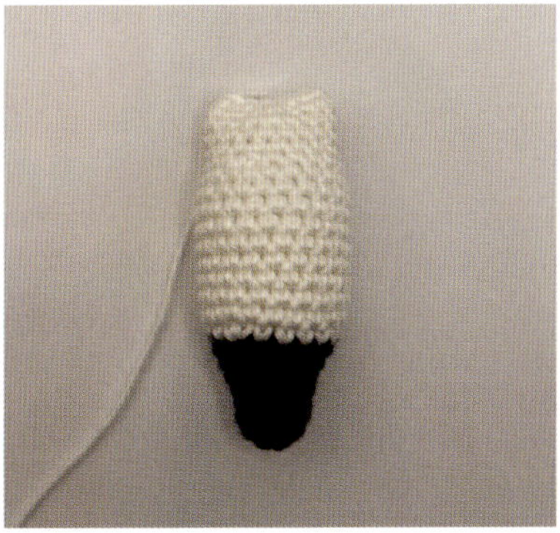

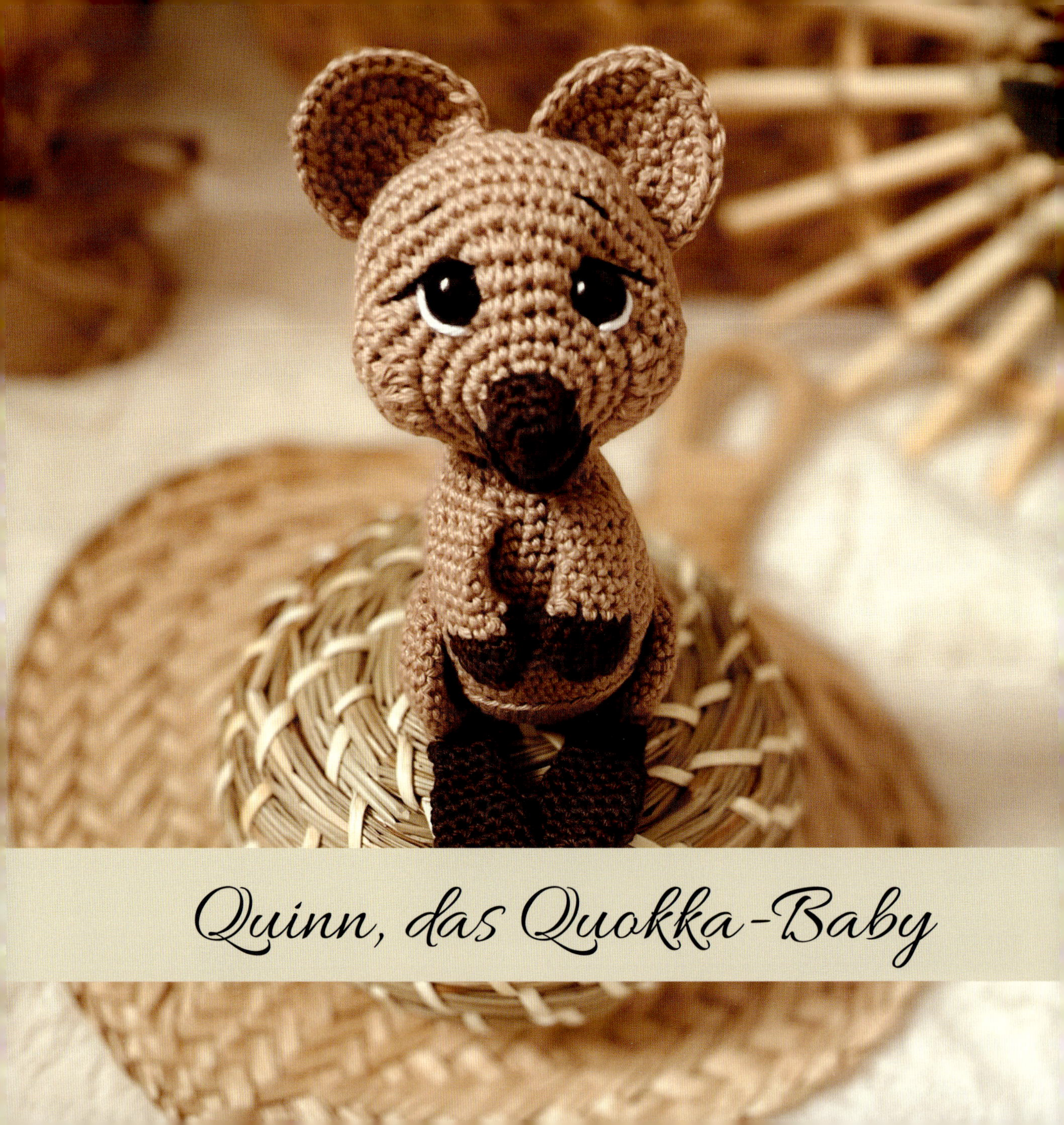

Quinn, das Quokka-Baby

Infos & Material

Schwierigkeitsgrad:

Maschenart: geeignet für fM in X und V

Wolle: Hobbii Friends Cotton 8/4

- 09 Nougat
- 20 Americano

Häkelnadel: 2,00 mm

Sicherheitsaugen: 10 mm Ø

Sonstiges Material:

- Schere
- Füllwatte
- Stopfnadel & Stickgarn
- Maschenmarkierer

Faktencheck

Quokkas gehören zu den Beuteltieren und leben ausschließlich in Australien, genauer gesagt auf Rottnest Island. Die ersten ca. 175 bis 195 Tage verbringt das Baby-Quokka im Beutel der Mutter, bevor es das erste Mal herauskommt.

Bei Gefahr oder wenn es kalt ist, sucht das Quokka-Jungtier Zuflucht im vertrauten Beutel. Ab etwa neun bis zehn Monaten lebt das Quokka eigenständig.

Kopf

Starte in **Americano**.

1. MR 6 fM (6)

2. (1 fM, 1 M verd) x3 (9)

3. 2 fM, 1 M verd, 2 fM, 1 M verd, 3 fM (11)

4. 11 fM (11)

FW zu **Nougat**.

5. 3 fM, 1 M verd x2, 2 fM, 1 M verd x2, 2 fM (15)

6. 2 fM, 1 M verd x3, 3 fM, 1 M verd x3, 4 fM (21)

7. 4 fM, 1 M verd x2, (2 fM, 1 M verd) x3, 1 M verd x2, 4 fM (28)

8. hMg 4 fM, in beide Mg 4 fM, (1 M verd, 2fM) x4, 4 fM, hMg 4 fM (32)

9. 4 fM, 1 hStb verd, 1 Stb verd x2, 1 hStb verd, 2 fM, (1 M verd, 2 fM) x4, 1 hStb verd, 1 Stb verd x2, 1 hStb verd, 6 fM (44)

10. 5 fM, 8 hStb, (1 M verd, 3 fM) x4, 8 hStb, 7 fM (48)

11. 20 fM, (1 M verd, 3 fM) x2, 20 fM (50)

12.-15. 50 fM (4 Rd) (50)

16. (5 fM, 1 M abn) x7, 1 fM (43)

Setze jetzt die Sicherheitsaugen zwischen den Rd 8/9 mit einem sichtbaren Abstand von 4-5 M ein.

17. (4 fM, 1 M abn) x7, 1 fM (36)

18. (4 fM, 1 M abn) x6 (30)

Stopfe den Kopf fest mit Füllmaterial aus.

19. (3 fM, 1 M abn) x6 (24)

20. (2 fM, 1 M abn) x6 (18)

21. (1 fM, 1 M abn) x6 (12)

Noch einmal gut stopfen.

22. 1 M abn x6 (6)

Fab. Das Loch schließen und Faden vernähen. Vertiefe die Augen (siehe *Häkeltechniken*).

Sticke deinem Quokka nun noch ein paar schöne Augendetails und Augenbrauen auf. Die Augenbrauen liegen genau über den Augen zwischen den Rd 12/13 über 3 M.

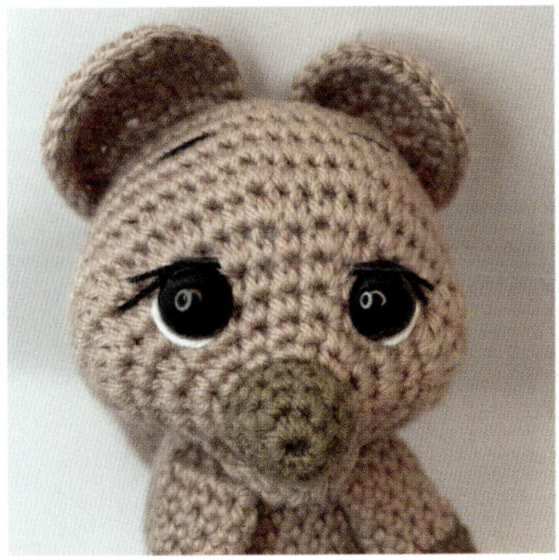

Ohren (2x)

Häkle in **Nougat**. Es wird in R gehäkelt.

1. MR 6 fM, 1 Wlfm (6+1)

2. (1 fM, 1 M verd) x3, 1 Wlfm (9+1)

3. (2 fM, 1 M verd) x3, 1 M verd, 1 Wlfm (12+1)

4. (3 fM, 1 M verd) x3, 1 M verd, 1 Wlfm (15+1)

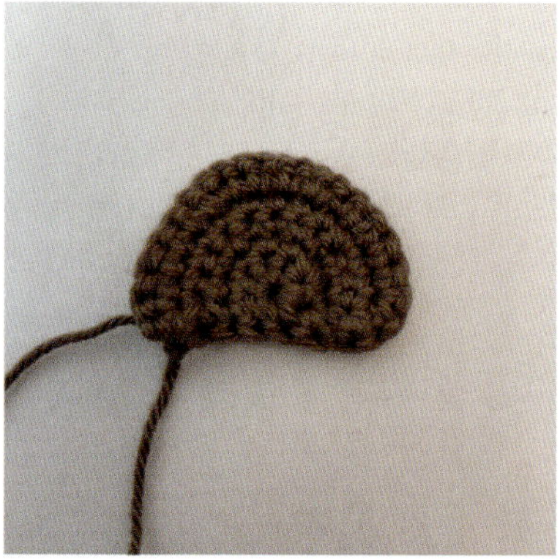

5. 1 M verd, 4 fM, 1 M verd x4, 4 fM, 1 M verd, 1 fM (21)

An der Unterseite weiterhäkeln wie folgt:

1 M abn, 2 fM, 1 M abn, 2 fM, 1 Km

lFab. Nähe die Ohren (leicht gebogen) nach Rd 17 mit einem Abstand von 1-2 M an den Kopf.

Arme (2x)

Starte in **Americano**. Die Arme werden nicht gefüllt.

1. MR 6 fM (6)

2. 1 M verd x6 (12)

3.-4. 12 fM (2 Rd) (12)

FW zu **Nougat**.

5. (2 fM, 1 M abn) x3 (9)

6.-11. 9 fM (6 Rd) (9)

Falte die Öffnung und häkle die Arme mit 4 fM zusammen.

Fab und Faden vernähen. Die Arme werden später in den Körper eingehäkelt.

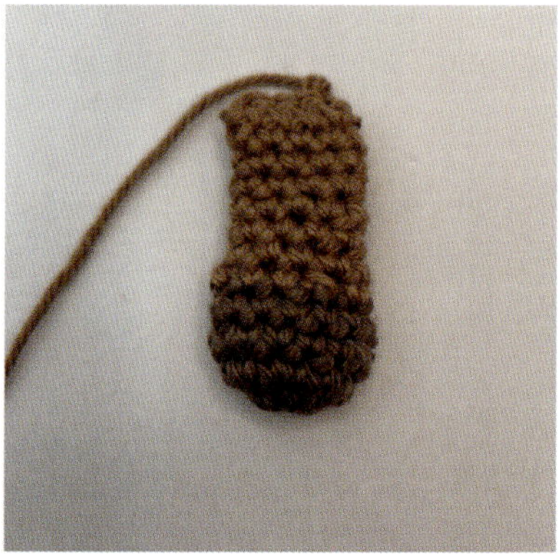

Beine (2x)

Starte mit den Füßen in **Americano**. Die Beine werden nicht gefüllt.

1. MR 6 fM (6)

2. 1 M verd x6 (12)

3.-8. 12 fM (6 Rd) (12)

9. (2 fM, 1 M abn) x3 (9)

10.-12. 9 fM (3Rd) (9)

Falte die Öffnung und häkle diese mit 4 fM zusammen. Schneide den Faden nicht ab.

FW zu **Nougat**. Es wird in R weitergehäkelt.

13. 1 Lfm, 4 fM, 1 Wlfm (5+1)

14. vMg 4 fM, wenden, hMg 4 fM (8)

Ab hier wird in Rd weitergearbeitet.

15. 8 fM (8)

16. (1 fM, 1 M verd) x4 (12)

17. (2 fM, 1 M verd) x4 (16)

18.-21. 16 fM (4 Rd) (16)

22. (2 fM, 1 M abn) x4 (12)

23. (1 fM, 1 M abn) x4 (8)

Falte die Öffnung und häkle sie mit 4 fM zusammen. Fab und Faden vernähen. Die Beine werden später in den Körper eingehäkelt.

Wichtig

Achte beim Einkäkeln darauf, dass die Füße zu dir zeigen!

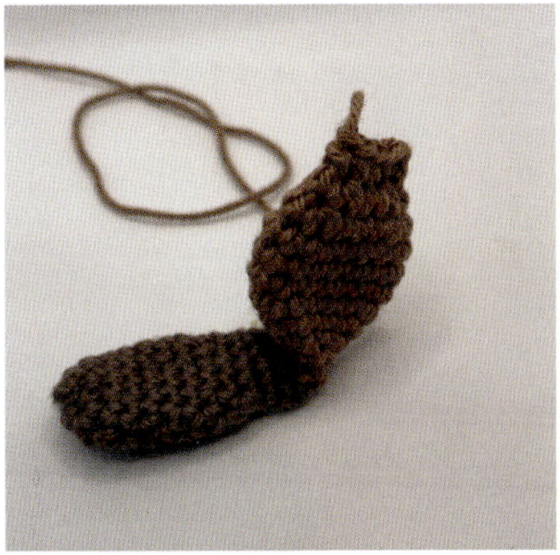

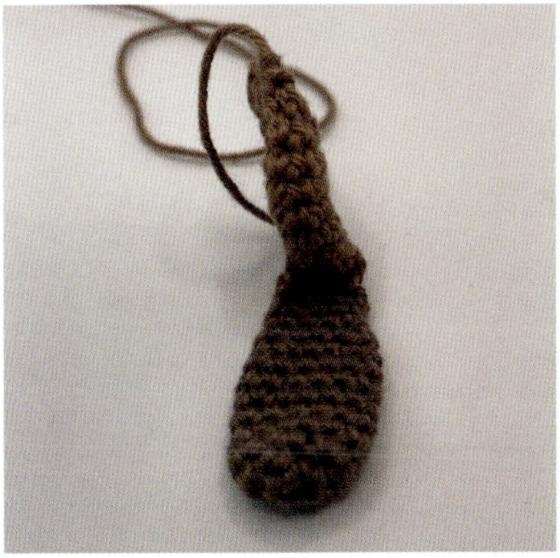

Körper

Häkle in **Nougat**. Der Rdanf liegt am Rücken.

1. MR 6 fM (6)
2. 1 M verd x6 (12)
3. (1 fM, 1 M verd) x6 (18)
4. (2 fM, 1 M verd) x6 (24)
5. (3 fM, 1 M verd) x6 (30)
6. (4 fM, 1 M verd) x6 (36)

7.-8. 36 fM (2 Rd) (36)

9. hMg 36 fM (36)

10.-12. 36 fM (3 Rd) (36)

13. 6 fM, **Bein 1** mit 4 fM einhäkeln, 16 fM, **Bein 2** mit 4 fm einhäkeln, 6 fM (36)
14. 36 fM (36)
15. 10 fM, 1 M abn, 12 fM, 1 M abn, 10 fM (34)

16.-19. 34 fM (4 Rd) (34)

20. 8 fM, 1 M abn, 13 fM, 1 M abn, 9 fM (32)
21. 32 fM (32)
22. (6 fM, 1 M abn) x4 (28)
23. 28 fM (28)
24. (5 fM, 1 M abn) x4 (24)

Fülle den Körper fortlaufend.

25. 10 fM, **Arm 1** mit 4 fM einhäkeln, 2 fM, **Arm 2** mit 4 fM einhäkeln, 4 fM (24)
26. (4 fM, 1 M abn) x4 (20)
27. (3 fM, 1 M abn) x4 (16)

KmlFab, damit nähst du den Kopf zwischen den Rd 9-14 an den Körper.

Schwanz

Häkle in **Nougat**.

1. MR 6 fM (6)

2.-4. 6 fM (3 Rd) (6)

5. (1 fM, 1 M verd) x3 (9)

6.-17. 9 fM (12 Rd) (9)

Fülle leicht mit Füllmaterial.

KmlFab. Nähe den Schwanz mittig zwischen den Rd 7-9 hinten am Körper fest.

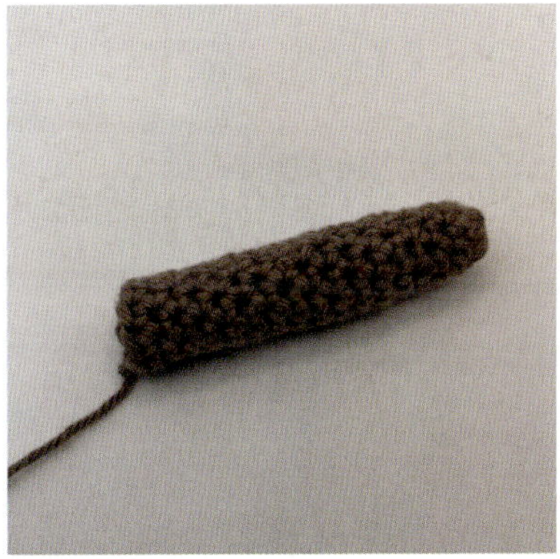

Maul

Häkle in **Americano**.

1. 7 Lfm, wenden, ab 2. M zurück (7)
2. 6 fM (6)

lFab. Nähe das Maul an die vMg aus Rd8 am Kopf fest.

Nun kannst du das Maul ein bisschen drücken, damit es so aussieht, als ob dein Baby lächelt.

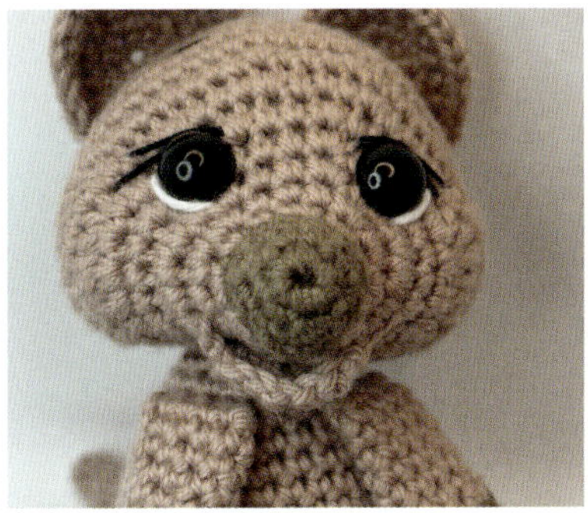

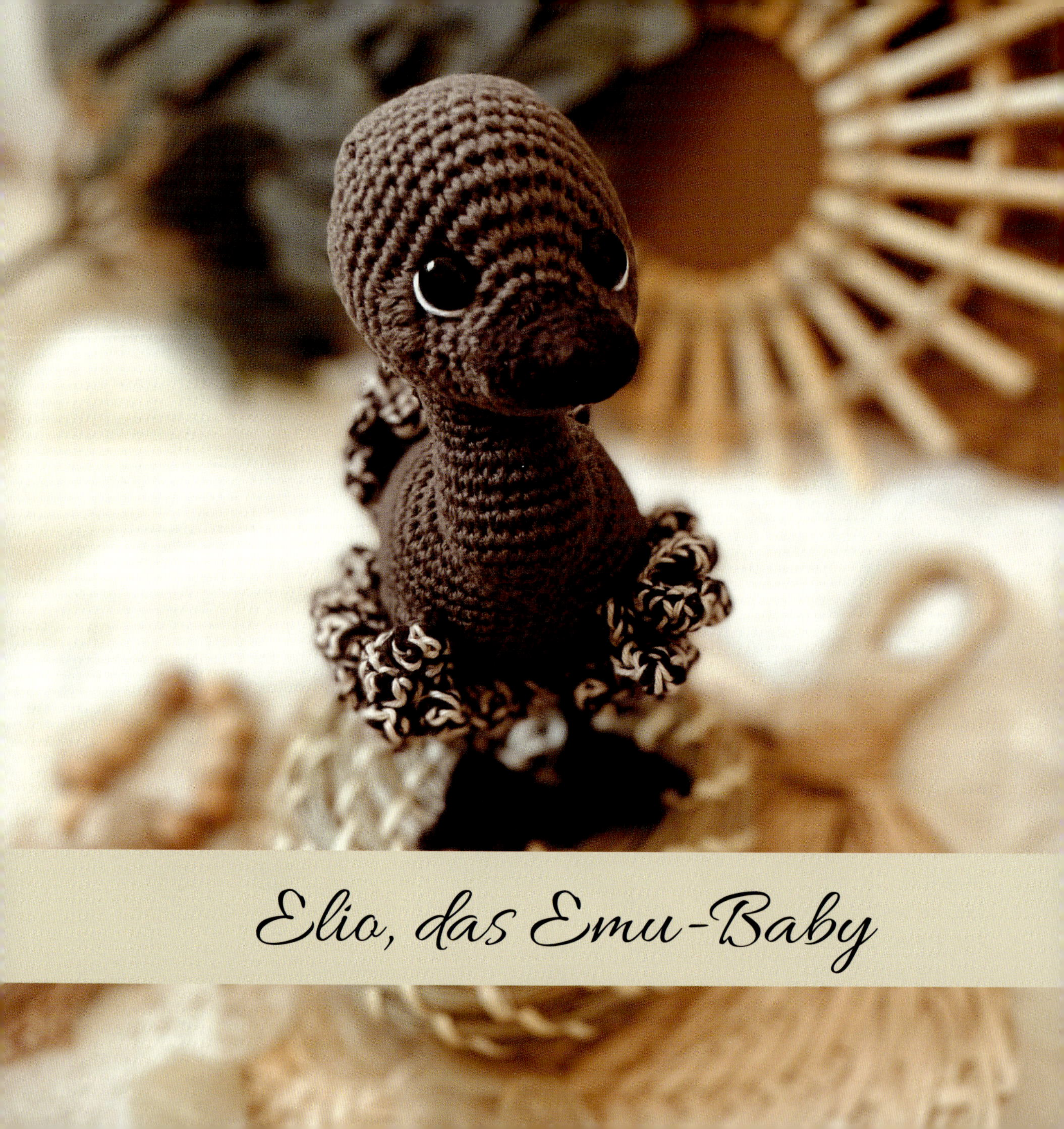

Elio, das Emu-Baby

Infos & Material

Schwierigkeitsgrad:
Maschenart: geeignet für fM in X und V
Wolle: Hobbii Friends Cotton 8/4
- 03 Oatmilk
- 08 Ash Brown
- 20 Americano

Häkelnadel: 2,00 mm & 2,50 mm
Sicherheitsaugen: 10 mm Ø
Sonstiges Material:
- Schere
- Füllwatte
- Stopfnadel & Stickgarn
- Maschenmarkierer

Faktencheck

Der Emu lebt in Australien und ist der größte flugunfähige Vogel. Nachdem das Emu-Weibchen zwischen April und Juni ca. 5-15 Eier gelegt hat, kümmert sich ausschließlich das Männchen um das Brutgeschäft und verzichtet währenddessen auf Essen und Trinken. Sind die Jungtiere geschlüpft, besteht für die nächsten fünf bis sieben Monate eine sehr enge Vater-Kinder-Beziehung. Jungtiere sind beim Schlüpfen bereits ca. 25 cm groß.

Kopf

Starte in **Americano.**

1. MR 6 fM (6)
2. 6 fM (6)
3. 1 M verd x6 (12)
4. 12 fM (12)
5. (1 fM, 1 M verd) x6 (18)
6. 18 fM (18)

FW zu **Ash Brown.**

7. 8 fM, 1 M verd x2, 8 fM (20)
8. 8 fM, 1 M verd x4, 8 fM (24)
9. 8 fM, (1 M verd, 1 fM) x2, (1 fM, 1 M verd) x2, 8 fM (28)
10. 8fM, (1 M verd, 2 fM) x2, (2 fM, 1 M verd) x2, 8 fM (32)
11. 5 fM, 1 hStb verd, 1 Stb verd, 1 hStb verd, 16 fM, 1 hStb verd, 1 Stb verd, 1 hStb verd, 5 fM (38)
12.-15. 38 fM (4 Rd) (38)

Ab hier wird in R gehäkelt:

16. 27 fM, 1 Wlfm (27+1)
17. 14 fM, 1 Wlfm (14+1)
18. 23 fM (23)

Markiere hier deinen neuen Rdanf. Ab hier wird wieder in Rd gehäkelt:

19. 9 Lfm, 9 fM üspr, 31 fM (40)

Setze nun die Sicherheitsaugen zwischen den Rd 8/9 mit einem Abstand von 7 sichtbaren M ein.

Stopfe den Schnabel fest mit Füllmaterial aus. Fülle den Kopf ab hier fortlaufend aus.

Wichtig

Die Öffnung für den Hals sollte sich direkt mittig befinden. Falls dies bei dir nicht der Fall sein sollte, passe die Maschenanzahl mit Agm individuell an.

20. (6 fM, 1 M abn) x5 (35)
21. (5 fM, 1 M abn) x5 (30)
22. (4 fM, 1 M abn) x5 (25)
23. (3 fM, 1 M abn) x5 (20)
24. (2 fM, 1 M abn) x5 (15)
25. (1 fM, 1 M abn) x5 (10)

Kopf nochmals gut stopfen.

26. 1 M abn x5 (5)

Fab und das Loch schließen.

Vertiefe die Augen (siehe *Häkeltechniken*). Sticke dem Emu anschließend noch ein Augenweiß auf.

Tipp

Schaue dir den Knötchenstich, den du gleich für die Nasenlöcher brauchen wirst, gerne nochmal in den *Häkeltechniken* an. Dort findest du auch einen QR-Code zu einem Video auf YouTube.

Nasenlöcher (2x)

Die Nasenlöcher liegen zwischen den Augen nach Rd 5 am Schnabel.

Schneide einen langen Faden in **Americano** ab. Fädle diesen auf eine Stopfnadel und führe den Faden von unten durch den Schnabel nach oben.

Mache nach Rd 5 einen Knötchenstich und bringe den Faden wieder nach unten zum Anfangsfaden. Ziehe an beiden Fäden, sodass sich der Knötchenstich ein wenig nach innen zieht und der Schnabel dadurch flacher wird.

Verknote die Fäden und ziehe sie nach innen. Wiederhole die Schritte für das zweite Nasenloch.

Tipp

Markiere dir vor dem Häkeln deine Nasenlöcher mit Stecknadeln, damit du die richtige Position findest.

Nasenlöcher mit dem Knötchenstich (Technik)

Körper

Häkle in **Ash Brown**. Starte in der rechten Ecke. Halte den Kopf so, dass der Schnabel zu dir zeigt.

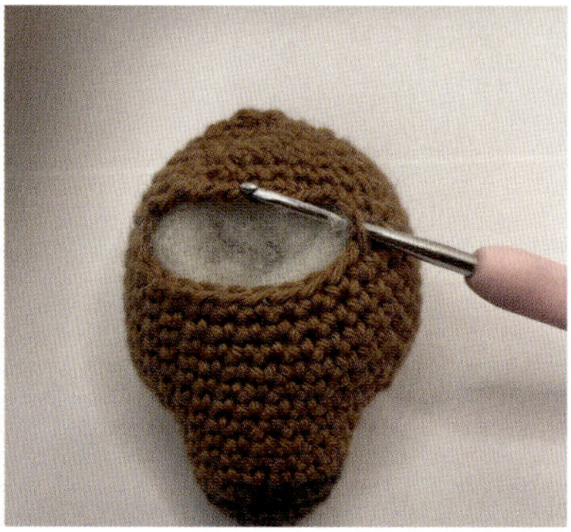

1. (1 Lfm, 1 fM in dieselbe M), 20 fM (arbeite in die Ecken je 1 fM) (21)

2.-6. 21 fM (5 Rd) (21)

7. 3 fM, 1 M verd x6, 4 fM, 1 M abn x4 (23)

8.-9. 23 fM (2 Rd) (23)

10. 5 fM, (1 M verd, 1 fM) x5, 4 fM, 1 M abn x2 (26)

11.-12. 26 fM (2 Rd) (26)

13. 1 M verd x4, 5 fM, (1 M abn, 1 fM) x4, 2 fM, 1 M verd x3 (29)

14. (1 fM, 1 M verd) x4, 15 fM, (1 M verd, 1 fM) x3 (36)

15. (1 M verd, 2 fM) x4, 4 fM, 1 M abn x4, 3 fM, (1 M verd, 2 fM) x3 (39)

16. (1 M verd, 3 fM) x4, 5 fM, 1 M abn x2, 5 fM, (1 M verd, 3 fM) x2, 1 fM (43)

17. (1 M verd, 3 fM) x5, 5 fM, 1 M abn x1, 7 fM, (1 M verd, 3 fM) x2, 1 fM (49)

18. 30 fM, 1 M abn, 17 fM (48)

19.-23. 48 fM (5 Rd) (48)

Stopfe den Hals fest mit Füllmaterial aus. Den Körper ab hier fortlaufend füllen.

24. 6 fM, 1 Stb verd x4, 12 fM, (1 M abn, 1 fM) x6, 8 fM (46)

25. 5 fM, 10 hStb, 31 fM (46)

26. 46 fM (46)

27. (7 fM, 1 M abn) x5, 1 fM (41)

28. (6 fM, 1 M abn) x5, 1 fM (36)

29. (5 fM, 1 M abn) x5, 1 fM (31)

30. (4 fM, 1 M abn) x5, 1 fM (26)

31. (3 fM, 1 M abn) x5, 1 fM (21)

32. (2 fM, 1 M abn) x5, 1 fM (16)

33. (1 fM, 1 M abn) x5, 1 fM (11)

Körper nochmals gut stopfen.

34. 1 M abn x5, 1fM (6)

Fab. Das Loch schließen und den Faden vernähen.

Hals anhäkeln

Flügel (2x)

Häkle in **Americano**. Es wird in R gehäkelt. Lasse einen langen Anfangsfaden, um die Flügel später an den Körper anzunähen.

Wichtig

Bei den Flügeln beziehen sich die Angaben vMg und hMg immer **auf die gesamte R**!

1. 12 Lfm, wenden, ab 2. M zurück (12)
2. vMg 11 fM, 1 Wlfm (11+1)
3. hMg 11 fM, 1 Wlfm (11+1)
4. vMg 1 M abn, 7 fM, 1 M abn, 1 Wlfm (9+1)
5. hMg 9 fM, 1 Wlfm (9+1)
6. vMg 1 M abn, 5 fM, 1 M abn, 1 Wlfm (7+1)
7. hMg 7 fM, 1 Wlfm (7+1)
8. vMg 1 M abn, 3 fM, 1 M abn, 1 Wlfm (5+1)
9. hMg 5 fM, 1 Wlfm (5+1)
10. vMg 1 M abn, 1 fM, 1 M abn, 1 Wlfm (3+1)
11. hMg 3 fM, 1 Wlfm (3+1)
12. vMg 3 fM (3)

Umhäkle dein Häkelstück nun einmal komplett mit fM. Fab.

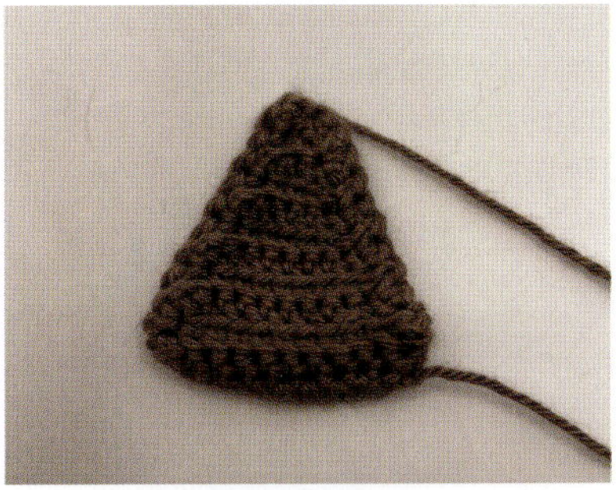

Flügel umhäkeln

Federn

Nimm den Faden doppelt und arbeite mit einer Nadelstärke größer. Ich habe hier eine 2,50 mm Häkelnadel benutzt.

Starte am Flügel im ersten vMg von R 1 in der rechten Ecke. Nimm den Faden neu auf und häkle 6 Lfm.

Tipp für die Federn

Verwende für die Federn an Flügel und Schwanz zwei Farben (**Oatmilk** und **Americano**), damit du ein schönes Farbspiel erhältst.

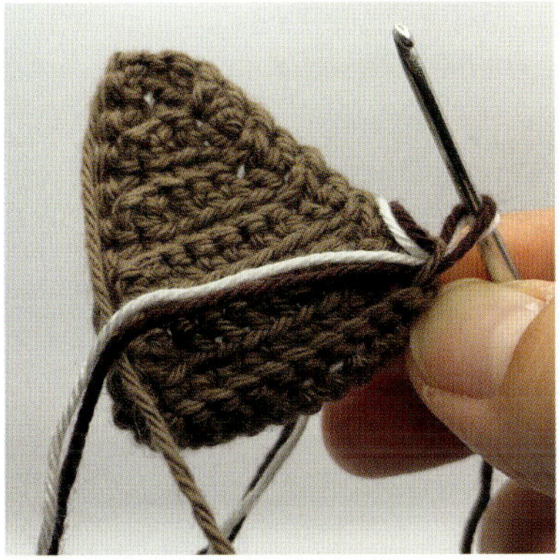

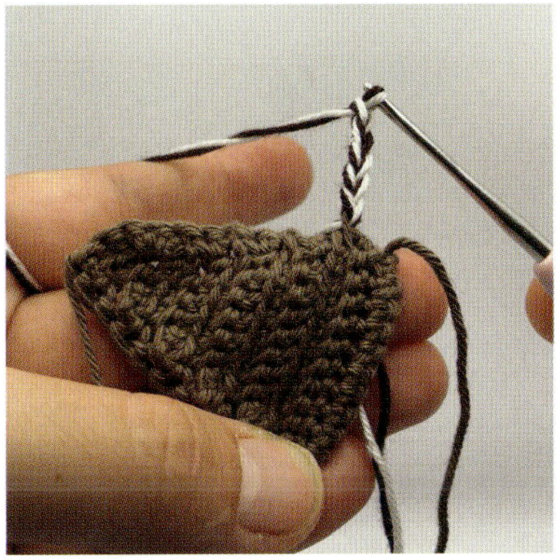

Stich erneut in das erste vMg und häkle 1 Km. Nun ist die erste Feder fertig.

Häkle 1 fM in das nächste vMg und wieder 6 Lfm, mit 1 Km in das gleiche vMg beenden. Dies wiederholst du bis zum Ende der R. Wende anschließend dein Häkelstück.

Zu Beginn der nächsten R in das erste vMg eine fM häkeln und wieder wie folgt fortfahren:

6 Lfm, 1 Km in das gleiche vMg,
1 fM in das nächste vMg

Dies wiederholst du nun, bis du alle vMg des Flügels/Schwanzes behäkelt hast.

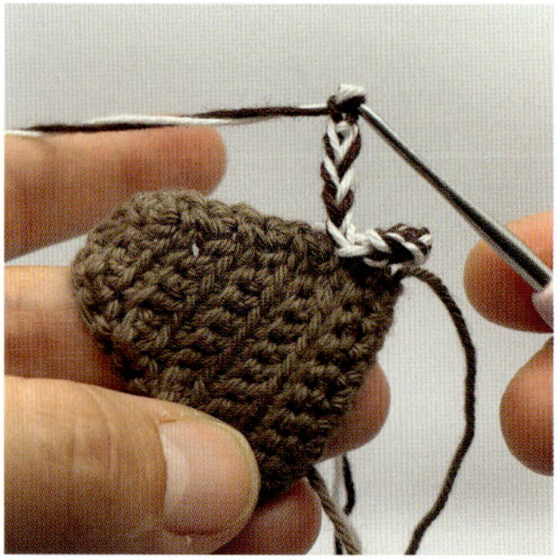

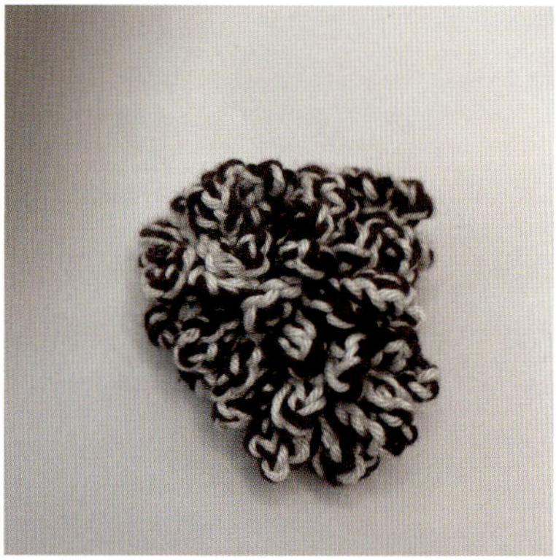

Fab. Nähe die Flügel seitlich mit der Spitze zum Po zeigend an den Körper.

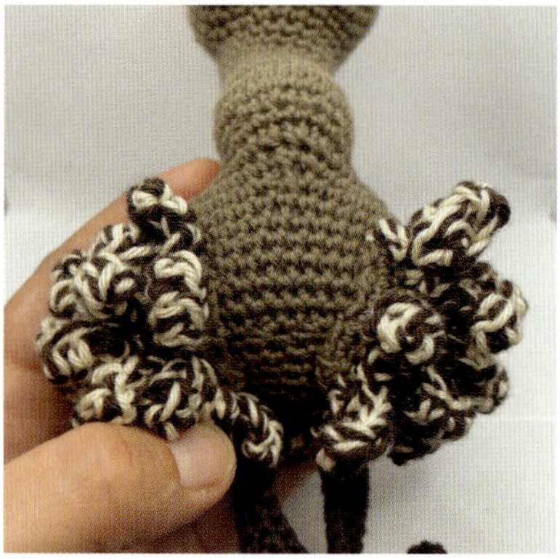

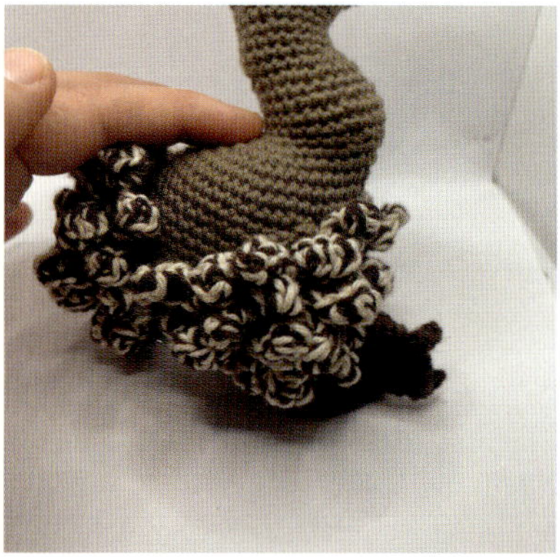

Federn anhäkeln

Schwanz

Häkle in **Americano**. Der Schwanz wird in R gearbeitet.

Wichtig

Die Angaben vMg und hMg beziehen sich immer **auf die gesamte R.**

1. 13 Lfm, wenden, ab 2. M zurück (13)
2. vMg 12 fM, 1 Wlfm (12+1)
3. hMg 12 fM, 1 Wlfm (12+1)
4. vMg 12 fM, 1 Wlfm (12+1)
5. hMg 12 fM, 1 Wlfm (12+1)
6. vMg 1 M abn, 8 fM, 1 M abn, 1 Wlfm (10+1)
7. hMg 10 fM, 1 Wlfm (10+1)
8. vMg 10 fM, 1 Wlfm (10+1)
9. hMg 1 M abn, 6 fM, 1 M abn, 1 Wlfm (8+1)
10. vMg 8 fM, 1 Wlfm (8+1)
11. hMg 1 M abn, 4 fM, 1 M abn, 1 Wlfm (6+1)
12. vMg 1 M abn, 2 fM, 1 M abn, 1 Wlfm (4+1)
13. hMg 4 fM, 1 Wlfm (4+1)
14. vMg 4 fM, 1 Wlfm (4+1)
15. hMg 1 M abn x2, 1 Wlfm (2+1)
16. vMg 2 fM (2)

Umhäkle dein Häkelstück nun einmal komplett mit fM. lFab.

Häkle nun die Schwanzfedern.

Gehe wie zuvor bei den Flügeln vor: Arbeite erneut mit zwei Farben (**Oatmilk** und **Americano**), doppeltem Faden und 2,50 mm Häkelnadel.

Nähe den Schwanz hinten ab Rd 23 mit der Spitze nach unten zeigend auf einer Länge von 3 Runden fest. Der Rest wird nicht angenäht.

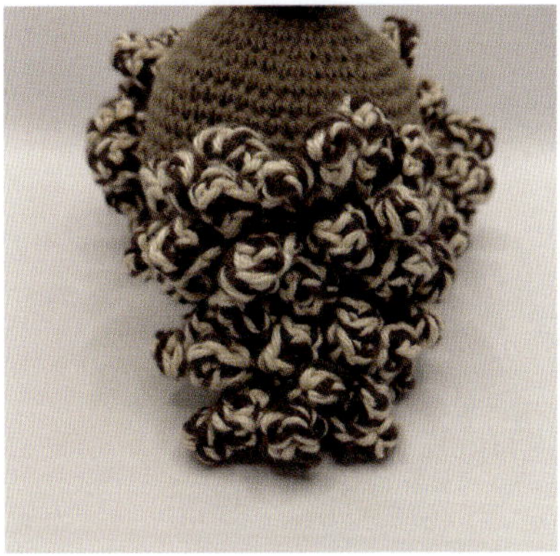

Beine und Füße (2x)

Häkle in **Americano**. Lasse einen langen Anfangsfaden, um die Beine später an den Körper anzunähen. Es wird in R gearbeitet.

1. 16 Lfm, wenden, ab 2. M zurück (16)

2.-6. 15 fM, 1 Wlfm (5 R) (15+1)

Falte dein Häkelstück nun der Länge nach und häkle es mit 15 Km zusammen. Schneide den Faden nicht ab, es geht weiter mit den Füßen.

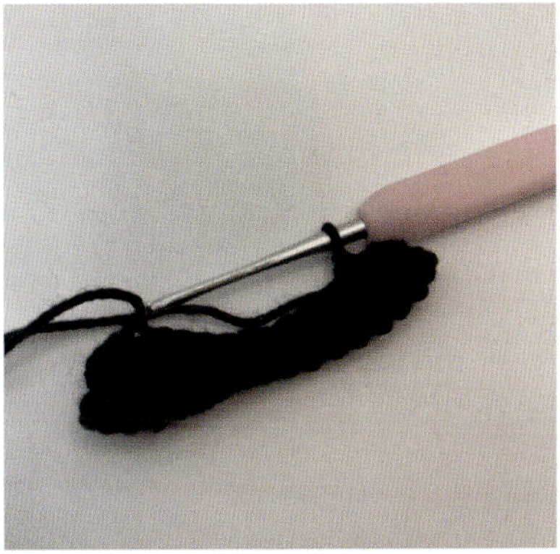

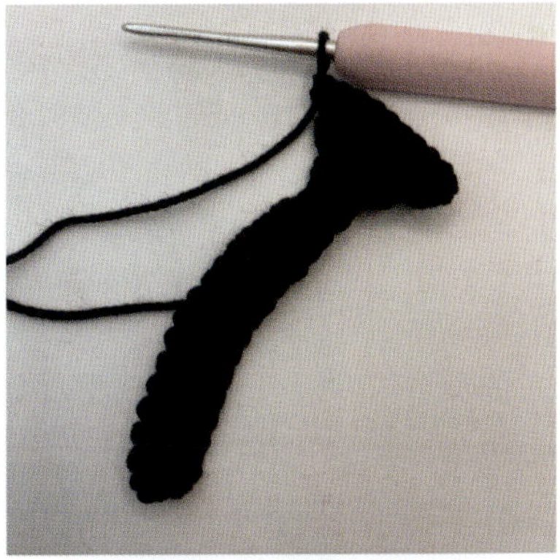

Drücke die untere Öffnung zusammen und verschließe diese mit 2 fM und 1 Wlfm.

Jetzt geht es weiter mit den Füßen. Es wird in R gearbeitet.

1. 1 M verd x2, 1 Wlfm (4+1)

2. 1 M verd, 2 fM, 1 M verd, 1 Wlfm (6+1)

3. 1 M verd, 4 fM, 1 M verd, 1 Wlfm (8+1)

4. 1 M verd, 6 fM, 1 M verd, 1 Wlfm (10+1)

5.-6. 10 fM, 1 Wlfm (2 R) (10+1)

Nun werden die Zehen gehäkelt.

7. (3 Lfm, in die 1. Lfm eine Km, 5 Km) x2, 3 Lfm, in die 1. Lfm eine Km

KmFab und vernähen.

Nähe die Beine unten an den Körper deines Emus mit einem Abstand von 2 M an.

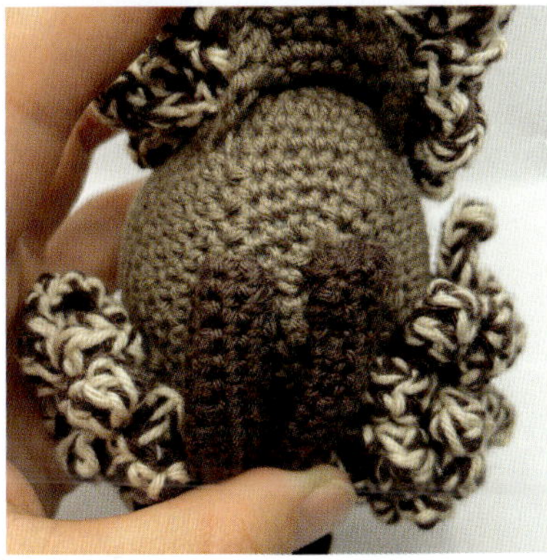

Beine häkeln

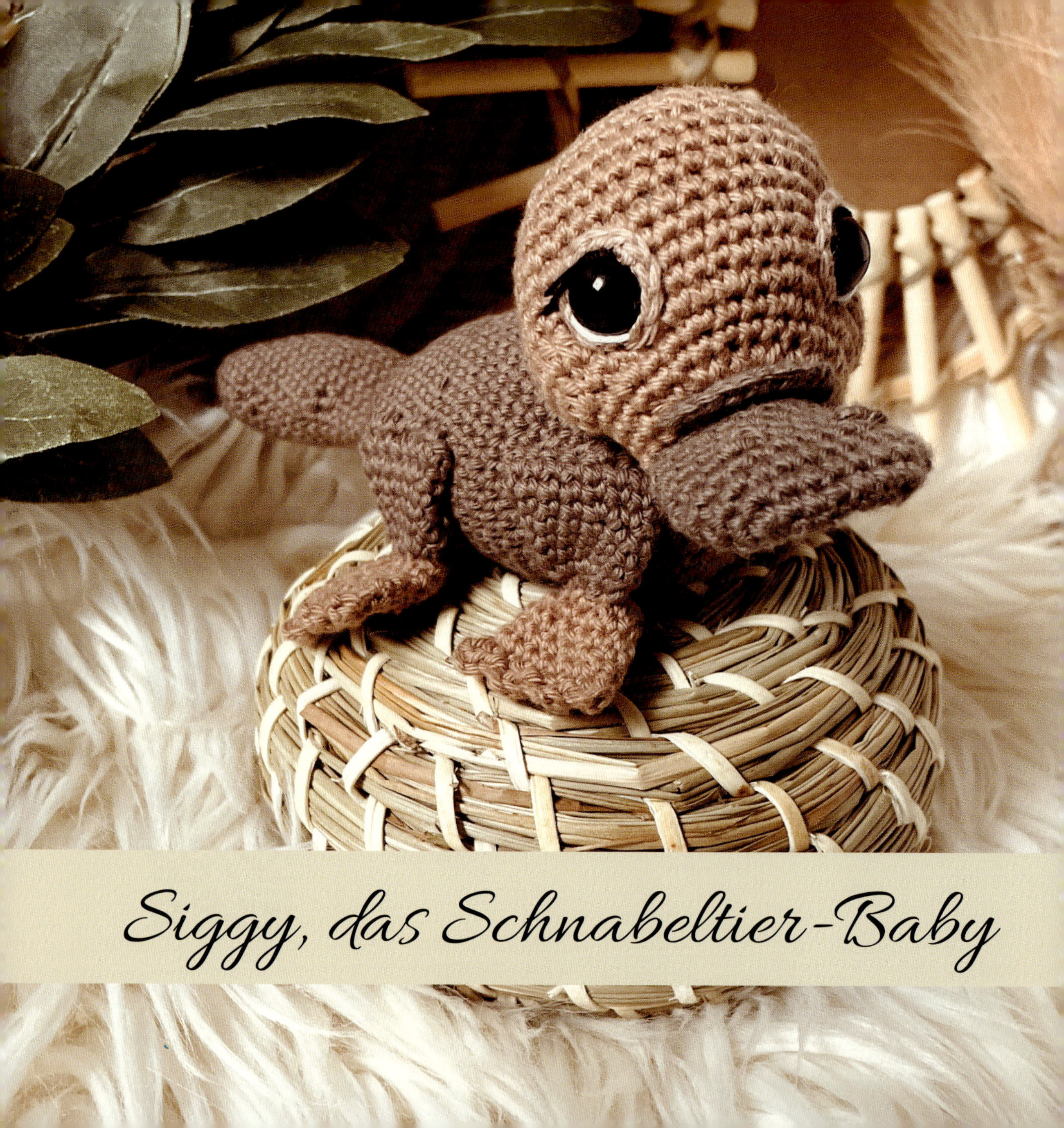

Siggy, das Schnabeltier-Baby

Infos & Material

Schwierigkeitsgrad:

Maschenart: geeignet für fM in X und V

Wolle: Hobbii Friends Cotton 8/4

- 05 Beige
- 08 Ash Brown
- 09 Nougat

Häkelnadel: 2,00 mm

Sicherheitsaugen: 12 mm Ø

Sonstiges Material:

- Schere
- Füllwatte
- Stopfnadel & Stickgarn
- Maschenmarkierer

Faktencheck

Das Schnabeltier ist ein eierlegendes Säugetier, das in Australien lebt. Schnabeltiere sind nachtaktive Einzelgänger. Sie können perfekt schwimmen und leben überwiegend im Wasser.

Das Weibchen legt meistens drei weiße Eier, die es ca. 10 Tage lang ausbrütet. Die Jungtiere sind nackt und nur etwa 25 mm groß. Nach dem Schlüpfen werden sie gesäugt und bleiben noch ca. fünf Monate im Bau der Mutter.

Augenpatches (2x)

Häkle in **Beige**.

1. MR 6 fM (6)

2. 1 M verd x6 (12)

KmFab und Faden vernähen.

Tipp

Schaue dir gerne die Technik der Augenpatches auf S. 22 an.

Schnabel und Kopf

Starte in **Ash Brown**.

1. dLfmk 7 Lfm, 1 Wlfm (7+1)

2. 1 M verd, 5 fM, 3 fM in eine M, 6 fM (16)

3. 1 fM, 1 M verd, 5 fM, 1 M verd, 1 fM, 1 M verd, 5 fM, 1 M verd (20)

4. 1 fM, 1 M verd, 7 fM, (1 M verd, 1 fM) x2, 6 fM, 1 M verd (24)

5.-6. 24 fM (2 Rd) (24)

7. 1 M abn, 10 fM, 1 M abn, 10 fM (22)

8.-9. 22 fM (2 Rd) (22)

10. 22 fM + 2 Agm (22+2)

Km. Falte die Öffnung und häkle diese mit 10 fM zusammen.

11. 1 Lfm, wenden, vMg 10 fM, 1 Lfm, wenden, ins hMg dieser Reihe 10 fM (20) (Die 2 Lfm dieser Rd werden nicht behäkelt!)

FW zu **Nougat**.

12. 3 fM, 1 M abn x2, 5 fM, (vMg 1 M verd x6), 2 fM (24)

13. 10 fM, 1 M abn, (hMg aus Rd 12 3 fM, 1 M verd x2, 3 fM), 1 M abn, 2 fM (24)

14. 8 fM, 1 M abn, (1 M verd, 1fM) x5, 1 M abn, 2 fM + 5 Agm (27+5)

Der Rdanf befindet sich unten mittig am Kopf.

15. 4 fM, 1 hStb verd, 1 Stb verd, 1 hStb verd, 1 fM, (1 M verd, 1 fM) x3, (1 fM, 1 M verd) x3, 1 fM, 1 hStb verd, 1 Stb verd, 1 hStb verd, 2 fM, 1 M verd (40)

16. 5 fM, 6 hStb, 18 fM, 6 hStb, 5 fM (40)

17.-22. 40 fM (6 Rd) (40)

Setze jetzt die Augen ein. Erst wird das Sicherheitsauge direkt durch die Mitte des MR vom Augenpatch gesteckt, danach erst in den Kopf. Befestige die Augen zwischen den Rd 18/19 mit einem Abstand von 10 sichtbaren M.

23. (6 fM, 1 M abn) x5 (35)

24.-25. 35 fM (2 Rd) (35)

26. (5 fM, 1 M abn) x5 (30)

27. (4 fM, 1 M abn) x5 (25)

28. (3 fM, 1 M abn) x5 (20)

Kopf schon mal gut stopfen.

29. (2 fM, 1 M abn) x5 (15)

30. (1 fM, 1 M abn) x5 (10)

31. 1 M abn x5 (5)

Nochmals gut nachstopfen. lFab.

Das Loch schließen und den Endfaden vernähen. Vertiefe die Augen (siehe *Häkeltechniken*).

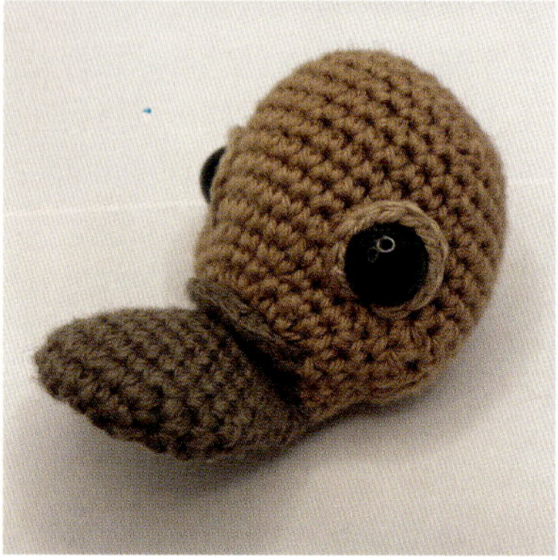

Sticke deinem Schnabeltier jetzt noch Augendetails wie Augenweiß und Wimpern auf.

Sticke nun noch vorne am Schnabel, nach Rd 3, an der Seite jeweils einen Knötchenstich als Nasenlöcher (in der Farbe des Schnabels und mit einem Abstand von 5 M).

Nähe später den Kopf mit den Rd 13-24 zwischen den Rd 35-43 an den Körper.

Tipp

Schaue dir gerne nochmal in den *Häkeltechniken* an, wie der Knötchenstich gemacht wird. Du findest dort auch einen Videolink.

Schwanz und Körper

Du startest mit dem Schwanz. Häkle in **Ash Brown**.

1. dLfmk mit 7 Lfm, 1 Wlfm (7+1)

2. 1 M verd, 5 fM, 3 fM in eine M, 6 fM (16)

3. 1 fM, 1 M verd, 5 fM, 1 M verd, 1 fM, 1 M verd, 5 fM, 1 M verd (20)

4. 1 fM, 1 M verd, 7 fM, 1 M verd, 2 fM, 1 M verd, 6 fM, 1 M verd (24)

5. 1 M verd, 23 fM (25)

6.-7. 25fM (2 Rd) (25)

8. 1 fM, 1 M abn, 11 fM, 1 M abn, 9 fM (23)

9.-13. 23 fM (5 Rd) (23)

14. 2 fM, 1 M abn, 10 fM, 1 M abn, 7 fM (21)

15. 2 fM, 1 M abn, 8 fM, 1 M abn, 7 fM (19)

16.-17. 19 fM (2 Rd) (19)

18. 19 fM + 3 Agm (19+3)

Der Schwanz wird nur ganz leicht gefüllt. Falte beide Seiten aufeinander und häkle diese mit 9 fM zusammen. Jetzt hast du den Schwanz gehäkelt.

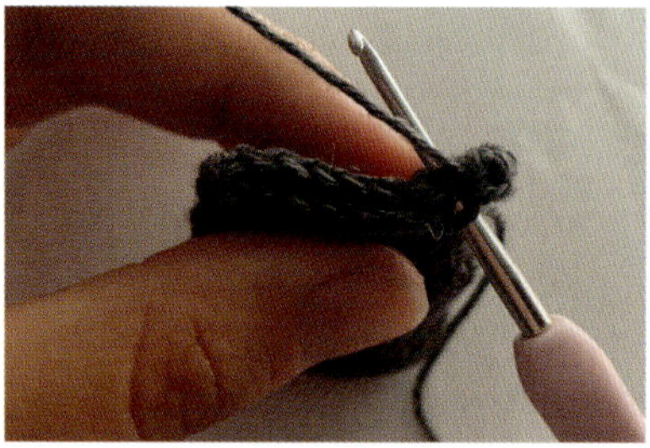

In der nächsten Runde baust du wieder eine Runde auf und häkelst den Körper.

19. 1 Lfm, wenden, vMg (2 fM, 1 M verd) x3, wenden und auf der anderen Seite weiter in die verbliebenen freien Mg (2 fM, 1 M verd) x3 (24)

20. (3 fM, 1 M verd) x6 (30)

21. (4 fM, 1 M verd) x6 (36)

22.-27. 36 fM (6 Rd) (36)

28. (5 fM, 1 M verd) x6 (42)

29.-34. 42 fM (6 Rd) (42)

35. (5fM, 1 M abn) x6 (36)

36.-41. 36 fM (6 Rd) (36)

42. (4 fM, 1 M abn) x6 (30)

43. (3 fM, 1 M abn) x6 (24)

Stopfe schon mal mit Füllmaterial.

44. (2 fM, 1 M abn) x6 (18)

45. (1 fM, 1 M abn) x6 (12)

46. 1 M abn x6 (6)

Körper mäßig gut stopfen. lFab. Das Loch schließen.

Mit dem Faden nähst du später den Kopf an den Körper.

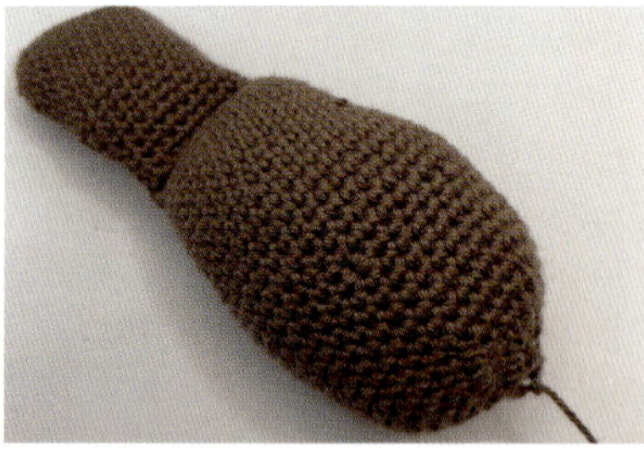

Beine (4x)

Häkle in **Ash Brown**. Lasse einen langen Anfangsfaden, damit nähst du später die Beine an die Füße.

1. MR 6 fM (6)
2. 1 M verd x6 (12)

3.-5. 12 fM (3 Rd) (12)

6. (3 fM, 1 M verd) x3 (15)
7. 15 fM (15)

Die Beine werden nicht gefüllt. Falte die Öffnung und häkle diese mit 7 fM zusammen. lFab. Damit werden später die Beine an den Körper genäht.

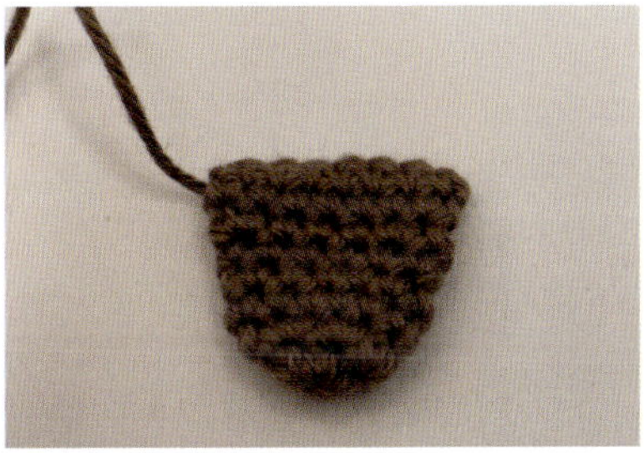

Füße (4x)

Häkle in **Nougat**.

1. MR 6 fM (6)
2. 1 M verd x6 (12)

3.-4. 12 fM (2 R) (12)

5. (3 fM, 1 M verd) x3 (15)
6. 15 fM (15)

Die Füße werden nicht gefüllt. Falte die Öffnung und häkle diese mit 7 fM zusammen.

Faden nicht abschneiden, denn nun werden die Zehen wie folgt gehäkelt:

1 Lfm wenden (1 fM, 1 Stb, 1 fM in eine M, in die nächste M 1 Km) x4

Fab und vernähen.

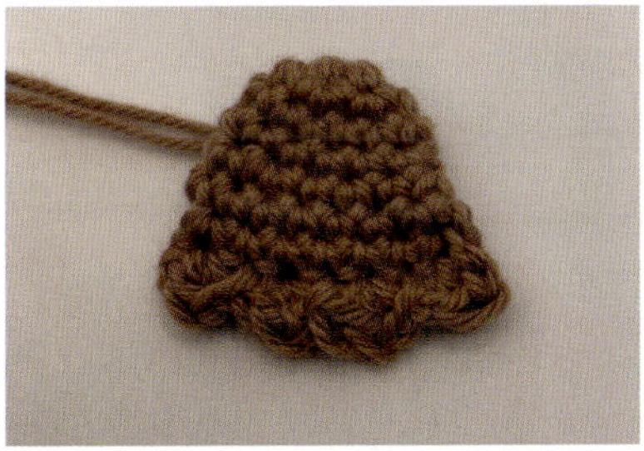

Jetzt kannst du beide Teile zusammennähen. Lege das Bein über die letzten drei Rd des Fußes und nähe es dort fest.

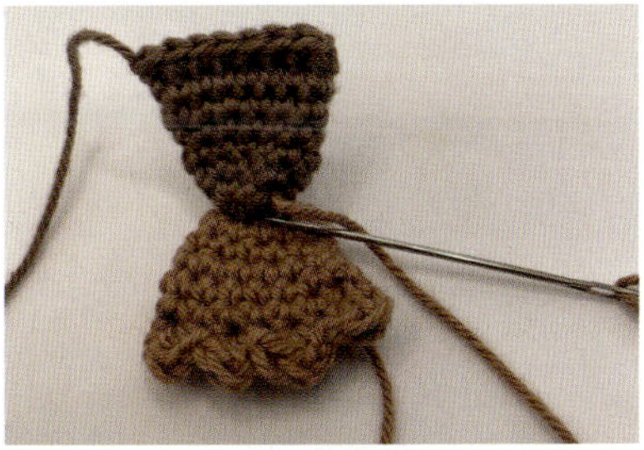

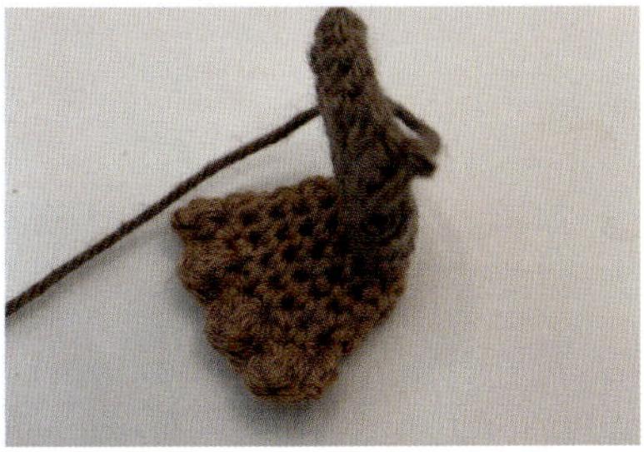

Zum Schluss nähst du die Arme zwischen den Rd 35-42 und die Beine zwischen den Rd 21-28, ca. eine Runde höherliegend als der Schwanz, an den Körper.

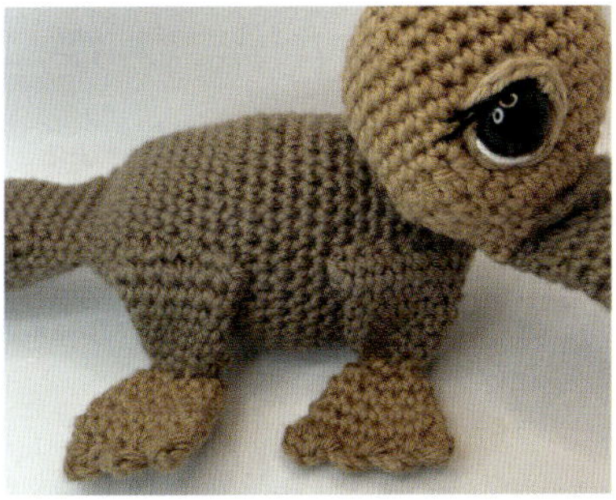

Variation

Du kannst dein Schnabeltier auch in Grau häkeln. Benutze dafür einfach folgende Wolle:

- 05 Beige
- 08 Ash Brown
- 122 Anthracite

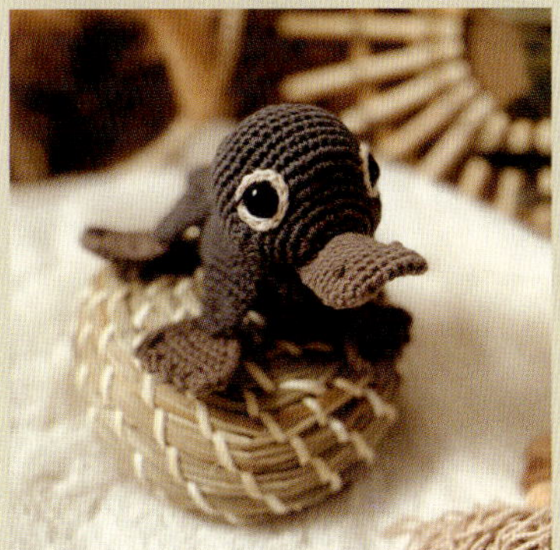

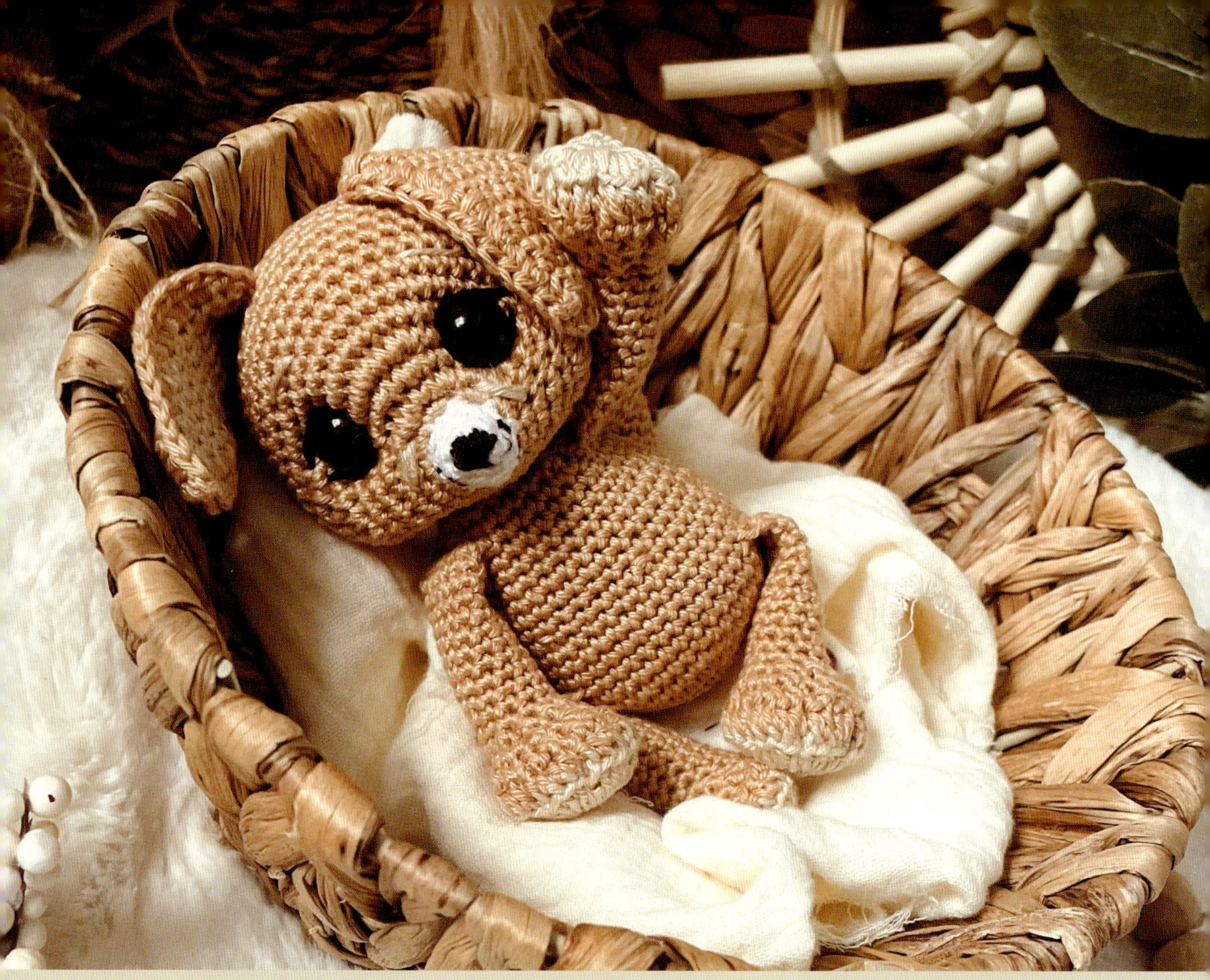

Finny, das Fennek-Baby

Infos & Material

Schwierigkeitsgrad:

Maschenart: geeignet für fM in X und V

Wolle: Hobbii Friends Cotton 8/4

- 01 White
- 05 Beige
- 09 Nougat
- 020 Americano

Häkelnadel: 2,00 mm

Sicherheitsaugen: 12 mm Ø

Sonstiges Material:

- Schere
- Füllwatte
- Stopfnadel & Stickgarn
- Maschenmarkierer

Faktencheck

Der Fennek, auch Wüstenfuchs genannt, ist in den Sandwüsten Nordafrikas in der gesamten Sahara beheimatet. Ein Wurf besteht aus ein bis sechs, meistens aber zwei bis fünf Welpen. Die Männchen verteidigen ihre Familie gegenüber Feinden und sorgen für die Nahrungsversorgung, während das Weibchen sich um den Nachwuchs kümmert. Die Welpen werden blind und vollständig behaart geboren. Sie werden 61 bis 70 Tage von der Mutter gesäugt.

Kopf

Starte in **White**.

1. MR 6 fM (6)

2. (1 fM, 1 M verd) x3 (9)

3.-4. 9 fM (2 Rd) (9)

FW zu **Nougat**.

5. 1 M verd x9 (18)

6. 3 fM, 1 M verd, 2 fM, 1 M verd x6., 2 fM, 1 M verd, 3 fM (26)

7. 4 fM, 1 M verd, 2 fM, (1 M verd, 1 fM) x3, (1 fM, 1 M verd) x3, 2 fM, 1 M verd, 4 fM (34)

8. 5 fM, 1 M verd, 2 fM, (2 fM, 1 M verd) x3, (1 M verd, 2 fM) x3, 2 fM, 1 M verd, 5 fM (42)

9. 5 fM, 1 hStb verd, 1 Stb verd, 1 hStb verd, 26 fM, 1 hStb verd, 1 Stb verd, 1 hStb verd, 5 fM (48)

10. 5 fM, 8 hStb, 22 fM, 8 hStb, 5 fM (48)

11.-17. 48 fM (7 Rd) (48)

18. (6 fM, 1 M abn) x6 (42)

Setze die Sicherheitsaugen zwischen den Rd 9/10 mit einem Abstand von 11 sichtbaren M ein.

19. (5 fM, 1 M abn) x6 (36)

20. 36 fM (36)

Fülle den Kopf fortlaufend mit Füllwatte.

21. (4 fM, 1 M abn) x6 (30)

22. (3 fM, 1 M abn) x6 (24)

23. (2 fM, 1 M abn) x6 (18)

24. (1 fM, 1 M abn) x6 (12)

Stopfe noch einmal gut nach.

25. 1 M abn x6 (6)

Fab und Loch schließen. Vertiefe die Augen (siehe *Häkeltechniken*).

Sticke jetzt die Details im Gesicht auf. Augenweiß, Wimpern und eine Nase. Du kannst deinem Fennek zusätzlich schwarze Schnurhaare auf den weißen Teil der Schnauze aufsticken.

Ohren (2x)

Für die Ohren häkelst du 2 Teile in **Nougat** und 2 Teile in **Beige**.

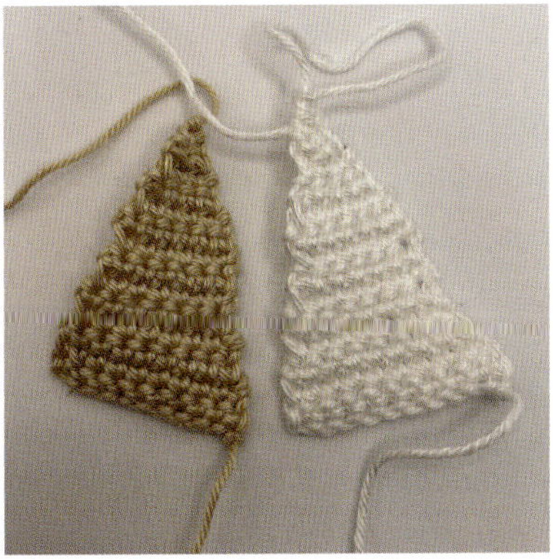

Häkle in **Beige** (2x). Es wird in R gehäkelt.

1. 11 Lfm, wenden, ab 2. M zurück (11)

2. 10 fM, 1 Wlfm (10+1)

3. 1 M üspr, 9 fM, 1 Wlfm (9+1)

4. 1 M üspr, 8 fM, 1 Wlfm (8+1)

5. 1 M üspr, 7 fM, 1 Wlfm (7+1)

6.-7. 7 fM, 1 Wlfm (2 R) (7+1)
8. 1 M üspr, 6 fM, 1 Wlfm (6+1)
9.-10. 6 fM, 1 Wlfm (2 R) (6+1)
11. 1 M üspr, 5 fM, 1 Wlfm (5+1)
12. 1 M üspr, 4 fM, 1 Wlfm (4+1)
13. 1 M üspr, 3 fM, 1 Wlfm (3+1)
14. 1 M üspr, 2 fM, 1 Wlfm (2+1)
15. 1 M üspr, 1 fM (1)

KmFab.

Häkle nun einen Teil in **Nougat**. Schneide hier die Fäden aber nicht ab, sondern häkle die beiden Teile (1x Beige, 1x Nougat) zusammen, indem du beide Teile aufeinanderlegst und sie mit hStb zusammenhäkelst. Häkle in die Ecken jeweils 2 hStb. Wiederhole das Ganze für das zweite Ohr.

Nähe nun die Ohren mit einem leichten Bogen zwischen den Rd 17-20 an den Kopf.

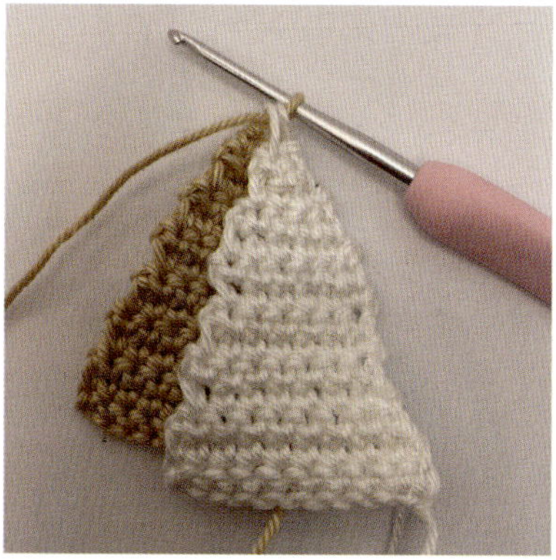

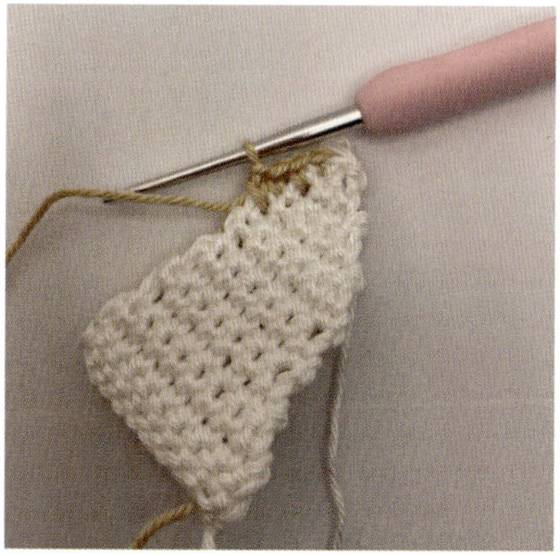

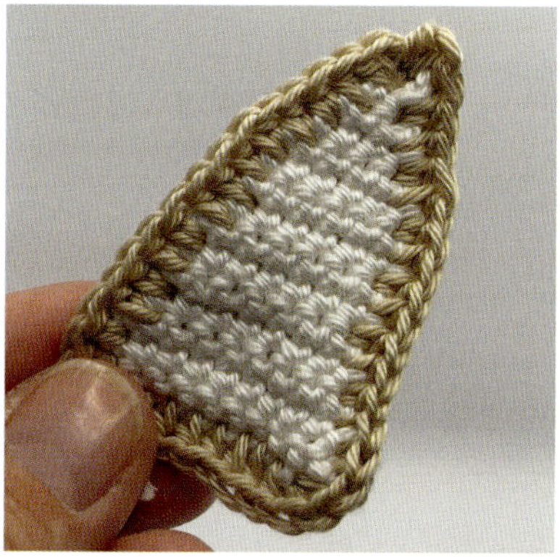

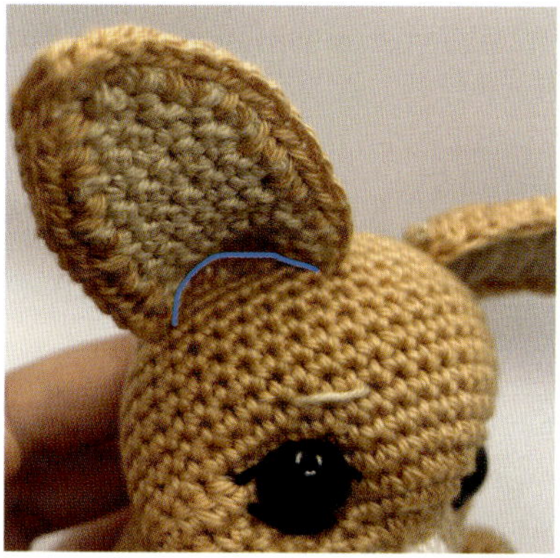

Pfoten (4x)

Starte in **Beige**.

1. MR 6 fM (6)
2. 1 M verd x6 (12)
3. 4 fM, (4 hStb, 1 Km in eine M) x4, 4 fM (28)

Fw zu **Nougat**.

4. 4 fM, hMg (4 hStb, 1 Km) x4, 4 fM (28)
5. 4 fM, (1 M abn x2, 1 fM) x4, 4 fM (20)
6. 4 fM, (1 M abn, 1 fM) x4, 4 fM (16)
7. 4 fM, 1 M abn x4, 4 fM (12)

8.-17. 12 fM (10 Rd) (12)

18. 12 fM + 2 AgM, um in die hintere Mitte der Pfote zu kommen (12+2). Setze hier deinen neuen Rdanf.

Fülle nur den unteren Teil der Pfote. Der obere Teil wird nicht gefüllt.

Lege die Öffnungen aufeinander und häkle diese mit 6 fM zusammen. Fab und Faden vernähen. Die Pfoten werden später in den Körper eingehäkelt.

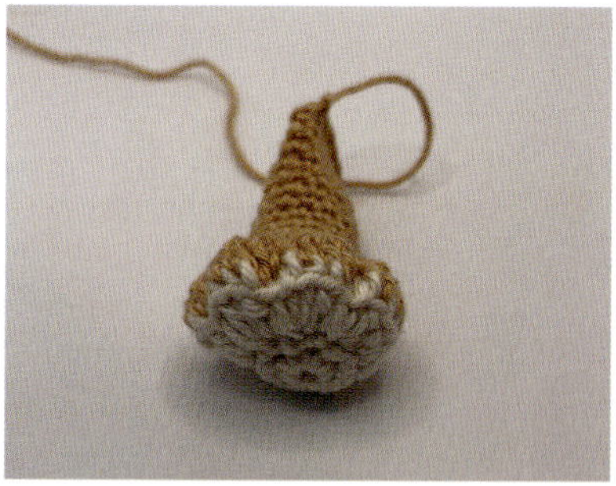

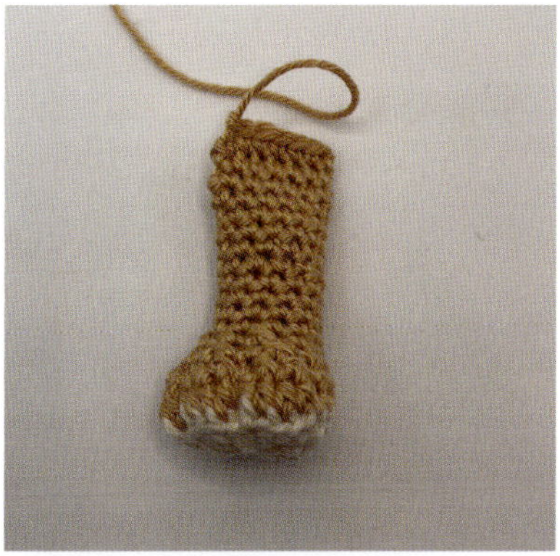

Tipp

Achte beim Einhäkeln der Pfoten darauf, dass die Zehen nach vorne zeigen, damit alles richtigherum ist!

Körper

Häkle in **Nougat**. Der Rundenanfang befindet sich am Rücken.

1. MR 6 fM (6)

2. 1 M verd x6 (12)

3. (1 fM, 1 M verd) x6 (18)

4. (2 fM, 1 M verd) x6 (24)

5. (3 fM, 1 M verd) x6 (30)

6. (4 fM, 1 M verd) x6 (36)

7. (5 fM, 1 M verd) x6 (42)

8.-9. 42 fM (2 Rd) (42)

10. 9 fM, **Pfote 1** mit 6 fM einhäkeln, 12 fM, **Pfote 2** mit 6 fM einhäkeln, 9 fM (42)

11.-13. 42 fM (3 Rd) (42)

14. (5 fM, 1 M abn) x6 (36)

15.-17. 36 fM (3 Rd) (36)

18. 36 fM + 1 AgM (36+1)

19. 8 fM, 1 M abn x2, 12 fM, 1 M abn x2, 8 fM (32)

20. 32 fM (32)

21. 8 fM, **Pfote 3** mit 6 fM einhäkeln, 6 fM, **Pfote 4** mit 6 fM einhäkeln, 6 fM (32)

22. 32 fM (32)

Fülle den Körper fortlaufend mit Füllwatte.

23. (6 fM, 1 M abn) x4 (28)

24. (5 fM, 1 M abn) x4 (24)

25. (2 fM, 1 M abn) x6 (18)

Noch einmal gut stopfen.

26. (1 fM, 1 M abn) x6 (12)

KmlFab. Nähe den Kopf zwischen den Rd 8-18 an den Körper.

Schwanz

Starte in **Americano**.

1. MR 6 fM (6)

2. 6 fM (6)

3. (1 fM, 1 M verd) x3 (9)

4.-5. 9 fM (2Rd) (9)

FW zu **Nougat**.

6. (2 fM, 1 M verd) x3 (12)

7.-13. 12 fM (7 Rd) (12)

14. (3 fM, 1 M verd) x3 (15)

15.-21. 15 fM (7 Rd) (15)

22. (3 fM, 1 M abn) x3 (12)

Falte die Öffnung zusammen und häkle diese mit 6 fM zu.

Nähe den Schwanz nach den Rd 6-10 leicht schräg hinten an den Körper.

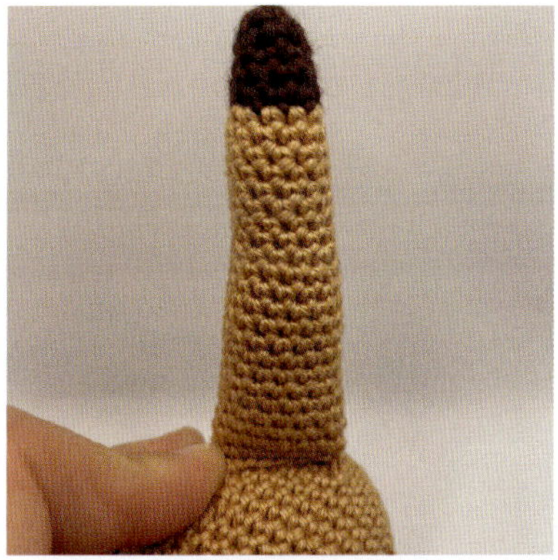

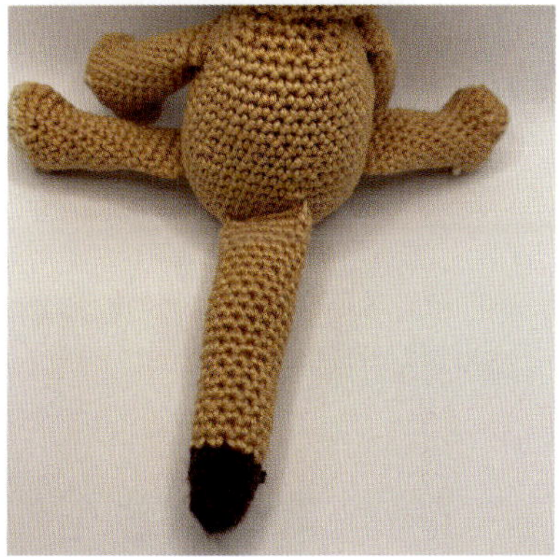

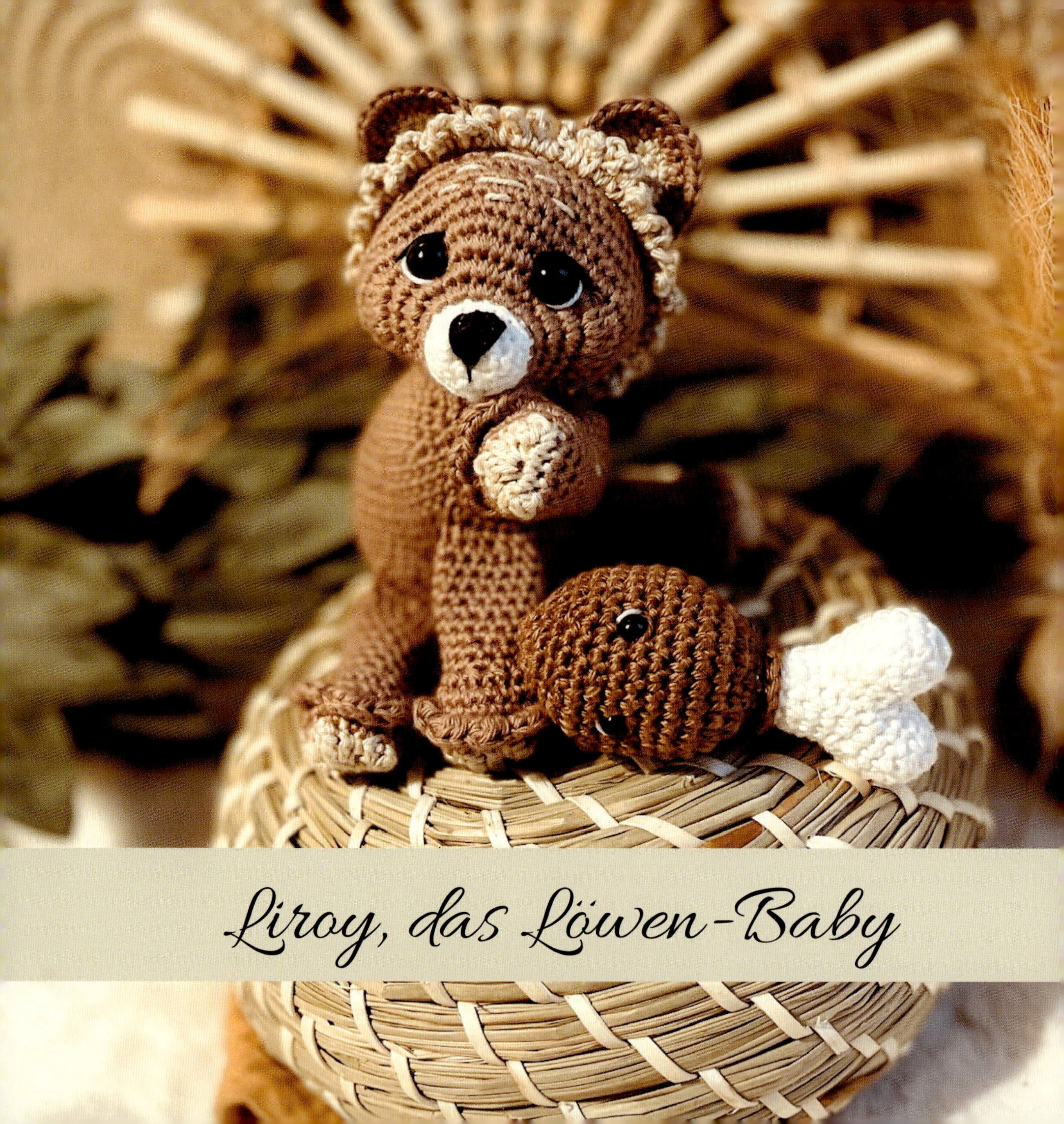

Liroy, das Löwen-Baby

Infos & Material

Schwierigkeitsgrad:

Maschenart: geeignet für fM in X und V

Wolle: Hobbii Friends Cotton 8/4

- 03 Oatmilk
- 05 Beige
- 015 Walnut

Häkelnadel: 2,00 mm

Sicherheitsaugen: 10 mm Ø

Sonstiges Material:

- Schere
- Füllwatte
- Stopfnadel & Stickgarn
- Maschenmarkierer

Faktencheck

Der Löwe, einer der beiden größten Vertreter aus der Familie der Katzen, lebt in Afrika südlich der Sahara. Dort ist er auch das größte Landraubtier.

Eine Löwin bringt etwa vier bis sechs Jungtiere pro Wurf zur Welt. Diese wiegen bei der Geburt ca. 1,5 kg. Nach etwa 8 Wochen, in denen die Jungen in einem Versteck gesäugt werden, nimmt die Löwin sie mit zum Rudel, wo sich dann alle um die Jungtiere kümmern.

Kopf

Starte in **Oatmilk**.

1. MR 6 fM (6)

2. 1 M verd x6 (12)

3. 12 fM (12)

4. (1 fM, 1 M verd) x6 (18)

FW zu **Beige**.

5. hMg 18 fM (18)

6. 5 fM, 1 M verd x8, 5 fM (26)

7. 5 fM, (1 fM, 1 M verd) x4, (1 M verd, 1 fM) x4, 5 fM (34)

8. 5 fM, (2 fM, 1 M verd) x4, (1 M verd, 2 fM) x4, 5 fM (42)

9. 6 fM, 1 hStb verd, 1 Stb verd x2, 1 hStb verd, 21 fM, 1 hStb verd, 1 Stb verd x2, 1 hStb verd, 7 fM (50)

10. 6 fM, 8hStb, 21 fM, 8 hStb, 7 fM (50)

11.-15. 50 fM (5 Rd) (50)

Setze die Sicherheitsaugen zwischen den Rd 8/9 mit einem Abstand von 7 M ein.

16. (5 fM, 1 M abn) x7, 1 fM (43)

17. (4 fM, 1 M abn) x7, 1 fM (36)

18. 36 fM (36)

19. (3 fM, 1 M abn) x7, 1 fM (29)

Stopfe den Kopf fortlaufend mit Füllmaterial.

20. (2 fM, 1 M abn) x7, 1 fM (22)

21. (1 fM, 1 M abn) x7, 1 fM (15)

22. 1 M abn x7, 1 fM (8)

23. 1 M abn x3, 2 fM (5)

Fab. Das Loch schließen und den Faden vernähen.Vertiefe die Augen (siehe *Häkeltechniken*).

Sticke deinem Löwenbaby noch ein paar schöne Augendetails, Augenbrauen und eine Schnauze auf. Die Augenbrauen liegen zwischen den Rd 11/12 über 3 M, und zwar genau über den Augen.

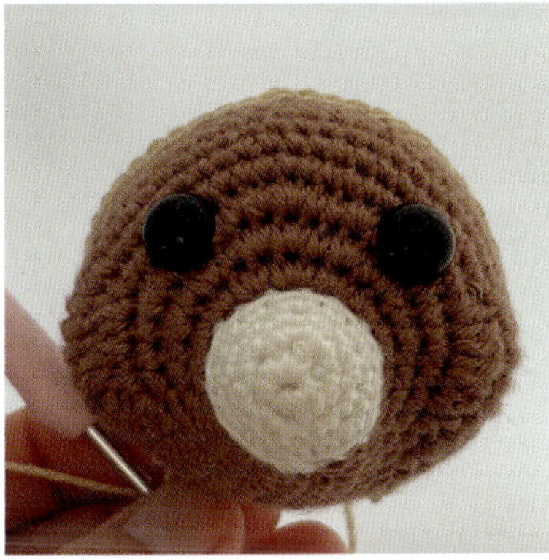

Mähne

Starte in **Americano**. Halte den Kopf so, dass die Schnauze zu dir zeigt. Lasse unten mittig 5 M frei.

Häkle in Rd 14 unten am Kopf. Starte mit einer Anfangsschlaufe und 1 Km:

Häkle 44 fM am Kopf entlang, 1 Wlfm (44+1).

Jetzt häkelst du wie folgt zurück:

5 Lfm, 1 Km in die nächste M

Dies wiederholst du so oft, bis du wieder am Anfang der Rd angekommen bist. KmFab und vernähen.

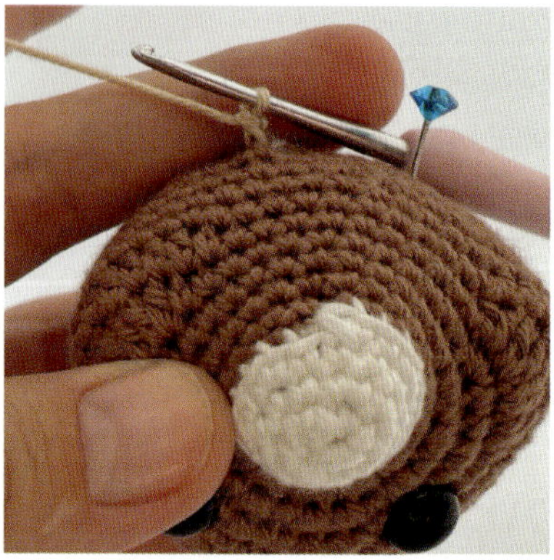

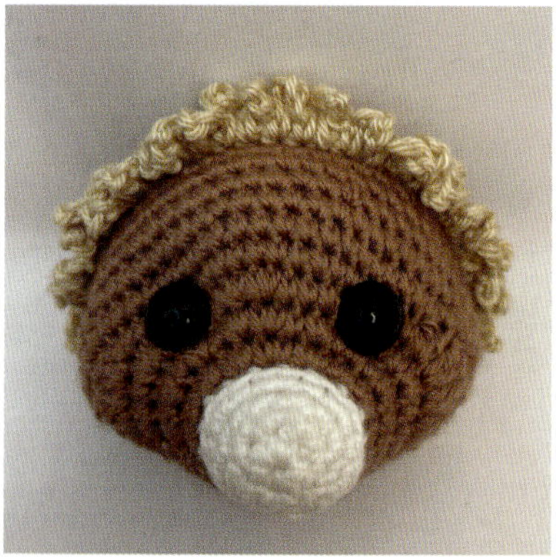

Mähne anhäkeln

Nähe den Kopf später schräg oder gerade zwischen den Rd 19-23 an den Körper.

Ohren (2x)

Starte in **Americano**. Es wird in R gehäkelt.

1. MR 6 fM, 1 Wlfm (6+1)
2. (1 M verd, 1 fM) x3, 1 Wlfm (9+1)
3. 3 fM, 1 M verd x3, 3 fM, 1 Wlfm (12+1)

FW zu **Beige**.

4. 3 fM, (1 M verd, 1 fM) x3, 3 fM, 1 Wlfm (15+1)
5. 3 fM, (1 M verd, 2 fM) x3, 3 fM, 1Km (19)

Häkle an der geraden Unterseite weiter:

6. 8 fM (8)

lFab. Nähe die Ohren hinter der Mähne mit einem Abstand von 8 M am Kopf fest.

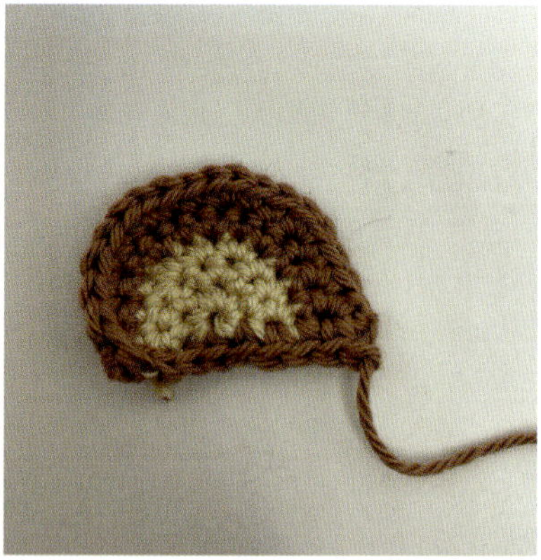

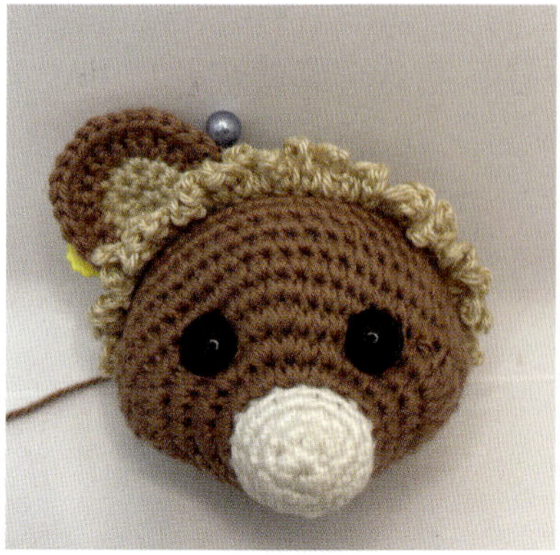

Pfoten (4x)

Starte in **Cappuccino**.

1. 6 Lfm, wenden, ab 2. M zurück (6)
2. 1 Stb verd, 1 Km, (1 Stb, 1 dStb, 1 Stb in eine M), 1 Km, 3 Stb in eine M, 4 fM auf der anderen Seite (14)

FW zu **Beige**.

3. 14 fM (14)
4. (1 M verd, 1 fM) x4, 6 fM (18)
5. 4 fM, (vMg 3 hStb in eine M, 1 Km) x4, 6 fM (26)
6. 4 fM, hMg aus Rd 4 8 fM, 6 fM (18)
7. 18 fM (18)
8. 4 fM, 1 M abn x4, 6 fM (14)

9.-16. 14 fM (8 Rd) (14)

Fülle die Pfoten bis Rd 9 mit Füllmaterial, der Rest bleibt unbefüllt.

17. 5 fM, 1 M abn, 5 fM, 1 M abn (12)

Häkle 2 fM weiter.

Falte die Öffnung und häkle diese mit 6 fM zusammen. Die Faltrichtung sollte von Seite zu Seite verlaufen. Fab und Faden vernähen.

Die Pfoten werden später in den Körper eingehäkelt.

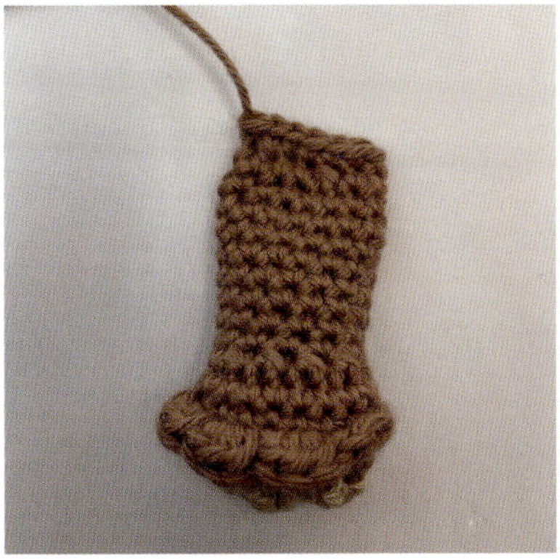

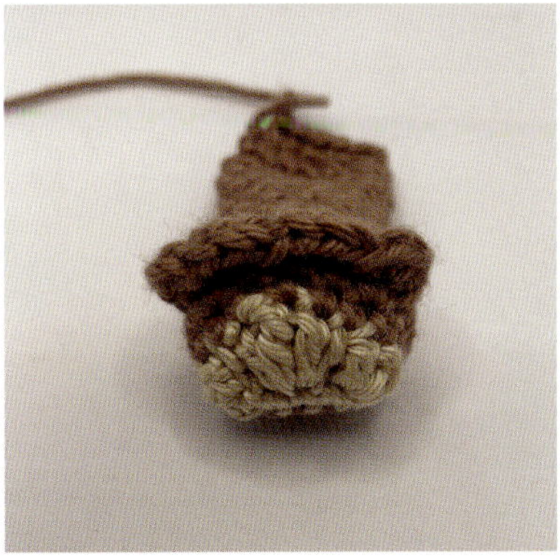

Wichtig

Beim Einhäkeln der Pfoten an den Körper müssen die Zehen zu dir und nach oben zeigen.

Körper

Häkle in **Beige**. Der Rdanf befindet sich am Bauch.

1. MR 8 fM (8)
2. 1 M verd x8 (16)
3. (1 fM, 1 M verd) x8 (24)
4. (2 fM, 1 M verd) x8 (32)
5. (3 fM, 1 M verd) x8 (40)
6. (4 fM, 1 M verd) x8 (48)

7.-10. 48 fM (4Rd) (48)

11. 5 fM, **Bein 1** mit 6 fM einhäkeln, 26 fM, **Bein 2** mit 6 fM einhäkeln, 5 fM (48)
12. (1 M abn, 2 fM) x3, 24 fM, (1 M abn, 2 fM) x3 (42)
13. 42 fM (42)
14. (1 M abn, 1 fM) x3, 24 fM, (1 M abn, 1 fM) x3 (36)

15.-20. 36 fM (6 Rd) + 2 AgM (36+2)

21. 1 fM, **Bein 3** mit 6 fM einhäkeln, 22 fM, **Bein 4** mit 6 fM einhäkeln, 1 fM (36)
22. (4 fM, 1 M abn) x6 (30)
23. 30 fM (30)
24. (3 fM, 1 M abn) x6 (24)
25. (2 fM, 1 M abn) x6 (18)
26. (1 fM, 1 M abn) x6 (12)
27. 1 M abn x6 (6)

KmlFab und das Loch verschließen. Nähe jetzt den Kopf schräg oder gerade zwischen den Rd 19-23 an den Körper.

Schwänzchen

Häkle in **Beige**

1. 7 Lfm, wenden, ab 2. M zurück (7)
2. 6 fM (6)

lFab, verknote die Enden. Mit den zwei Fäden kannst du das Schwänzchen mittig an den Rücken (Rd 5/6 von unten gezählt) annähen.

Knote zum Schluss noch ein paar braune Fäden an die Schwanzspitze.

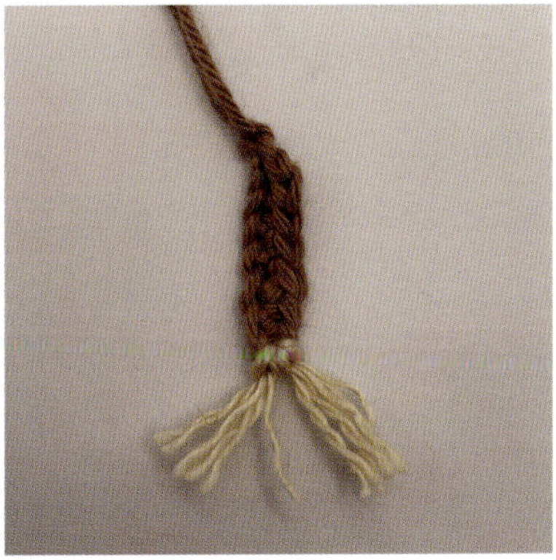

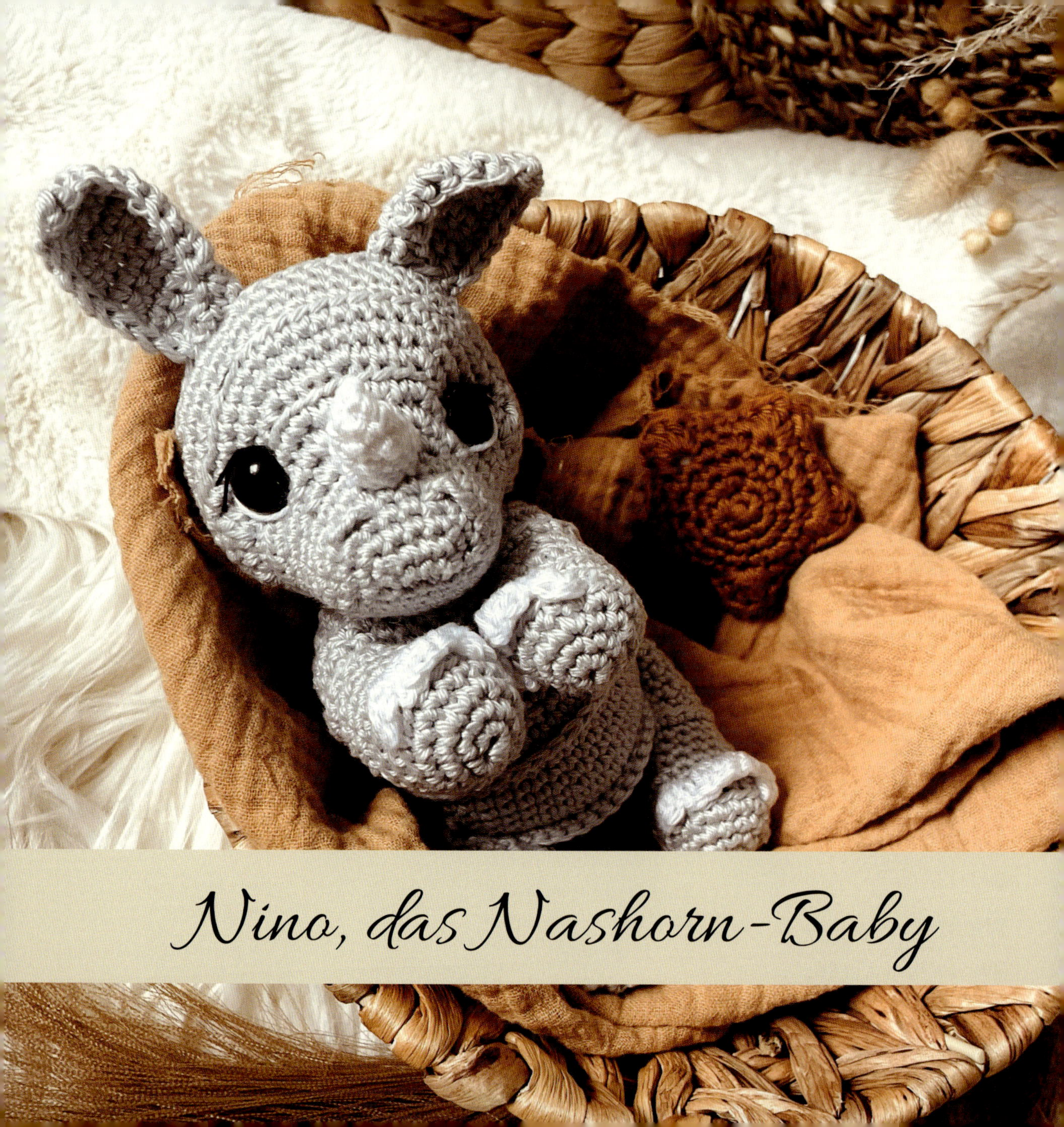

Nino, das Nashorn-Baby

Infos & Material

Schwierigkeitsgrad: ●●●
Maschenart: geeignet für fM in X und V
Wolle: Hobbii Friends Cotton 8/4

- 01 White
- 119 Gray

Häkelnadel: 2,00 mm
Sicherheitsaugen: 12 mm Ø
Sonstiges Material:

- Schere
- Füllwatte
- Stopfnadel & Stickgarn
- Maschenmarkierer

Faktencheck

Nashörner leben in Afrika, im Gebiet südlich der Sahara. Die Tragezeit beträgt 15 bis 18 Monate. Bei der Geburt wiegt ein Nashorn-Baby schon ca. 50 kg und nimmt pro Tag zwei bis drei Kilogramm zu. Das Jungtier bleibt für zweieinhalb bis drei Jahre bei der Mutter.

Wenn das Nashorn-Weibchen in dieser Zeit ein weiteres Jungtier zur Welt bringt, wird das ältere Nashorn-Jungtier, zumindest während des Säugens, von der Mutter verjagt.

Kopf

Häkle in **Gray**.

1. dLfmk 5 Lfm, wenden, ab 2. M zurück (5)
2. 1 M verd, 2 fM, 3 fM in eine M, auf der anderen Seite der dLfmk: 2 fM, 1 M verd (11)

Es wird in Rd gehäkelt.

3. 1 fM, 1 M verd, 2 fM, 1 M verd, 1 fM, 1 M verd, 3 fM, 1 M verd (15)
4. 1 fM, 1 M verd, 3 fM, 1 M verd, 2 fM, 1 M verd, 4 fM, 1 M verd, 1 fM (19)
5. 2 fM, 1 M verd, 3 fM, 1 M verd, 3 fM, 1 M verd, 5 fM, 1 M verd, 2 fM (23)

6.-7. 23 fM (2 Rd) (23)

8. 4 fM, 1 M verd x5, 14 fM (28)
9. 4 fM, (1 M verd, 1fM) x5, 14 fM (33)
10. 4 fM, (1 M verd, 2 fM) x5, 14 fM (38)
11. ganze Rd ins hMg 4 fM, (1 M verd, 3 fM) x5, 14 fM (43)
12. 1 Stb verd, 1 Stb, 1 Stb verd, 1 Stb, 26 fM, 1Stb, 1 Stb verd, 1Stb, 1 Stb verd, 9 fM (47)
13. 47 fM (47)
14. hMg 47 fM (47)

15.-16. 47 fM (2 Rd) (47)

17. hMg 47 fM (47)

Setze die Sicherheitsaugen zwischen den Rd 11/12 mit einem Abstand von 12 sichtbaren M ein.

18. (1 M abn, 7 fM) x5, 2 fM (42)
19. (1 M abn, 6 fM) x5, 2 fM (37)
20. (1 M abn, 5 fM) x5, 2 fM (32)
21. (1 M abn, 4 fM) x5, 2 fM (27)

Stopfe den Kopf nun gut mit Füllmaterial aus.

22. (1 M abn, 3 fM) x5, 2 fM (22)
23. (1 M abn, 2 fM) x5, 2 fM (17)
24. (1 M abn, 1 fM) x5, 2 fM (12)

Noch einmal nachfüllen.

25. 1 M abn x6 (6)

Fab und das Loch schließen. Vertiefe die Augen (siehe *Häkeltechniken*).

Jetzt kannst du die Augendetails (Augenweiß und Wimpern) aufsticken. Die Augenbrauen stickst du zwischen den Rd 13/14 mit einer Länge von ca. 3 M und mit einem Abstand von 9 M auf.

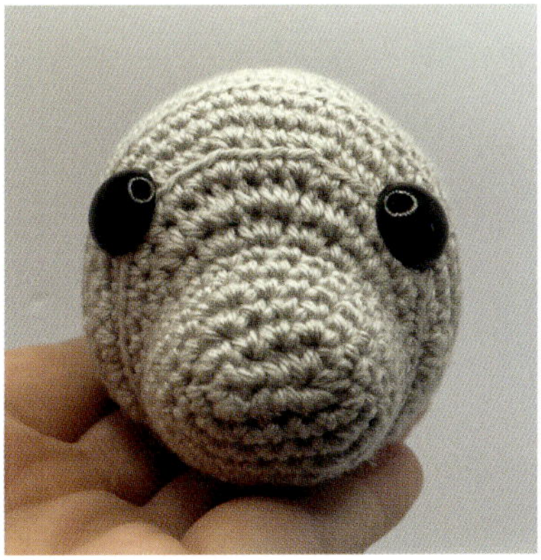

Nüstern (2x)

Häkle in **Gray**. Die Nüstern werden direkt angehäkelt.

Starte nach Rd 4 und stich in eine M ein. Hole dir den Faden.

> Häkle 3 Lfm, üspr die nächste M, 1 Km.

Fab. Lasse 2 M Abstand und wiederhole die Schritte, um die zweite Nüster zu häkeln.

Tipp

Benutze Stecknadeln, um die optimale Position für die Nüstern zu finden.

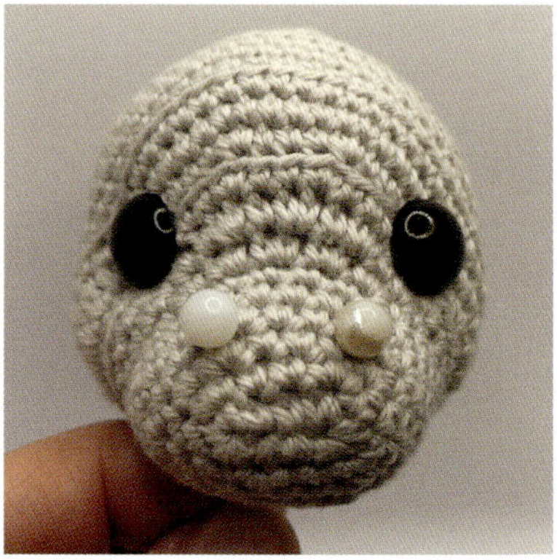

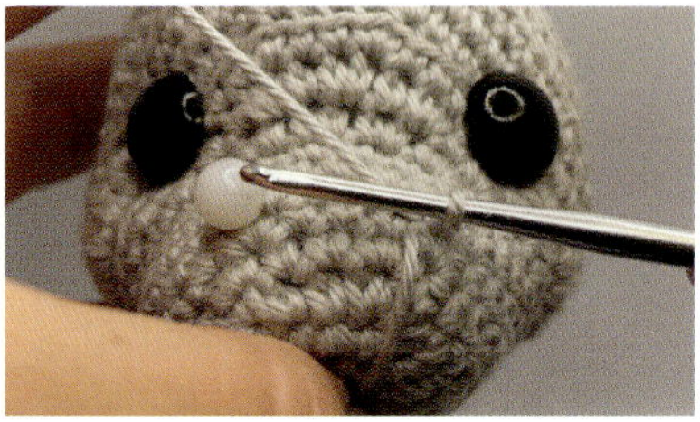

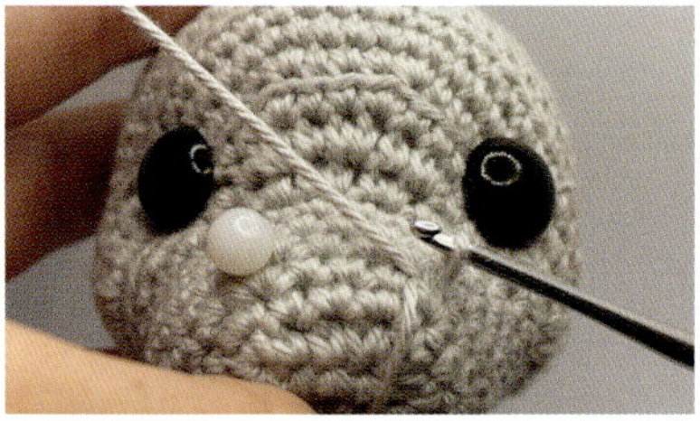

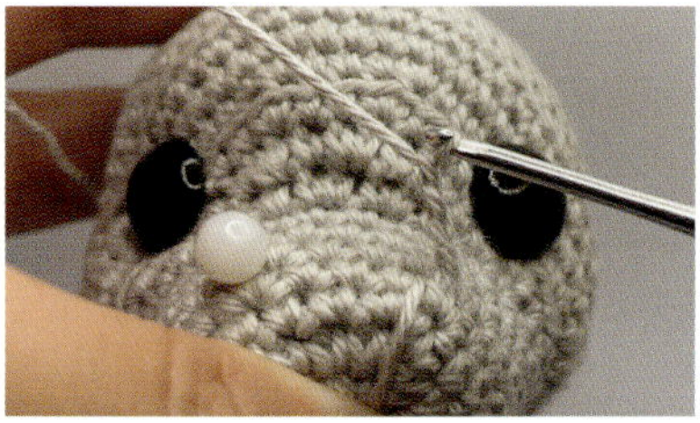

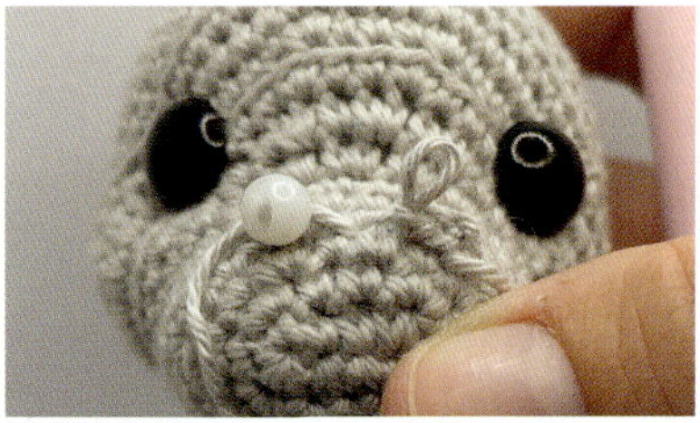

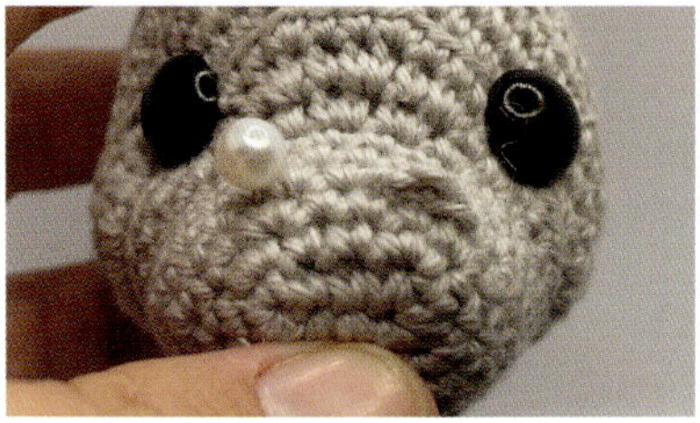

Ohren (2x)

Häkle in **Gray**. Lasse einen längeren Anfangsfaden, um die Ohren später an den Kopf anzunähen. Es wird in R gehäkelt.

1. 2 Lfm, wenden, ab 2. M zurück (2)
2. 1 M verd, 1 Wlfm (2+1)
3. 1 M verd x2, 1 Wlfm (4+1)
4. 1 M verd, 2 fM, 1 M verd, 1 Wlfm (6+1)

5.-10. 6 fM (6 R) (6)

Umhäkle das Ohr mit fM. In die Spitze häkelst du 2 fM. Üspr 4 fM an der unteren Seite und häkle das Ohr unten mit 1 Km zusammen.

LFab und den Endfaden zum Annähen der Ohren stehen lassen.

Beim zweiten Ohr häkelst du nach dem Umhäkeln noch 6 fM mehr, drehst das Häkelstück, üspr 4 M und häkelst das Ohr ebenfalls unten mit 1 Km zusammen.

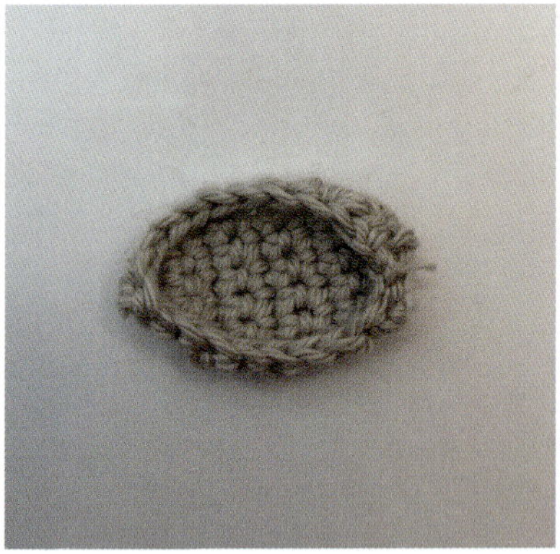

LFab und den Endfaden zum Annähen der Ohren stehen lassen.

Nähe die Ohren in Rd 17 in das vMgl dieser Rd mit einem Abstand von 5 M zwischen den beiden Ohren an.

Horn

Häkle in **White**.

1. MR 4 fM (4)
2. (1 fM, 1 M verd) x2 (6)
3. 6 fM (6)
4. (2 fM, 1 M verd) x2 (8)
5. 8 fM (8)

KmlFab. Nähe das Horn zwischen den Rd 5-9 mittig zwischen den Augen und Nüstern an.

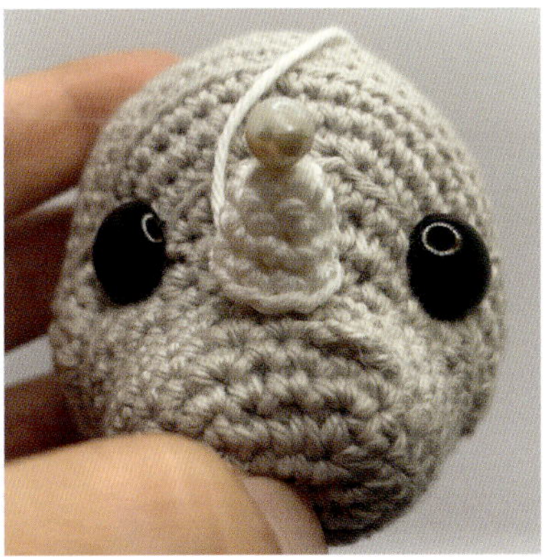

Beine (2x)

Häkle in **Gray**.

1. MR 6 fM (6)

2. 1 M verd x6 (12)

3. (1 fM, 1 M verd) x6 (18)

4. (5 fM, 1 M verd) x3 (21)

5.-7. hMg 21 fM (3 Rd) (21)

8. (5 fM, 1 M abn) x3 (18)

9. (4 fM. 1 M abn) x3 (15)

10.-11. 15 fM (2 Rd) (15)

12. vMg 15 fM (15) (Diese Rd wird nicht weiter behäkelt.)

13. hMg der Rd 11 15 fM (15)

14. 15 fM (15)

15. (3 fM, 1 M abn) x3 (12)

16.-18. 12 fM (3 Rd) (12)

Stopfe den unteren Teil bis Rd 16 gut mit Füllmaterial aus. Der Rest wird nur leicht gefüllt.

Falls nötig, häkle noch so viele Agm, um direkt an die Seite des Beines zu gelangen.

Falte nun die Öffnung und häkle sie mit 6 fM zusammen. Fab und den Faden vernähen. Die Beine werden später in den Körper eingehäkelt.

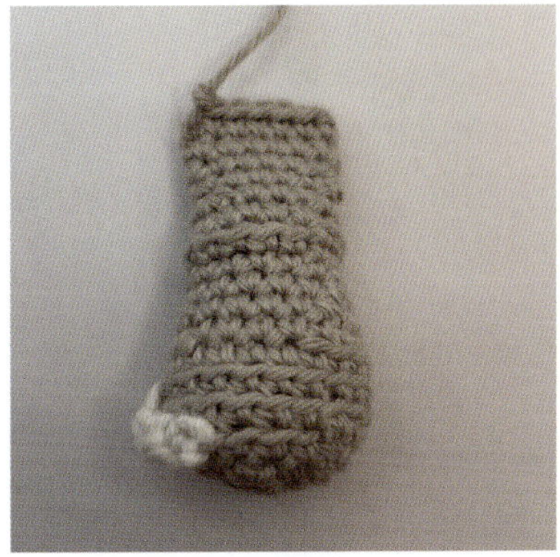

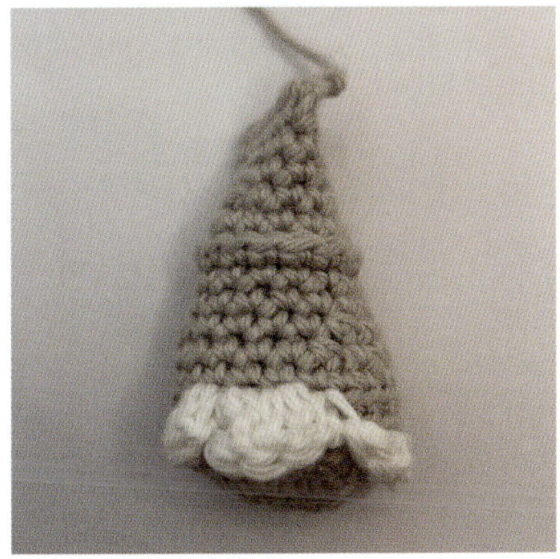

Arme (2x)

Häkle in **Gray**.

1. MR 6 fM (6)

2. 1 M verd x6 (12)

3. (1 fM, 1 M verd) x6 (18)

4. (5 fM, 1 M verd) x3 (21)

5.-7. hMg 21 fM (3 Rd) (21)

8. (5 fM, 1 M abn) x3 (18)

9. (4 fM, 1 M abn) x3 (15)

10. 15 fM (15)

11. vMg 15 fM (15) (Diese Rd wird nicht weiter behäkelt.)

12. hMg der Rd 10 15 fM (15)

13. 15 fM (15)

14. (3 fM, 1 M abn) x3 (12)

15. 12 fM (12)

Stopfe den unteren Teil bis Rd 13 gut mit Füllmaterial aus. Der Rest wird nur leicht gefüllt.

Falte nun die Öffnung und häkle sie mit 6 fM zusammen. Fab und den Faden vernähen. Die Beine werden später in den Körper eingehäkelt.

Wichtig

Falls nötig, häkle noch Agm, um direkt an die Seite des Armes zu gelangen.

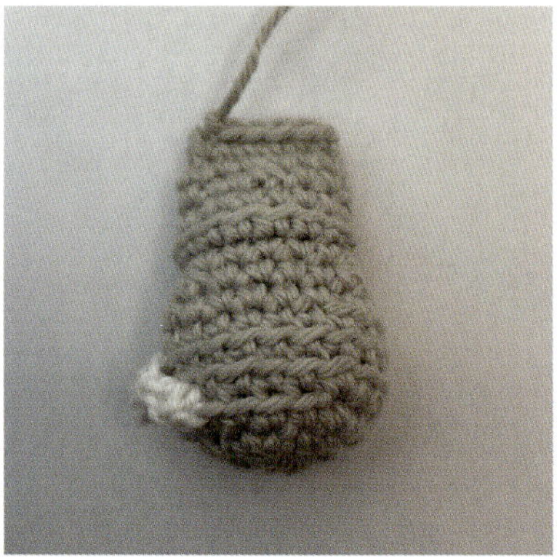

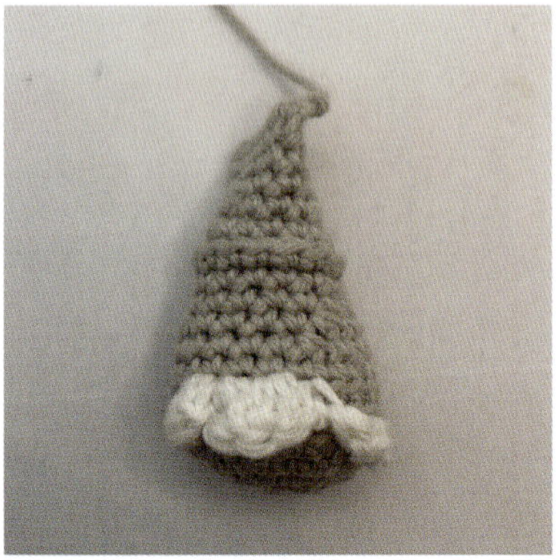

Zehen (4x)

Häkle in **White**. Die Zehen werden direkt an die Arme und Beine angehäkelt.

Stich in Rd 4 in das vMg der 4. M ein und hole dir den Faden.

In die nächste M 2 Stb, 1 M in Rd 4 üspr, in Rd 6 in das vMg eine Km.

1 Lfm, 1 Stb verd x2, 4M üspr in Rd 4, 1 Km, 1 Lfm und noch einmal zurück in die Rd 6, 1 Km in die letzte M mit den 2 Stb

Zehen anhäkeln

In die nächste M von Rd 6 häkelst du:

2 Stb, üspr 1 M in Rd 4, 1 Km.

Fab und vernähen.

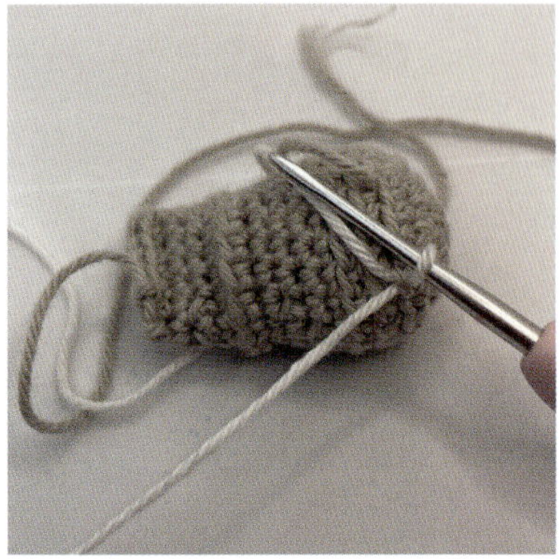

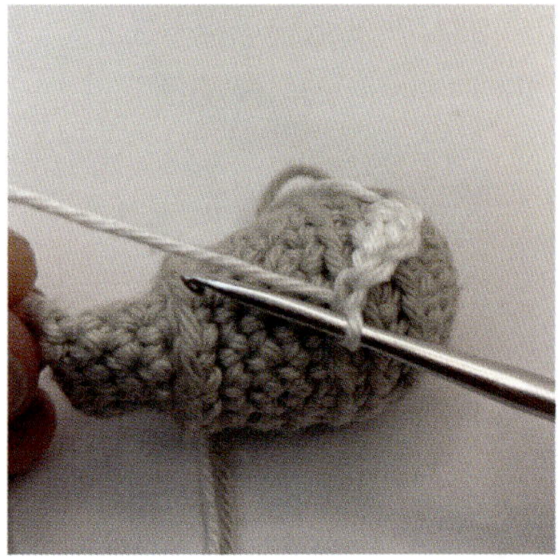

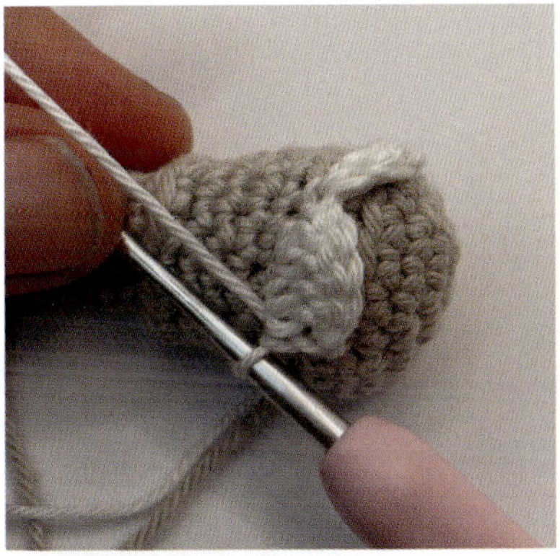

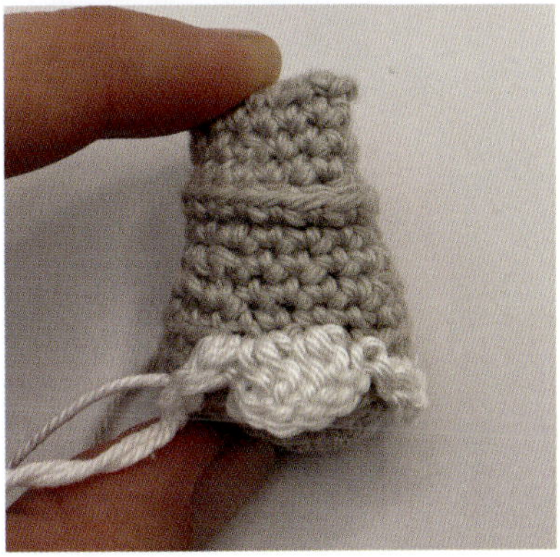

Wichtig

Achte darauf, dass die Zehen beim Einhäkeln der Arme und Beine im nächsten Schritt nach vorne zeigen.

Körper

Häkle in **Gray**. Der Rdanf liegt am Rücken.

1. MR 6 fM (6)
2. 1 M verd x6 (12)
3. (1 fM, 1 M verd) x6 (18)
4. (2 fM, 1 M verd) x6 (24)
5. (3 fM, 1 M verd) x6 (30)
6. (4 fM, 1 M verd) x6 (36)
7. (5 fM, 1 M verd) x6 (42)
8. vMg 42 fM (42) (Diese Rd wird nicht weiter behäkelt.)
9. hMg der Rd 7 42 fM (42)
10. 42 fM (42)

In der nächsten Rd werden die Beine mit eingehäkelt.

11. 6 fM, **Bein 1** mit 6 fM einhäkeln, 16 fM, **Bein 2** mit 6 fM einhäkeln, 8 fM (42)

In der nächsten Rd häkelst du das Schwänzchen mit:

12. vMg 1 fM, 7 LfM, wenden, ab 2. M zurück, 4 fM in eine M, 6 Km, 41 fM (42)

13.-14. 42 fM (2 Rd) (42)

15. vMg 42 fM (42). (Diese Rd wird nicht weiter behäkelt.)
16. hMg der Rd 14 42 fM (42)
17. 42 fM
18. (5 fM, 1 M abn) x6 (36)

19-20. 36 fM (2 Rd) (36)

21. vMg 36 fM (36) (Diese Rd wird nicht weiter behäkelt.)
22. hMg der Rd 20 36 fM (36)
23. 36 fM (36)
24. (4 fM, 1 M abn) x6 (30)
25. 30 fM (30)

Jetzt werden die Arme mit eingehäkelt.

26. 4 fM, **Arm 1** mit 6 fM einhäkeln, 8 fM, **Arm 2** mit 6 fM einhäkeln, 6 fM
27. (3 fM, 1 M abn) x6 (24)
28. (2 fM, 1 M abn) x6 (18)
29. (1 fM, 1 M abn) x6 (12)

29. 12 fM (12)

KmlFab. Nähe damit den Kopf zwischen den Rd 11-17 an den Körper.

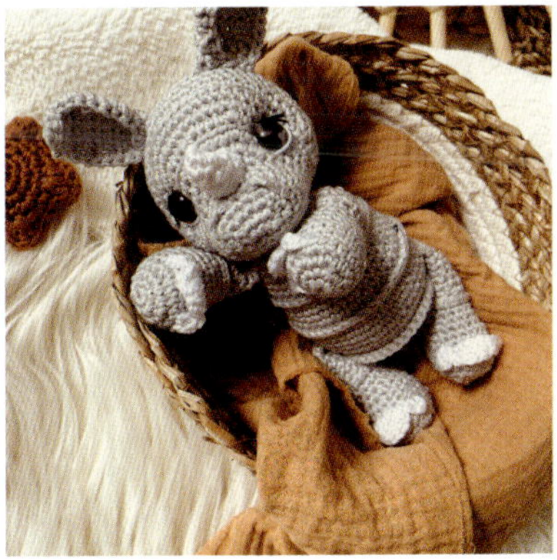

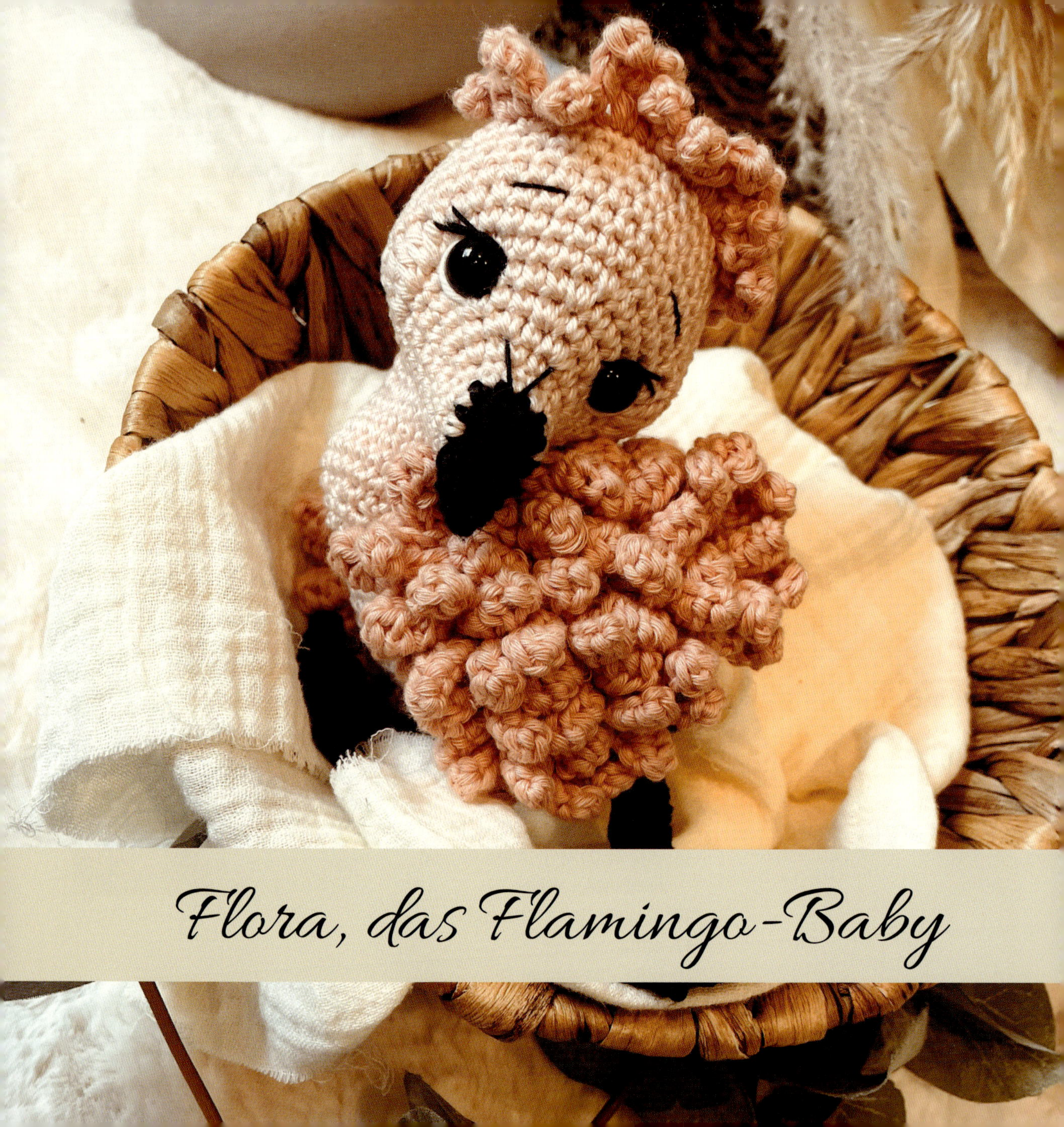

Flora, das Flamingo-Baby

Infos & Material

Schwierigkeitsgrad:
Maschenart: geeignet für fM in X und V
Wolle: Hobbii Friends Cotton 8/4

- 50 Hint of Pink
- 53 Antique Rose
- 124 Black

Häkelnadel: 2,00 mm
Sicherheitsaugen: 10 mm Ø
Sonstiges Material:

- Schere
- Füllwatte
- Stopfnadel & Stickgarn
- Maschenmarkierer

Faktencheck

Flamingos leben in Süd-, Mittel- und Nordamerika sowie in Europa, Afrika und Südwestasien. Meistens legt das Flamingo-Weibchen nur ein einziges Ei. Die Eltern brüten abwechselnd, bis die Jungtiere nach etwa einem Monat schlüpfen.

Ihr Gefieder ist zunächst braun, bevor die Tiere ihre charakteristische rosa Farbe bekommen. Wenn die Jungtiere ihr Nest verlassen, können sie selbstständig gehen und auch schon schwimmen.

Kopf

Starte in **Black**.

1. MR 4 fM (4)
2. 1 M verd x4 (8)
3. 8 fM (8)

Ab hier wird in R gehäkelt:

4. 4 fM, 1 Wlfm (4+1)
5. 4 fM, 1 Wlfm (4+1)
6. 4 fM (4+1)

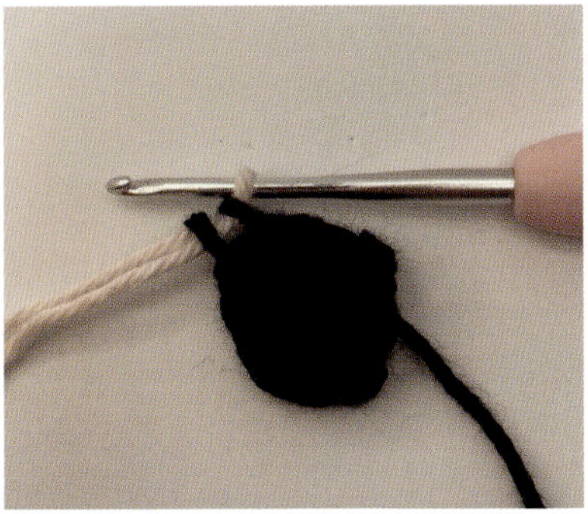

FW zu **Baby Pink**. Ab hier wird wieder in Rd gehäkelt:

7. Den schwarzen Schnabelteil mit 13 fM umhäkeln (13)

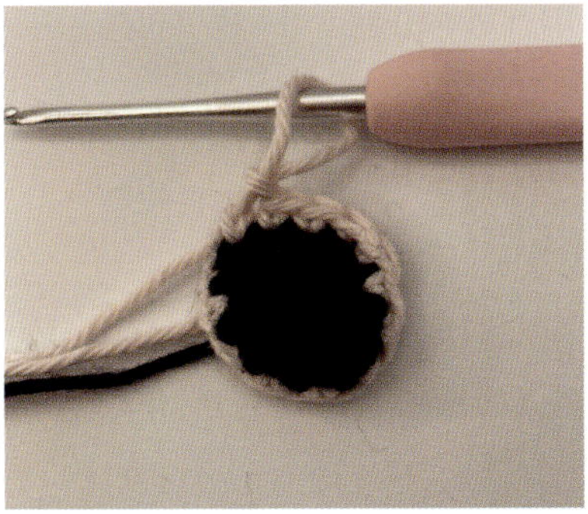

Markiere hier deinen neuen Rdanf!

8-9. 13 fM (2 Rd) (13)
10. 1 M verd, 4 fM, 1 M abn, 3 fM, 1 M verd x3 (16)
11. 1 M verd x2, 10 fM, (1 fM, 1 M verd) x2 (20)
12. 2 fM, 1 M verd, 11 fM, (2 fM, 1 M verd) x2 (23)
13. (1 fM, 1 M verd) x2, 13 fM, (1 fM, 1 M verd) x3 (28)
14. (1 M verd, 3 fM) x2, 12 fM, (1 M verd, 3 fM) x2 (32)
15. 7 fM, 1 hStb verd, 1 Stb verd x2., 1 hStb verd, 9 fM, 1 hStb verd, 1 Stb verd x2, 1 hStb verd, 8 fM (40)
16. 8 fM, 7 hStb, 9 fM, 7 hStb, 9 fM (40)
17-20. 40 fM (4 Rd) (40)

Ab hier wird in R gehäkelt.

21. 9 fM, 1 Wlfm (9+1)
22. 16 fM, 1 Wlfm (16+1)
23. 16 fM, 1 fM in die Längsseite.

Wichtig

Die Öffnung des Halses sollte sich direkt mittig auf der Kopfunterseite befinden.

Falls dies bei dir nicht der Fall sein sollte, passe die Maschenanzahl mit Agm individuell an.

Markiere hier deinen neuen Rdanf! Ab hier wird wieder in Rd gehäkelt. Es folgt die Öffnung des Halses.

24. 8 fM, 9 Lfm, 9 fM üspr, 25 fM (42)

Setze nun die Sicherheitsaugen zwischen den Rd 12/13 mit einem Abstand von 8 sichtbaren M ein.

Stopfe den Schnabel fest mit Füllmaterial aus. Den Kopf ab hier fortlaufend füllen.

25. (5 fM, 1 M abn) x6 (36)

26. (4 fM, 1 M abn) x6 (30)

27. (3 fM, 1 M abn) x6 (24)

28. (2 fM, 1 M abn) x6 (18)

29. (1 fM, 1 M abn) x6 (12)

Kopf nochmals gut stopfen.

30. 1 M abn x6 (6)

Fab und das Loch schließen. Vertiefe die Augen (siehe *Häkeltechniken*). Sticke Flamingo Flora anschließend noch die Augendetails auf.

Hals anhäkeln (wie Emu)

Körper

Häkle in **Baby Pink**. Starte in der rechten Ecke und häkle:

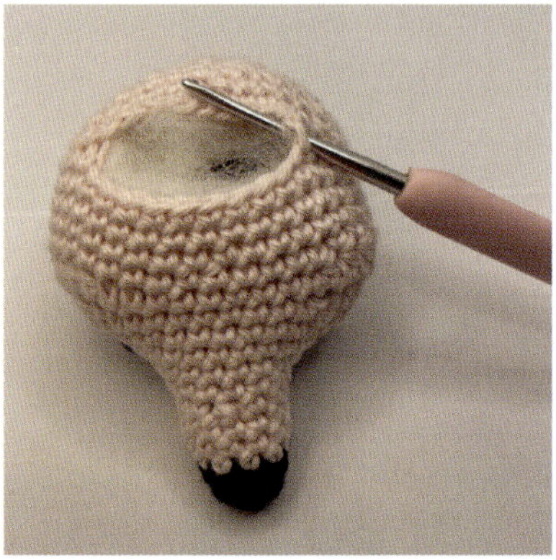

1. (1 Lfm, 1 fM in dieselbe M), 20 fM (arbeite in die Ecken je 1 fM) (21)

2-6. 21 fM (5 Rd) (21)

7. 3 fM, 1 M verd x6, 4 fM, 1 M abn x4 (23)

8-9. 23 fM (2 Rd) (23)

10. 5 fM, (1 M verd, 1 fM) x5, 4 fM, 1 M abn x2 (26)

11-12. 26 fM (2 Rd) (26)

13. 1 M verd x4, 5 fM, (1 M abn, 1 fM) x4, 2 fM, 1 M verd x3 (29)

14. (1 fM, 1 M verd) x4, 15 fM, (1 M verd, 1 fM) x3 (36)

15. (1 M verd, 2 fM) x4, 4 fM, 1 M abn x4, 3 fM, (1 M verd, 2 fM) x3 (39)

16. (1 M verd, 3 fM) x4, 5 fM, 1 M abn x2, 5 fM, (1 M verd, 3 fM) x2, 1 fM (43)

17. (1 M verd, 3 fM) x5, 5 fM, 1 M abn, 7 fM, (1 M verd, 3 fM) x2, 1 fM (49)

18. 30 fM, 1 M abn, 17 fM (48)

19-23. 48 fM (5 Rd) (48)

Stopfe den Hals fest mit Füllmaterial aus. Den Körper ab hier fortlaufend füllen.

24. 6 fM, 1 Stb verd x4, 12 fM, (1 M abn, 1 fM) x6, 8 fM (46)

25. 5 fM, 10 hStb, 31 fM (46)

26. 46 fM (46)

27. (7 fM, 1 M abn) x5, 1 fM (41)

28. (6 fM, 1 M abn) x5, 1 fM (36)

29. (5 fM, 1 M abn) x5, 1 fM (31)

30. (4 fM, 1 M abn) x5, 1 fM (26)

31. (3 fM, 1 M abn) x5, 1 fM (21)

32. (2 fM, 1 M abn) x5, 1 fM (16)

33. (1 fM, 1 M abn) x5, 1 fM (11)

Körper nochmals gut stopfen.

34. 1 M abn x5, 1 fM (6)

Fab. Das Loch schließen und den Faden vernähen.

Flügel umhäkeln (wie Emu)

Flügel (2x)

Häkle in **Baby Pink**. Es wird in R gehäkelt. Lasse einen langen Anfangsfaden, um die Flügel später an den Körper anzunähen.

Wichtig

Die Angaben vMg und hMg beziehen sich immer auf die gesamte R!

1. 16 Lfm, wenden, ab 2. M zurück (16)
2. vMg 15 fM, 1 Wlfm (15+1)
3. hMg 15 fM, 1 Wlfm (15+1)
4. vMg 15 fM, 1 Wlfm (15+1)
5. hMg 15 fM, 1 Wlfm (15+1)
6. vMg 1 M abn, 11 fM, 1 M abn, 1 Wlfm (13+1)
7. hMg 13 fM, 1 Wlfm (13+1)
8. vMg 13 fM, 1 Wlfm (13+1)
9. hMg 1 M abn, 9 fM, 1 M abn, 1 Wlfm (11)
10. vMg 11 fM, 1 Wlfm (11+1)
11. hMg 1 M abn, 7 fM, 1 M abn, 1 Wlfm (9+1)
12. vMg 1 M abn, 5 fM, 1 M abn, 1 Wlfm (7+1)
13. hMg 7 fM, 1 Wlfm (7+1)
14. vMg 1 M abn, 3 fM, 1 M abn, 1 Wlfm (5+1)
15. hMg 5 fM, 1 Wlfm (5+1)
16. vMg 1 M abn, 1 fM, 1 M abn, 1 Wlfm (4)
17. hMg 1 M abn, 1 fM, 1 Wlfm (2+1)
18. vMg 2 fM, 1 Wlfm (2+1)

Umhäkle dein Häkelstück nun einmal komplett mit fM.

KmFab und Faden vernähen.

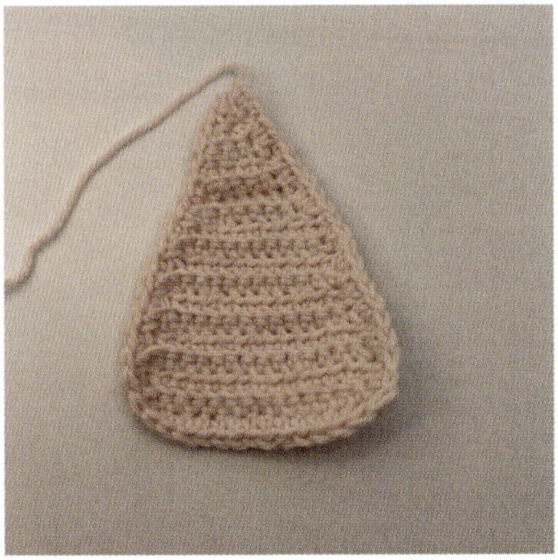

Federn

Häkle in **Antique Rose**. Starte im ersten vMg der R 3 in der rechten Ecke. Nimm den Faden neu auf und häkle:

1. 5 Lfm, wenden, ab 2. M zurück 4 hStb, 1 Km ins nächste vMg

Wiederhole dies bis zum Ende der R.

In der nächsten R arbeitest du wieder in die vMg. Beginne mit einer fM ins erste vMg und häkle:

2. 5 Lfm, wenden, ab 2. M zurück 4 hStb, 2 Km

Noch einmal bis zum Ende der R wiederholen.

Nun lässt du eine R vMg aus und wiederholst Schritt 2 in den vMg der übernächsten R. Arbeite so bis zum Ende des Flügels weiter. KmFab und Faden vernähen.

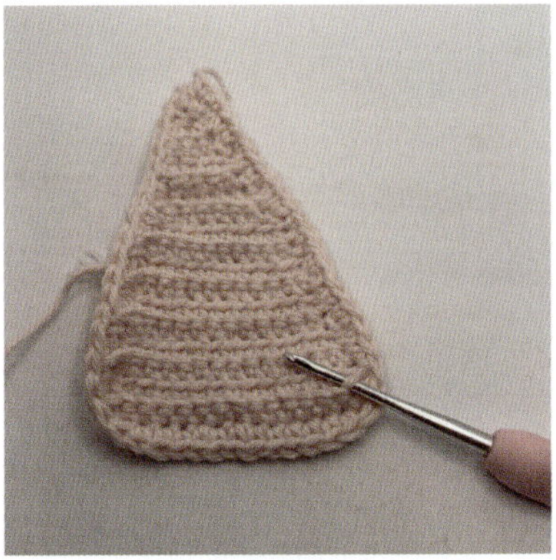

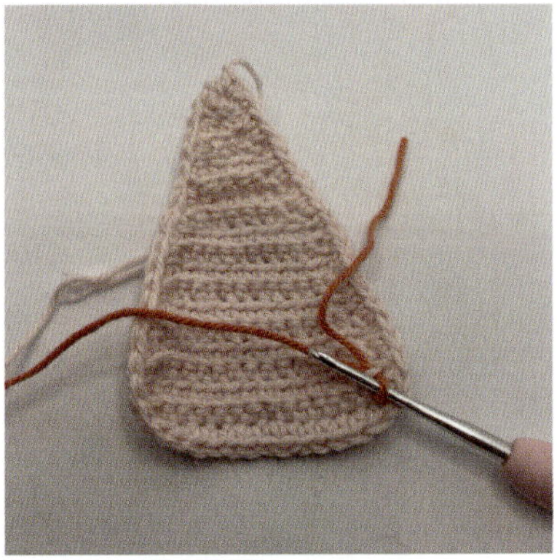

Jetzt werden die Flügel rechts und links an den Körper genäht, und zwar so, wie es dir am besten gefällt. Achte aber darauf, dass die Spitze nach hinten zum Po zeigt.

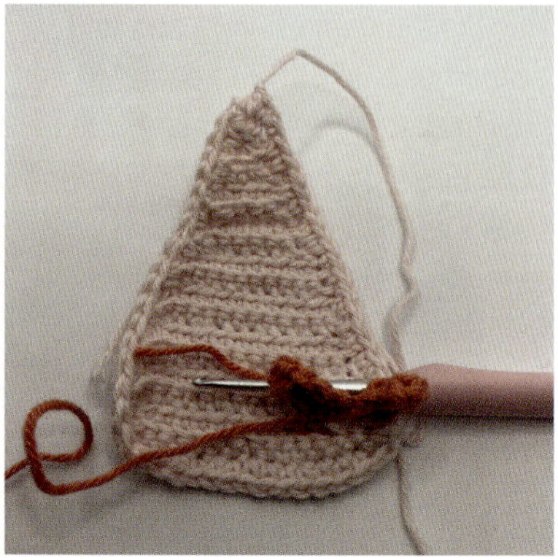

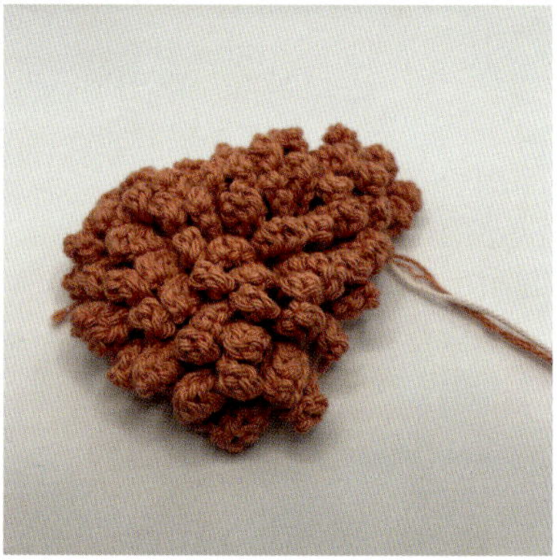

Federn häkeln

Beine (2x)

Häkle in **Black**. Lasse einen langen Anfangsfaden, um die Beine damit später an den Körper anzunähen. Es wird in R gearbeitet.

1. 16 Lfm, wenden, ab 2. M zurück (16)

2-6. 15 fM, 1 Wlfm (5 R) (15+1)

Falte dein Häkelstück nun der Länge nach und häkle es mit 15 Km zusammen.

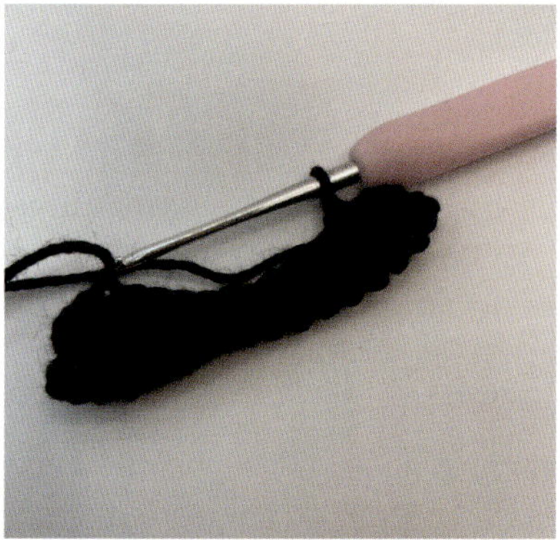

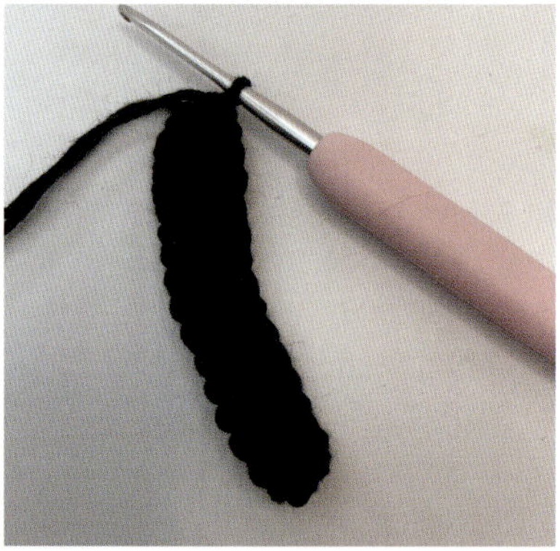

Schneide den Faden nicht ab, denn es geht weiter mit den Füßen. Drücke die untere Öffnung zusammen und verschließe diese mit 2 fM und 1 Wlfm.

Es wird in R gearbeitet.

1. 1 M verd x2, 1 Wlfm (4+1)

2. 1 M verd, 2 fM, 1 M verd, 1 Wlfm (6+1)

3. 1 M verd, 4 fM, 1 M verd, 1 Wlfm (8+1)

4. 1 M verd, 6 fM, 1 M verd, 1 Wlfm (10+1)

5-6. 10 fM, 1 Wlfm (2 R) (10+1)Nun häkelst du die Zehen wie folgt:

7. (3 Lfm, in die 1. Lfm eine Km, 5 Km) x2, 3 Lfm, in die 1. Lfm eine Km, Fab und vernähen.

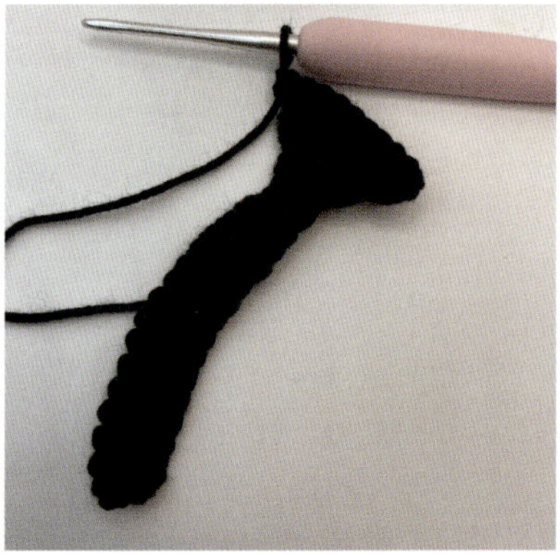

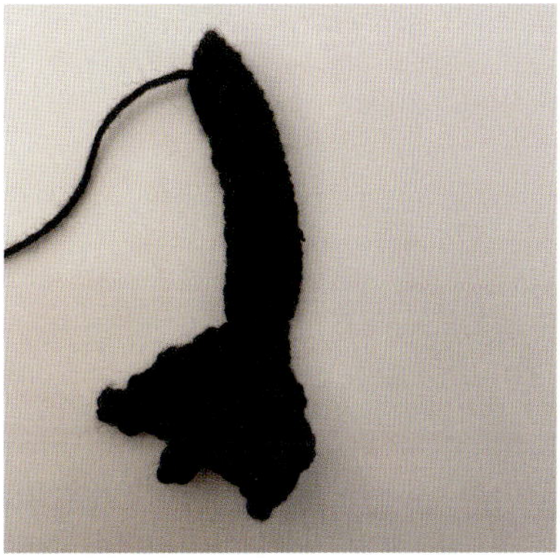

Nähe die Beine unten am Körper deines Flamingos mit einem Abstand von 2 M fest.

Beine häkeln (wie Emu)

Haarkranz aus Federn

Häkle in **Antique Rose**. Zähle nach Rd 22 mittig vom Schnabel aus 8 M nach rechts und 8 M nach links ab und markiere dir diese mit Stecknadeln.

Nimm den Faden in Titanium auf der rechten Seite neu auf.

> Häkle 3 Lfm, wenden, ab 2. M zurück 2 hStb, 1 Km in den Kopf.

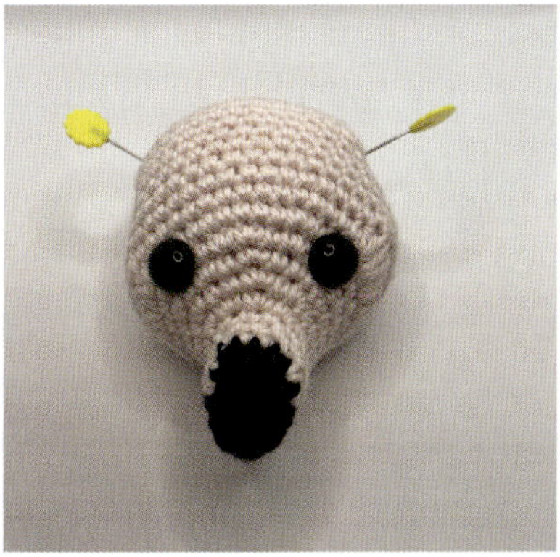

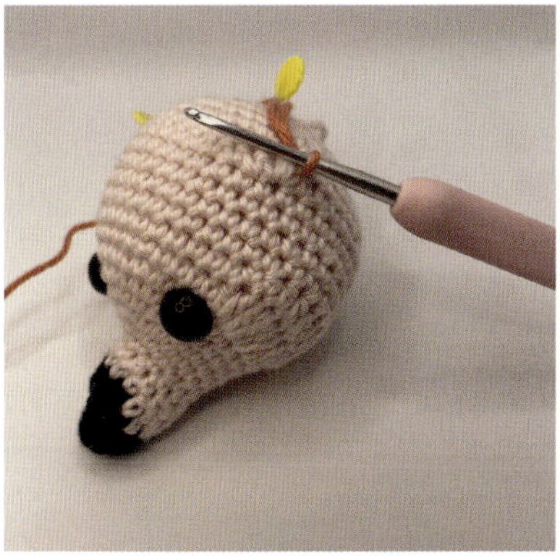

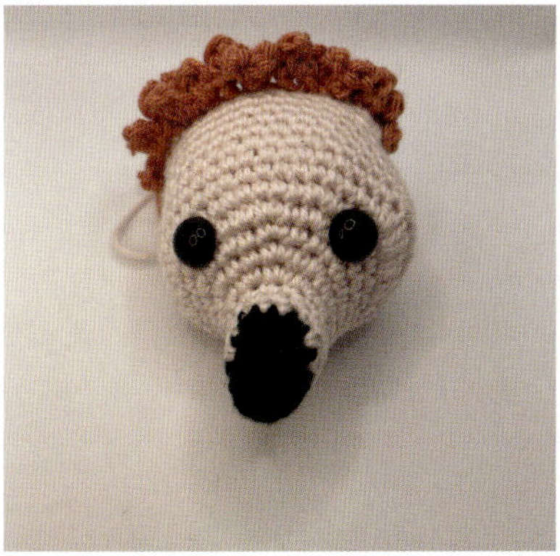

Wiederhole dies bis zu deiner Markierung. Zum Schluss solltest du 16 Federn haben.

KmFab und den Faden vernähen.

Variation

Möchtest du einen kleinen Freund für Flora häkeln? Denn eigentlich sind junge Flamingos grau und bekommen erst später ihre typische rosa Farbe.

Verwende für den grauen Flamigo folgende Wolle:

Hobbii Friends Cotton 8/4

- 118 Silver
- 122 Anthracite
- 124 Black

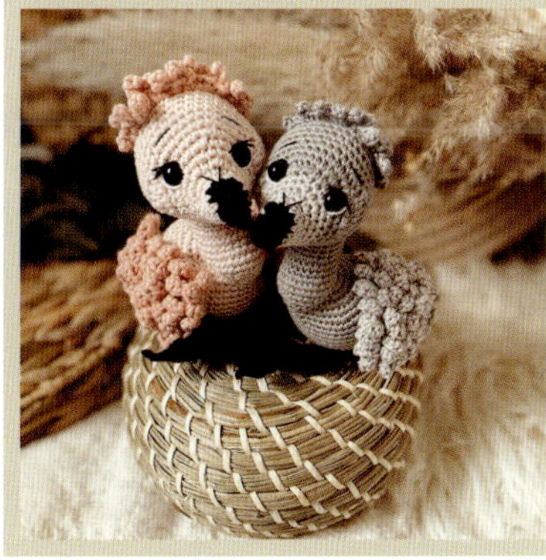

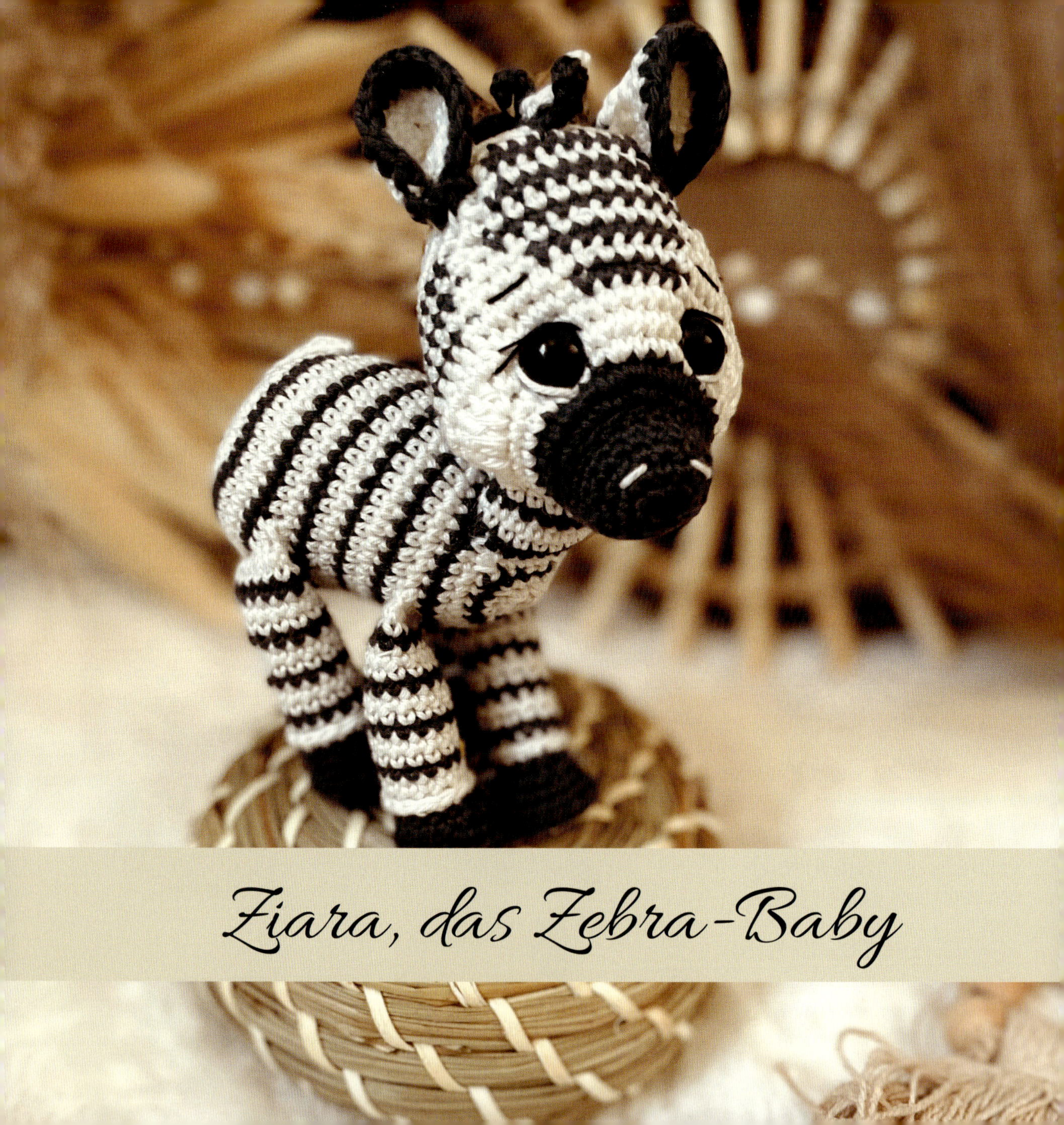

Ziara, das Zebra-Baby

Infos & Material

Schwierigkeitsgrad: ●●●
Maschenart: geeignet für fM in X
Wolle: Hobbii Friends Cotton 8/4
- 01 White ●
- 123 Charcoal ●

Häkelnadel: 2,00 mm
Sicherheitsaugen: 12 mm Ø
Sonstiges Material:
- Schere
- Füllwatte
- Stopfnadel & Stickgarn
- Maschenmarkierer

Faktencheck

Zebras gehören zur Familie der Pferde und leben ausschließlich in Afrika. Zebra-Stuten sind zwischen 360 und 390 Tage lang trächtig, das Fohlen wiegt bei der Geburt, die meist nachts stattfindet, etwa 30 kg.

Anfangs ist die Bindung zwischen Stute und Fohlen sehr groß und löst sich erst, wenn die Stute ein neues Fohlen bekommt. Das Zebra-Fohlen braucht etwa ein bis anderthalb Jahre lang Muttermilch.

Wichtig

In dieser Anleitung werden Farbwechsel unter anderem durch eine veränderte Schriftfarbe angezeigt. Orientiere dich dafür auch an der Farbauflistung im Kasten links.

Kopf

Starte in **Charcoal,** dann FW mit **White**.

1. 4 LfM, wenden, ab 2. M zurück (4)
2. 1 M verd, 1 fM, 4 fM in eine M, auf der anderen Seite weiter: 1 fM, 1 M verd (10)
3. (1 fM, 1 M verd) x5 (15)
4. (2 fM, 1 M verd) x5 (20)

5.-7. 20 fM (3 Rd) (20)

8. ganze Rd hMg: 4 fM, 1 M verd x4, 12 fM (24)
9. 4 fM, (1 M verd, 1 fM) x2, (1 fM, 1 M verd) x2, 8 fM, 4 fM (28)
10. 5 fM, (1 M verd, 2 fM) x2, (2 fM, 1 M verd) x2, 11 fM (32)
11. 5 fM, (3 fM, 1 M verd) x2, (1 M verd, 3 fM) x2, 11 fM (36)
12. 2 fM, 1 hStb verd, 1 Stb verd, 1 hStb verd, 20 fM, 1 hStb verd, 1 Stb verd, 1 hStb verd, 8 fM (42)
13. 2 fM, 8 hStb, 5 fM, 6 fM, 5 fM, 8 hStb, 8 fM (42)
14. 2 fM, 8 fM, 16 fM, 8 fM, 8 fM (42)
15. 15 fM, 8 fM, 19 fM + 1 Agm (42+1)
16. 2 fM, 8 fM, 16 fM, 8 fM, 8 fM (42)
17. 14 fM, 9 fM, 19 fM (42)
18. 3 fM, 10 fM, 12 fM, 1 Wlfm (26+1)

Jetzt in R weiterhäkeln!

10 fM, 1 Wlfm
10 fM, 1 Wlfm
10 fM, 1 Wlfm
10 fM, 4 fM an der Längsseite und wieder weiter in Rd:
2 fM, 10 fM, 6 fM (46)

19. 15 fM, 4 fM an der Längsseite, 31 fM (50)
20. (7 fM, 1 M abn) x5, 5 fM (45)
21. 7 fM, 1 M abn, 6fM, 1 M abn x2, 7 fM, 1 M abn x2, 7 fM, 1 M abn, 6 fM (39)

Setze die Sicherheitsaugen zwischen den Rd 11/12 mit einem Abstand von 6 sichtbaren Maschen ein.

22. (4 fM, 1 M abn) x6, 3 fM (33)
23. (3 fM, 1 M abn) x6, 3 fM (27)

Beginne den Kopf mit Füllmaterial zu stopfen.

24. (2 fM, 1 M abn) x6, 3 fM (21)
25. (1 fM, 1 M abn) x6, 7 fM (14)

Noch einmal gut stopfen.

26. 1 M abn x7 (6)

Fab und das Loch verschließen. Vertiefe die Augen (siehe *Häkeltechniken*).

Nicht vergessen!

Sticke deinem Zebra noch ein paar hübsche Wimpern, Augenweiß, Augenbraunen und ein paar Nüstern auf. Die Nüstern liegen zwischen den Rd 3/4.

Ohren (2x)

Starte in White, dann FW mit **Charcoal**. Es wird in R gehäkelt.

1. MR 6 fM, 1 Wlfm (6+1)
2. 1 M verd, 4 fM, 1 M verd, 1 Wlfm (8+1)
3. 1 M verd, 6 fM, 1 M verd, 1 Wlfm (10+1)
4. (2 fM, 1 M verd) x3, 1 fM, 1 Wlfm (13)
5. 4 fM, 1 M verd x5, 4 fM, 1 Wlfm (18)
6. 18 hStb (18)

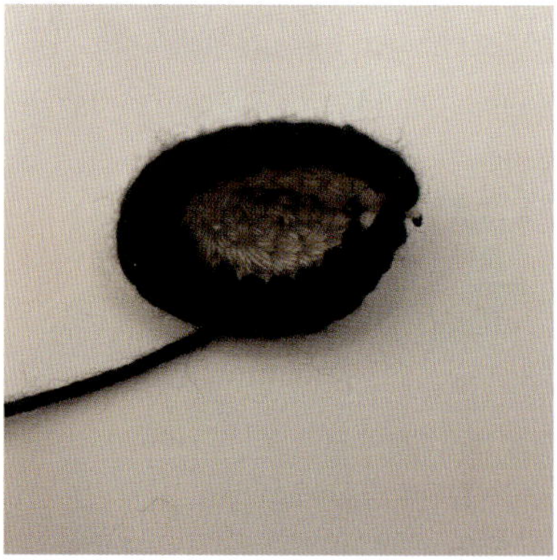

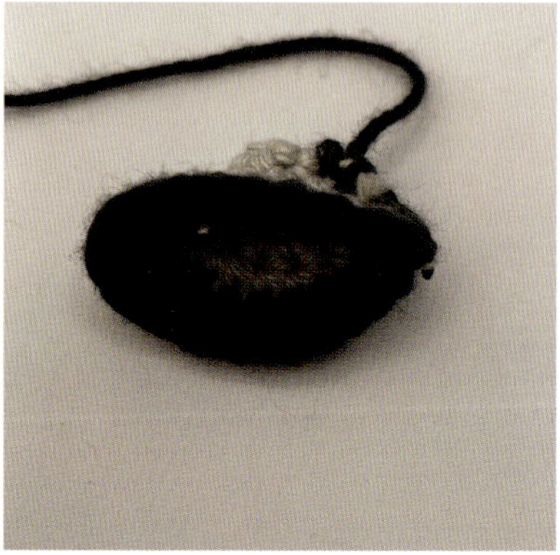

Schneide den Faden nicht ab, falte die untere gerade Kante aufeinander und häkle diese mit 4 fM zusammen.

LFab.

Nähe die Ohren zwischen den Rd 20-25, genau an der Seite des letzten anthrazitfarbenen Streifens, am Kopf fest.

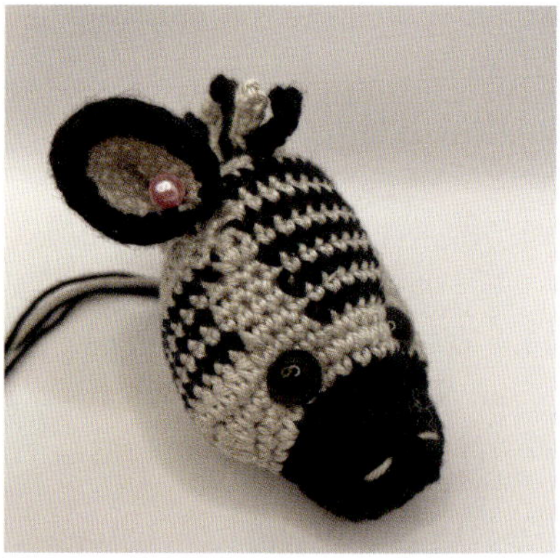

Beine (4x)

Starte in **Charcoal**, dann FW mit White.

1. MR 6 fM (6)
2. 1 M verd x6 (12)
3. (1 fM, 1 M verd) x6 (18)
4. Ganze Rd ins vMg: 3 fM, 12 hStb, 3 fM (18)
5. Ganze Rd ins hMg aus Rd3: 18 fM (18)
6. 4 fM, 1 M abn x3, 8 fM (15)
7. 3 fM, 1 M abn x2, 8 fM (13)
8. Ganze Rd ins vMg: 13 fM (13)
9. Ganze Rd ins hMg von Rd 7: 13 fM (13)
10. 13 fM (13)

11.-12. 13 fM (2 Rd) (13)

13. 13 fM (13)

14.-15. 13 fM (2 Rd) (13)

16. 13 fM (13)

Fülle schon mal gut mit Füllmaterial.

17.-18. 13 fM (2 Rd) (13)

19. 13 fM (13)

20. 13 fM (13)

Fülle die Beine nochmal gut mit Füllmaterial, sodass die schön stabil sind. Häkle 2 fM mehr, um an die Seite des Beines zu gelangen. Falte die Öffnung und schließe sie mit 6 fM.

Fab und Faden vernähen. Die Beine werden später in den Körper eingehäkelt.

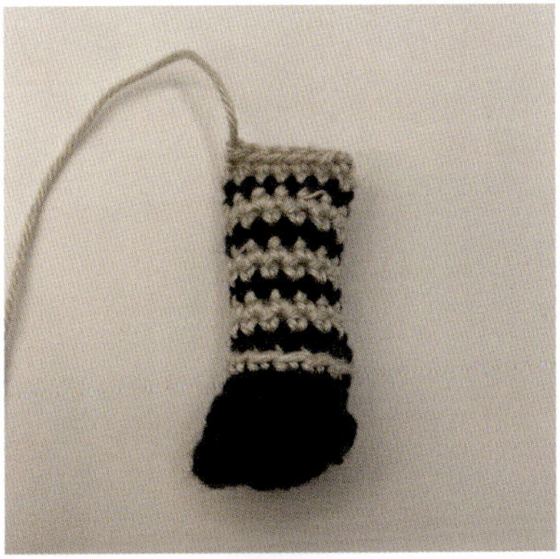

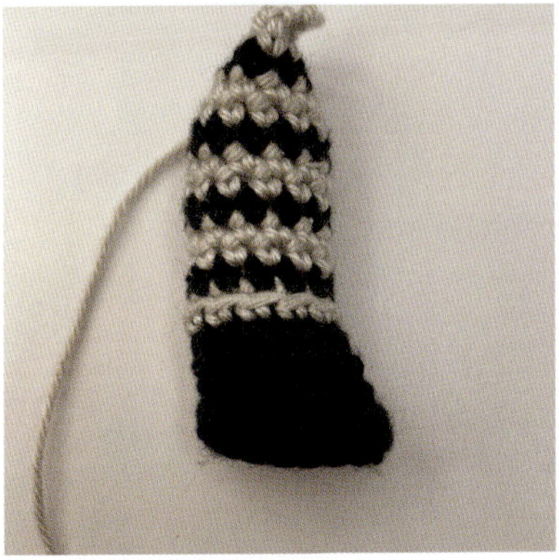

Wichtig

Achte darauf, dass die Hufe beim Einhäkeln mit der Spitze zu dir zeigen.

Außerdem sollte sich die Öffnung für den Hals direkt mittig befinden. Falls das bei dir nicht der Fall ist, passe die Maschenanzahl individuell an.

Körper

Starte in White, dann FW mit **Charcoal**. Der Rdanf liegt am Bauch.

1. MR 8 fM (8)
2. 1 M verd x8 (16)
3. (1 fM, 1 M verd) x8 (24)
4. (2 fM, 1 M verd) x8 (32)
5. (3 fM, 1 M verd) x8 (40)
6. (4 fM, 1 M verd) x8 (48)
7. 48 fM (48)

8.-10. 48 fM (3 Rd) (48)

11. 48 fM (48)
12. 5 fM, **Bein 1** mit 6 fM einhäkeln, 26 fM, **Bein 2** mit 6 fM einhäkeln, 5 fM (48)
13. (1 M abn, 2 fM) x3, 24 fM, (1 M abn, 2 fM) x3 (42)
14. 42 fM (42)
15. (1 M abn, 1 fM) x3, 24 fM, (1 M abn, 1 fM) x3 (36)
16. 36 fM (36)
17. 36 fM (36)

18.-19. 36 fM (2 Rd) (36)

20. 36 fM (36)
21. 36 fM (36)
22. 1 fM, **Bein 3** mit 6 fM einhäkeln, 22 fM, **Bein 4** mit 6 fM einhäkeln, 1 fM + 1 Agm, um in die Bauchmitte zu kommen (36)
23. (4 fM, 1 M abn) x6 + 1 Agm (30+1)
24. 10 fM, 8 Lfm, 8 M üspr, 12 fM (30)

Stopfe den Körper fest mit Füllmaterial aus.

25. (3 fM, 1 M abn) x6 (24)
26. (2 fM, 1 M abn) x6 (18)
27. (1 fM, 1 M abn) x6 (12)

Noch einmal gut stopfen.

28. 1 M abn x6 (6)

KmlFab. Das Loch verschließen und den Faden vernähen.

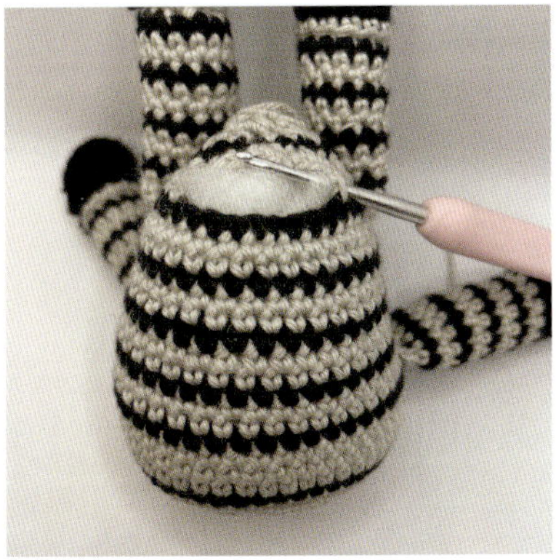

Hals

Starte in **Charcoal, dann FW zu** White. Starte in der rechten Ecke.

1. 1 Lfm, 18 fM (in die Ecken je 1 fM (19)

2.-3. 19 fM (2 Rd) (19)

4. 19 fM (19)

5.-6. 19 fM (2 Rd) (19)

KmlFab. Nähe nun den Kopf zwischen den Rd 9-17 an der Halsöffnung an den Körper.

Mähne

Kette in **Charcoal** mittig am Hinterkopf an, 2 Rd vom Hals entfernt:

1. 1 Lfm, 15 fM am Kopf entlang, gerade nach oben häkeln bis zum ersten Charcoal-Streifen (15)
2. 5 Lfm, wenden, ab 2. M zurück 4 fM, 1 Km in den Anfang, 1 fM in die nächste M

Dies wiederholst du 14x und wechselst nach jeder Haarsträhne die Farbe.

KmFab und vernähen.

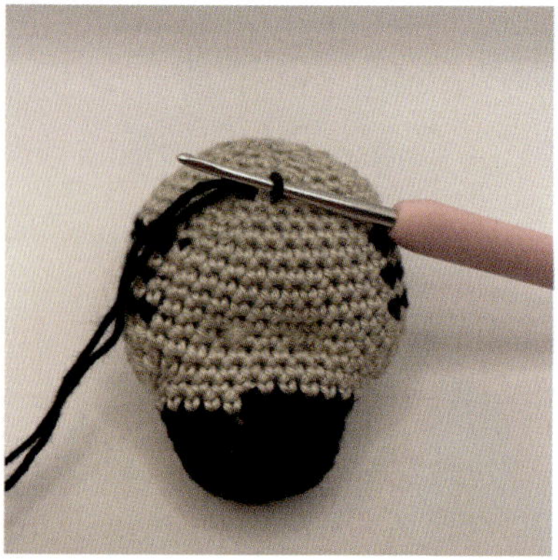

Mähne häkeln

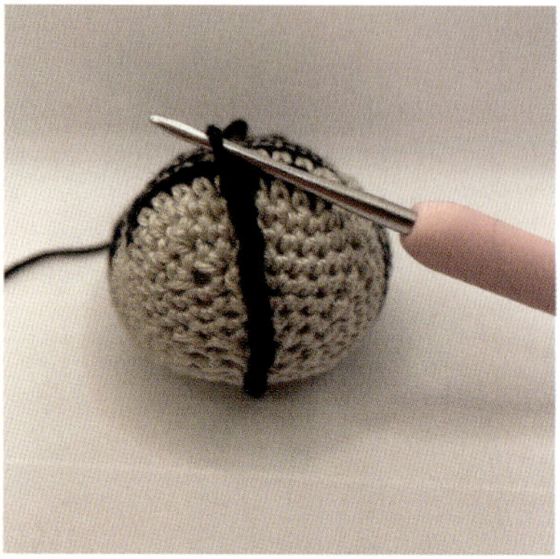

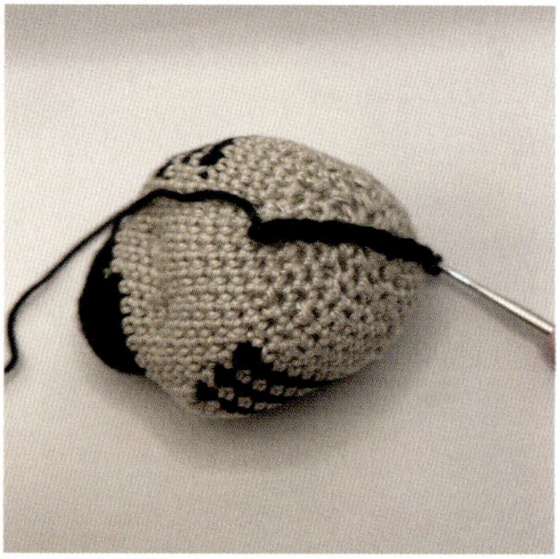

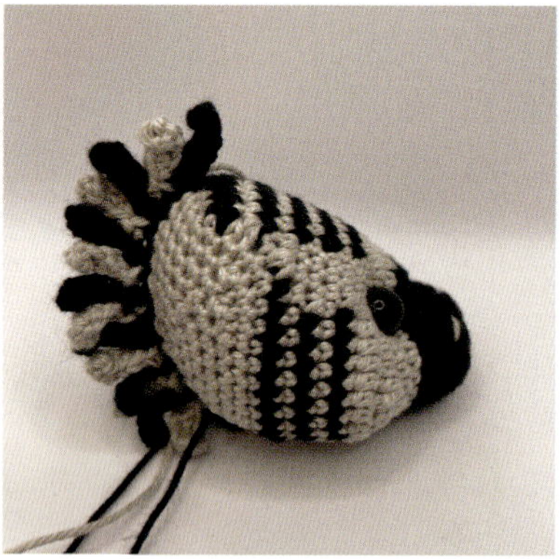

Schwanz

Starte in **White**, dann FW zu **Charcoal**.

1. 15 Lfm, wenden, ab 2. M zurück (15)
2. 14 fM (14)
3. 5 Lfm, wenden, ab 2. M zurück 4 hStb, 1 Km in den Anfang der Lfmk, wenden
4. 3 hStb, 2 hStb in eine M, 2 Lfm, wenden
5. 4 hStb, 1 Km in den Anfang

Fab und vernähen.

Nähe den Schwanz hinten am Po nach Rd 6 fest.

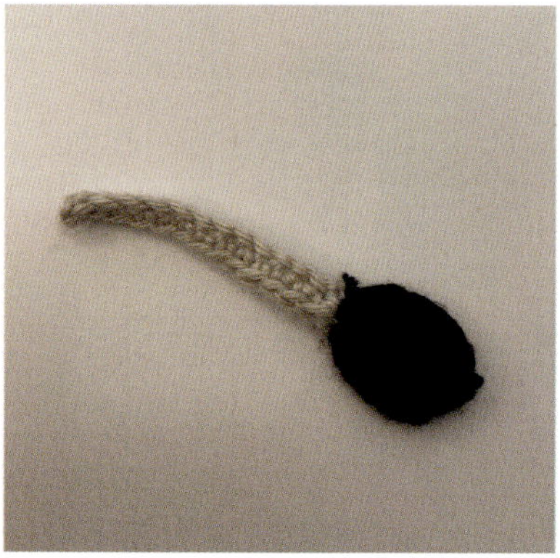

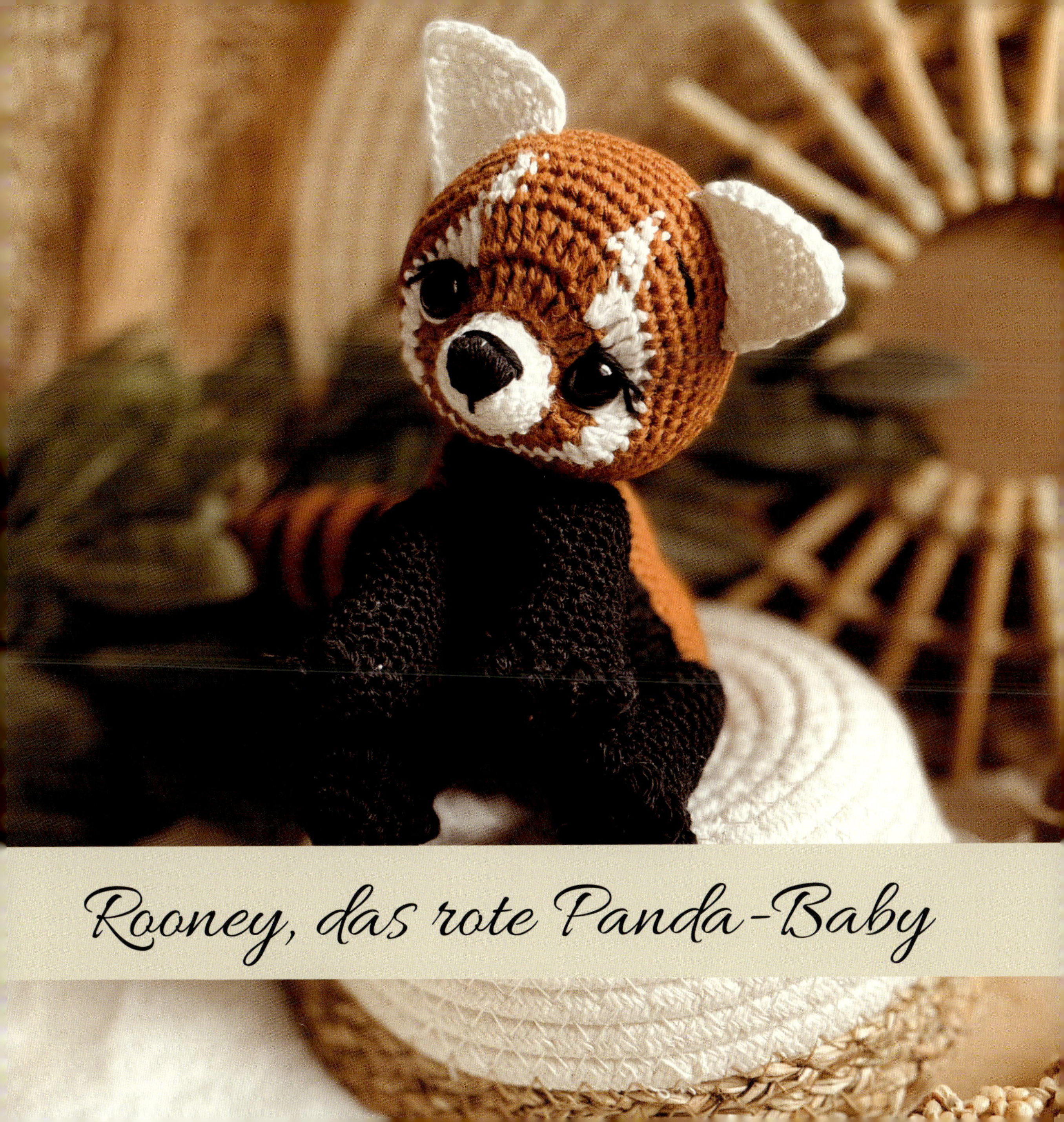

Rooney, das rote Panda-Baby

Infos & Material

Schwierigkeitsgrad:
Maschenart: fM in X (für den Kopf empfohlen)
Wolle: Hobbii Friends Cotton 8/4
- 01 White
- 17 Cognac
- 124 Black

Häkelnadel: 2,00 mm
Sicherheitsaugen: 12 mm Ø
Sonstiges Material:
- Schere
- Füllwatte
- Stopfnadel & Stickgarn
- Maschenmarkierer

Faktencheck

Die Roten Pandas, auch Katzenbären genannt, leben im östlichen Himalaya und im Südwesten Chinas. Wie ihre großen Verwandten ernähren sie sich hauptsächlich von Bambus.

Pro Wurf kommen ein bis vier Panda-Jungtiere zur Welt. Sie sind anfangs noch blind und haben kaum Fell. Erst nach ca. 20 bis 40 Tagen öffnen sie zum ersten Mal ihre Augen. Nach fünf Monaten essen sie zum ersten Mal feste Nahrung.

Wichtig

In dieser Anleitung werden Farbwechsel unter anderem durch eine veränderte Schriftfarbe angezeigt. Orientiere dich dafür auch an der Farbauflistung im Kasten links.

Kopf

Starte in Cognac, dann FW mit White.

1. MR 6 fM (6)
2. (1 fM, 1 M verd) x3 (9)
3. 9 fM (9)
4. 1 M verd x9 (18)
5. (2 fM, 1 M verd) x6 (24)
6. 4 fM, (1 Stb, 1 Stb verd) x8, 4 fM (32)
7. 4 fM, (1 Stb, 1 Stb verd) x4, (1 Stb, 1 Stb verd) x3, (1 Stb, 1 Stb verd) x4, 6 fM (43)
8. (3 fM, 1 M verd) x3, 2 fM, 1 M verd, 3 fM, 1 M verd, 1 fM, 1 M verd, 2 fM, 3 fM, (3 fM, 1 M verd) x4, 1 fM (53)
9. (4 fM, 1 M verd) x3, 3 fM, 1 M verd, 1 fM, 2 fM, 3 fM, 1 M verd, 3 fM, 2 fM, 1 fM, 1 M verd, (4 fM, 1 M verd) x4 (63)
10. 25 fM, 1 fM, 8 fM, 1 fM, 28 fM (63)
11.-16. 63 fM (6 Rd) (63)

Setze jetzt die Sicherheitsaugen zwischen den Rd 6/7 mit einem Abstand von 9 sichtbaren M ein.

17. (1 M abn, 7 fM) x7 (56)
18. (1 M abn, 6 fM) x7 (49)
19. (1 M abn, 5 fM) x7 (42)

Beginne ab hier, den Kopf zu füllen.

20. (1 M abn, 4 fM) x7 (35)
21. (1 M abn, 3 fM) x7 (28)
22. (1 M abn, 2 fM) x7 (21)
23. (1 M abn, 1 fM) x7 (14)
24. 1 M abn x7 (7)

Stopfe erneut fest nach. Fab. Loch schließen und Faden vernähen. Vertiefe die Augen (siehe *Häkeltechniken*).

Schnauze

Häkle in White.

1. MR 6 fM (6)
2. 1 M verd x6 (12)
3. (1 fM, 1 M verd) x6 (18)
4.-5. 18 fM (2 Rd) (18)

Nähe die Schnauze vorne über Rd 1 am Kopf deines Pandas fest. Fülle sie dabei ein bisschen mit Füllmaterial.

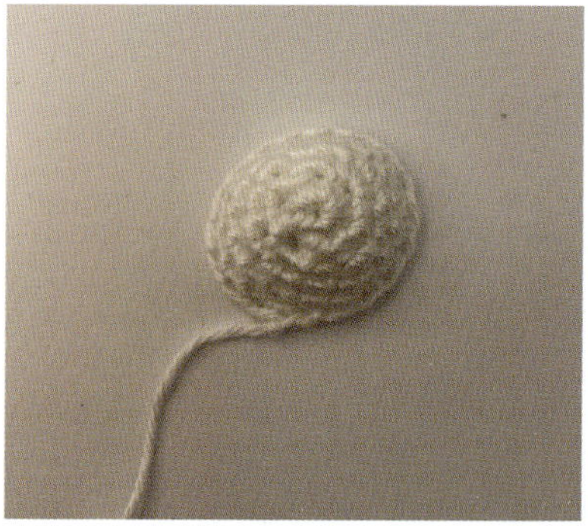

Ohren (2x)

Häkle in White. Es wird in R gehäkelt.

Lfmk mit 10 Lfm, 1 Wlfm, wenden, ab 2. M zurück

1. 10 fM, wenden (10)
2. 1 fM üspr, 9 fM, wenden (9)
3. 1 fM üspr, 8 fM, wenden (8)
4. 1 fM üspr, 7 fM, wenden (7)
5. 1 fM üspr, 6 fM, wenden (6)
6. 1 fM üspr, 5 fM, wenden (5)
7. 1 fM üspr, 4 fM, wenden (4)
8. 1 fM üspr, 3 fM, wenden (3)
9. 1 fM üspr, 2 fM, wenden (2)
10. 1 fM üspr, 1 fM (1)

Umhäkle das Ohr mit fM, dabei häkelst du in die Ecken je 2 fM. Nähe die Ohren nach Rd 14 mit einem Abstand von 7 M an den Kopf.

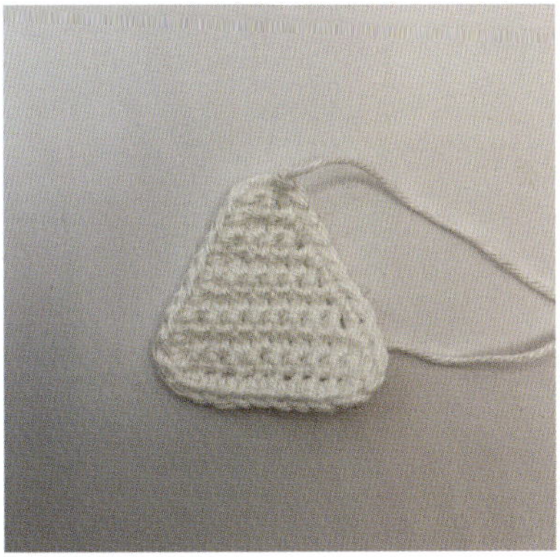

Tipp

Am besten fixierst du die Ohren vor dem Annähen mit Stecknadeln, um die richtige Position zu finden.

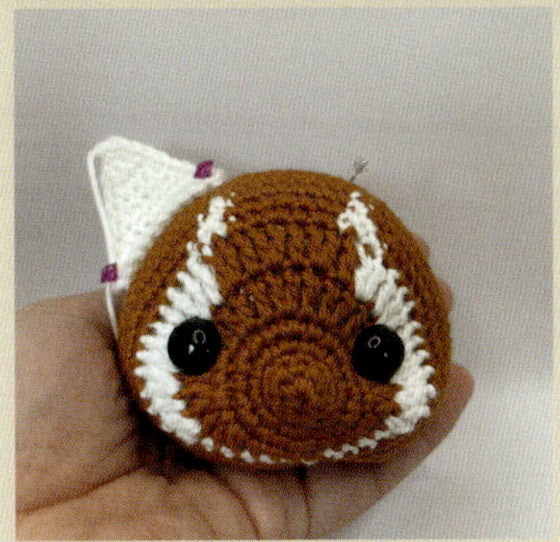

fM von hinten häkeln

Schau dir gerne nochmal an, wie du fM von hinten häkelst (siehe *Häkeltechniken*.) Oder scanne einfach den QR-Code.

Vorderbeine (2x)

Häkle in **Black**.

1. MR 6 fM (6)
2. 1 M verd x6 (12)
3. (1 fM, 1 M verd) x6 (18)
4. (2 fM, 1 M verd) x6 (24)
5. 5 fM, (Noppe aus 4 Stb, 1 fM von hinten in die nächste M) x5, 9 fM (24)
6. 4 fM, (1 fM, 1 M abn) x4, 8 fM (20)

7.-9. 20 fM (3 Rd) (20)

10. 4fM, (1 M abn) x4, 8 fM (16)

11.-18. 16 fM (8 Rd) (16)

19. (2 fM, 1 M abn) x4, (12)
20. 12 fM

Stopfe die Pfoten bis zur Rd 18 fest mit Füllmaterial aus. Häkle 2 Agm, falte die Öffnung und häkle sie mit 6 fM zusammen. Fab und Faden vernähen.

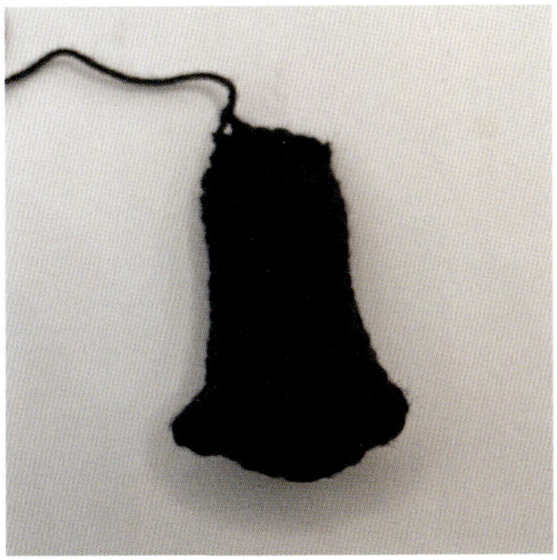

Hinterbeine: 2x

Häkle in **Black**.

1. MR 6 fM (6)
2. 1 M verd x6 (12)
3. (1 fM, 1 M verd) x6 (18)
4. (2 fM, 1 M verd) x6 (24)
5. 5 fM, (Noppe aus 4 Stb, 1 fM von hinten in die nächste M) x5, 9 fM (24)
6. 4 fM, (1 fM, 1 M abn) x4, 8 fM (20)

7.-9. 20 fM (3 Rd) (20)

10. 4 fM, 1 M abn x4, 8 fM (16)

11.-17. 16 fM (7 Rd) (16)

18. (2 fM, 1 M abn) x4 (12)

19. 12 fM

Stopfe die Pfote bis Rd 17 fest mit Füllmaterial aus. Häkle noch 2 Agm, falte die Öffnung und häkle sie mit 6 fm zusammen. Die Beine werden später in den Körper eingehäkelt. Fab und Faden vernähen.

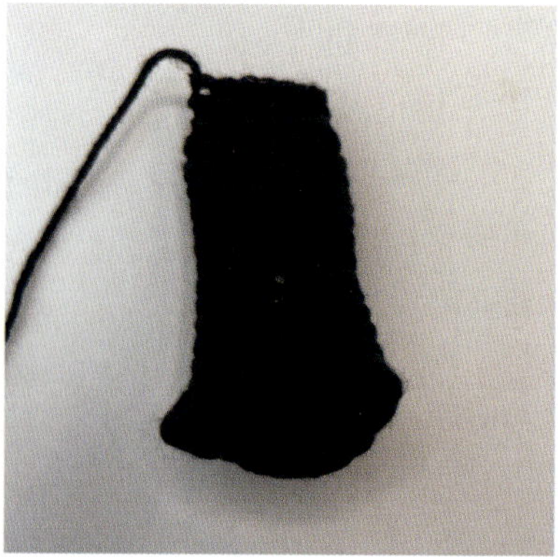

Körper

Häkle in Cognac.

1. MR 6 fM (6)
2. 1 M verd x6 (12)
3. 1 M verd x12 (24)
4. (2 fM, 1 M verd) x8 (32)
5. (3 fM, 1 M verd) x8 (40)
6. (4 fM, 1 M verd) x8 (48)
7. (5 fM, 1 M verd) x8 (56)

8.-11. 56 fM (4 Rd) (56)

In der nächsten Runde werden die Hinterbeine mit eingehäkelt.

12. 15 fM, 6 fM durch **Bein 1** und den Körper, 14 fM, 6 fM durch **Bein 2** und den Körper 15 fM (56)

13. 17 fM, 1 M abn, 18 fM, 1 M abn, 17 fM (54)

14.-16. 54 fM (3 Rd) (54)

17. 8 fM, (1 M abn, 2 fM) x3, 1 M abn, 9 fM, (1 M abn, 2f M) x4, 1 M abn, 5 fM (45)

18. (6 fM, 1 M abn) x5, 5 fM (40)

19.-26. 40 fM (8 Rd) (40)

27. 5 fM, 1 M abn, 8 fM, (1 M abn, 5 fM) x2, 1 M abn, 2 fM, 1 M abn, 5 fM (35)

28. (4 fM, 1 M abn) x5, 5 fM (30)

29. 30 fM (30)

Wichtig

Falls die Vorderbeine bei deinem Panda nicht symmetrisch zu den Hinterbeinen sind, passe dies durch eine veränderte Anzahl von Agm an.

In der nächsten Rd werden die Vorderbeine mit eingehäkelt.

Beginne den Körper mit Füllmaterial zu stopfen.

30. 9 fM, 6 fM durch **Bein 1** und den Körper, 3 fM, 6 fM durch **Bein 2** und den Körper, 6 fM (30)

31. 30 fM (30)

32. (3 fM, 1 M abn) x6 (24)

33.-34. 24 fM (2 Rd) (24)

34. (2 fM, 1 M abn) x6 (18)

KmlFab. Mit dem Endfaden nähst du später den Kopf an den Körper.

Schwanz

Starte in **Black**, dann FW mit Cognac.

1. MR 6 fM (6)
2. (1 fM, 1 M verd) x3 (9)
3. 9fM (9)
4. (2 fM, 1 M verd) x3 (12)
5. 12 fM (12)
6. (1 fM, 1 M verd) x6 (18)
7. 18 fM (18)
8. 18 fM (18)
9. (5 fM, 1 M verd) x3 (21)

10. 21 fM (21)
11. (6 fM, 1 M verd) x3 (24)
12. (7 fM, 1 M verd) x3 (27)
13. 27 fM (27)
14. (8 fM, 1 M verd) x3 (30)
15. 30 fM (30)
16.-18. 30 fM (3Rd) (30)
19.-20. 30 fM (2Rd) (30)
21.-23. 30 fM (3Rd) (30)
24.-25. 30 fM (2Rd) (30)
26.-28. 30 fM (3Rd) (30)
29.-30. 30 fM (2Rd) (30)

FW: Ab hier wird einfarbig in **Cognac** weitergehäkelt. Stopfe die Schwanzspitze fest mit Füllmaterial aus.

31.-37. 30 fM (7Rd) (30)
38. (8 fM, 1 M abn) x3 (27)
39. (7 fM, 1 M abn) x3 (24)
40. (6 fM, 1 M abn) x3 (21)
41. (5 fM, 1 M abn) x3 (18)

Nochmal nachstopfen bis zur Rd 36. Der Rest wird nicht befüllt. Die Öffnung falten und mit 9 fM zusammenhäkeln. lFab.

Nähe den Schwanz nun zwischen den Rd 9-17 an den Po deines Roten Pandas.

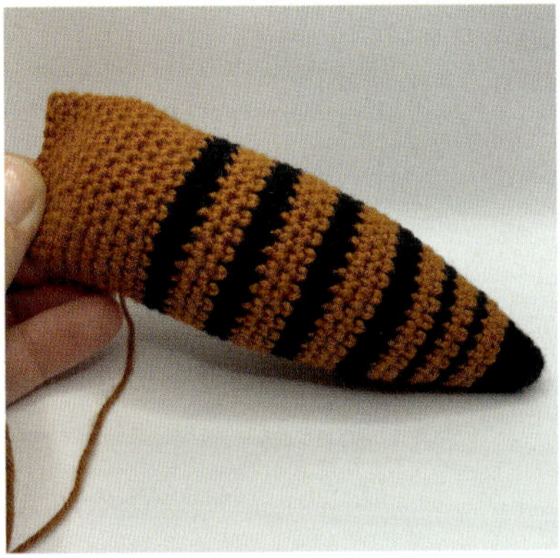

Bauchfleck

Häkle in **Black**.

1. 14 LfM, wenden, ab 2. M zurück (14)
2. 13 fM, 1 Wlfm (13+1)
3. 13 fM, 1 Wlfm (13+1)
4. 1 M verd x2, 9 fM, 1 M verd x2 (17)
5. 17 fM, 1 Wlfm (17+1)

6.-9. 17 hStb, 1 Wlfm (4 R) (17+1)

10. 1 M abn, 13 fM, 1 M abn (15)
11. 15 hStb, 1 Wlfm (15+1)
12. 1 M abn, 11 fM, 1 M abn, 1 Wlfm (13+1)
13. 1 M abn, 9 fM, 1 M abn, 1 Wlfm (11+1)
14. 1 M abn x2, 3 fM, 1 M abn x2, 1 Wlfm (7+1)
15. 1 M abn, 3 fM, 1 M abn, 1 Wlfm (5+1)
16. 1M überspr., 2 fM, 1 M abn, 1 Wlfm (3+1)

17.-18. 3 fM, 1 Wlfm (2R) (3+1)

19. 1 M verd, 1 fM, 1 M verd (5)
20. 1 M verd, 3 fM, 1 M verd (7)

Umhäkle jetzt den Bauchfleck mit Km. lFab. Nähe den Bauchfleck in den Rd 8-34 zwischen den Armen und Beinen an den Körper.

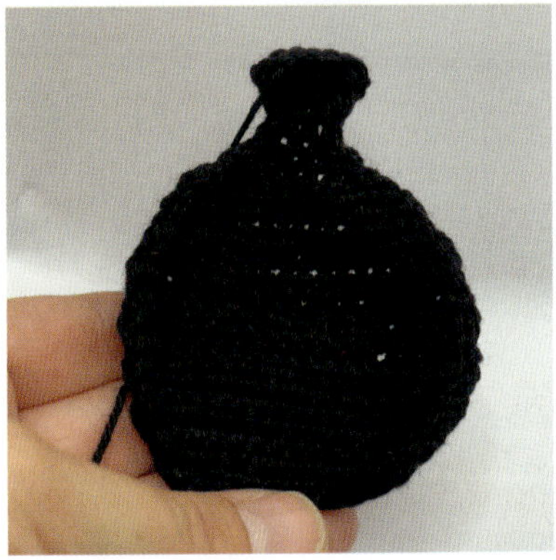

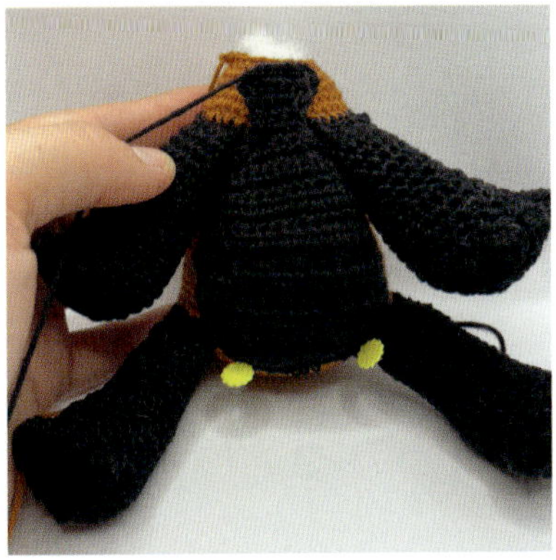

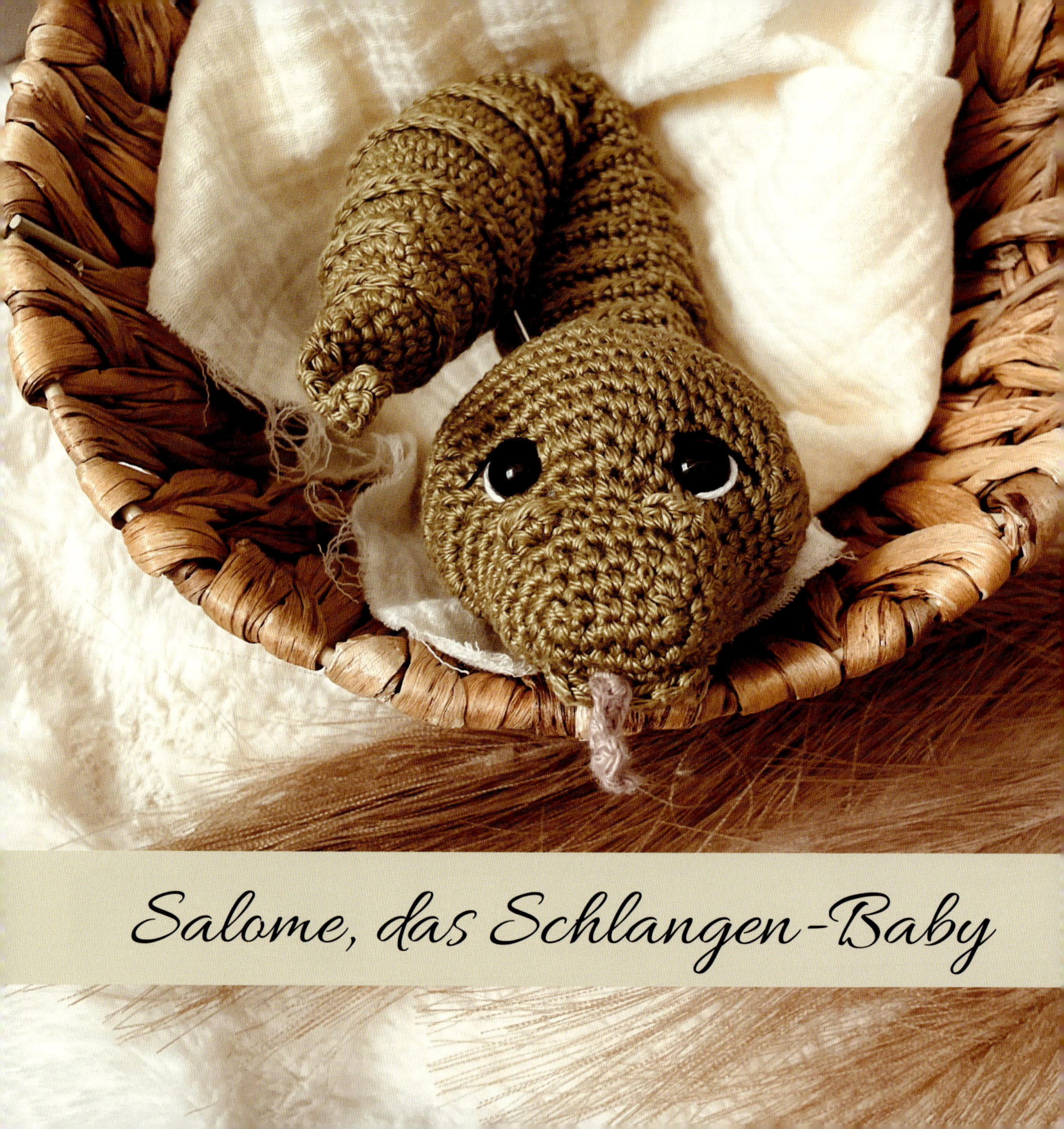

Salome, das Schlangen-Baby

Infos & Material

Schwierigkeitsgrad:

Maschenart: geeignet für fM in X und V

Wolle: Hobbii Friends Cotton 8/4

- 52 Dusty Rose
- 109 Olive

Häkelnadel: 2,00 mm

Sicherheitsaugen: 10 mm Ø

Sonstiges Material:

- Schere
- Füllwatte
- Stopfnadel & Stickgarn
- Maschenmarkierer

Faktencheck

Die Bambusotter gehört zur Gattung der Vipern und hat meistens grüne Schuppen. Von ihnen gibt es viele Unterarten, die sich optisch kaum unterscheiden. Die Bambusotter lebt in den tropischen und subtropischen Regionen Asiens.

Das Bambusotter-Weibchen legt je nach Art bis zu 20 Eier. Ein Jungtier ist meistens ca. 17,5 cm lang und wiegt nur 2,5 Gramm. Wenn sie später ausgewachsen sind, können sie bis 160 cm lang werden.

Wichtige Hinweise

Die Schlange wird **in einem Stück** gehäkelt. Der Rdanf sollte mittig auf der Bauchunterseite verlaufen. Prüfe dies regelmäßig und passe die Anzahl der Agm in deinem Häkelstück individuell an.

Die M, die in die vMg gearbeitet werden, **bleiben unbehäkelt**! Sie modellieren die Falten bzw. Nasenlöcher deiner Babyschlange. Da du die Bambusotter auch als Python häkeln kannst, sind in dieser Anleitung die Beispielbilder anhand der Python dargestellt, damit du alles besser erkennen kannst.

Kopf & Körper

Häkle in **Olive**. Beginne mit den Kopf. Der Rdanf befindet sich an der Bauchunterseite.

1. dLfmk mit 5 M, 1 Wlfm, wenden, ab 2. M zurück (5+1)
2. 4 fM, 3 fM in die letzte M, auf der anderen Seite weiter mit 3 fM, 1 M verd (12)
3. 5 fM, 1 M verd, 5 fM, 1 M verd (14)
4. 1 M verd, 4 fM, 1 M verd, 1 fM, 1 M verd, 4 fM, 1 M verd, 1 fM (18)
5. 8 fM, 1 M verd, 1 fM, hMg 6 fM, 1 fM, 1 M verd (20)

In der nächsten Rd werden die Nasenlöcher gehäkelt.

6. 2 fM, vMg 3 hStb in eine M, 3 fM, vMg 3 hStb in eine M, 13 fM (24)
7. 2 fM, hMg der Rd 6 1 fM, 3 fM, hMg der Rd 6 1 fM, 12 fM (20)
8. 2 fM, 1 M verd x6, 12 fM (26)
9. 2 fM, (1 M verd, 1 fM) x6, 12 fM (32)
10. 2 fM, (1 M verd, 2 fM) x6, 11 fM (38)
11. 1 hStb verd, 1 Stb verd x2, 1 hStb verd, 20 fM, 1 hStb verd, 1 Stb verd x2, 1 hStb verd, 9 fM (45)

Die letzte M bleibt unbehäkelt, neuer Rdanf!

12. 10 hStb, 18 fM, 10 hStb, 8 fM (46)

13.-14. 46 fM (2 Rd) (46)

Setzte die Sicherheitsaugen zwischen den Rd 9/10 mit einem Abstand von 8 sichtbaren Maschen ein.

15. (7 fM, 1 M abn) x5, 1 fM (41)
16. (6 fM, 1 M abn) x5, 1 fM (36)
17. (5 fM, 1 M abn) x5, 1 fM (31)
18. 6 fM, (1 fM, 1 M abn) x5, 10 fM (26)

Beginne, den Kopf fest mit Füllmaterial auszustopfen.

19. 6 fM, 1 M abn x5, 10 fM (21)

Wichtig

In den nächsten Rd beziehen sich die Angaben vMg und hMg **immer auf die gesamte Rd**!

Weiter geht es mit dem Körper.

20.-22. 21 fM (3 Rd) (21)

23. 1 M abn x2, 4 fM, 1 M verd x4, 5 fM, 1 M abn x2 (21)

24. 1 M abn, 4 fM, (1 fM, 1 M verd) x4, 5 fM, 1 M abn (23)

25. vMg 23 fM (23)

26. hMg der Rd 24 23fm (23)

27. 23 fM (23)

28. vMg 1 M verd x2, 18 fM, 1 M verd x3 (28)

29. hMg der Rd 27 1 M verd x2, 18 fM, 1 M verd x3 (28)

30. 1 M verd x3, 23 fM, 1 M verd x2 (33)

31. vMg 33 fM (33)

32. hMg der Rd 30 33 fM (33)

33. 33 fM (33)

34.-48. Wiederhole die Rd 31-33 x5 (15 R)

49. vMg 33 fM (33)

50. hMg der Rd 48, 33 fM (33)

51. (4 fM, 1 M abn, 5 fM, 1 M abn) x2, 4 fM, 1 M abn, 1 fM (28)

Stopfe die Schlange nun fortlaufend.

Wichtig

Dein Rdanf sollte sich nun genau in der unteren Bauchmitte befinden! Falls dies nicht der Fall ist, häkle bitte noch die fehlende Anzahl an M.

52. Falte jetzt die Öffnung und häkle sie mit 14 fM zusammen, 1 Wlfm (14+1)

Es wird in Rd weiter gehäkelt:

53. vMgl 14 fM, wenden, in die verbliebenen freien hMg 14 fM (28)

54. 14 fM (14)

Neuer Rdanf.

55. vMg 28 fM (28)

56. hMg der Rd 54, 28 fM (28)

57.-58. 28 fM (2 Rd) (28)

59.-66. Wiederhole die Rd 55-58 x2 (8 Rd)

67. (5 fM, 1 M abn) x4, 2 Agm (24+2)

Neuer Rdanf.

68. vMg 24 fM (24)

69. hMg der Rd 67, 24 fm (24)

70. 24 fM (24)

71. (4 fM, 1 M abn) x4 (20)

72. vMg 20 fM (20)

73. hMg der Rd 71, 20 fM (20)

74. 20 fM, 2 Agm (20+2)

75. (3 fM, 1 M abn) x4 (16)

76. vMg 16 fM (16)

77. hMg der Rd 75, 16 fM (16)

78. 16 fM, 2 Agm (18+2)

Neuer Rdanf. Körper nochmals gut stopfen.

79. (2 fM, 1 M abn) x4 (12)

80.-81. 12 fM (2 Rd) (12)

82. 1 M abn x6, 1 Lfm(6)

Falte nun das Loch und häkle die Schwanzspitze mit 3 fM zusammen.

Weiter mit 4 Lfm, wenden, ab 2. M 2 fM in jede der 3 Lfm, 1 Km in die erste fM vom Zusammenhäkeln der Schwanzspitze

Fab und den Faden vernähen. Vertiefe die Augen und sticke der Schlange noch schöne Augendetails auf.

Maul

Häkle in **Olive**. Halte deine Schlange kopfüber und starte mit einer Anfangsschlinge. Nimm den Faden im ersten vMg der Rd 5 neu auf.

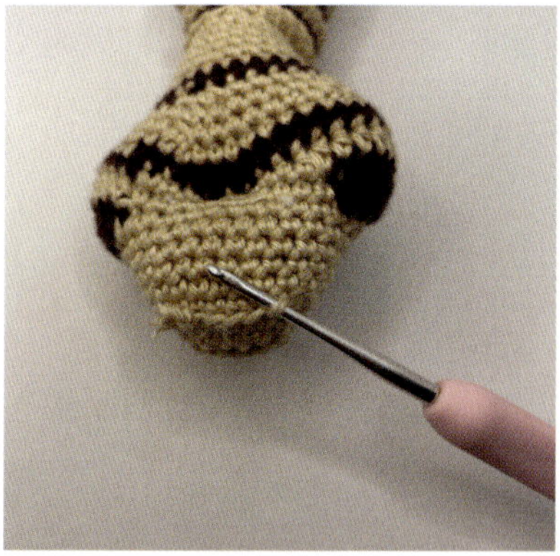

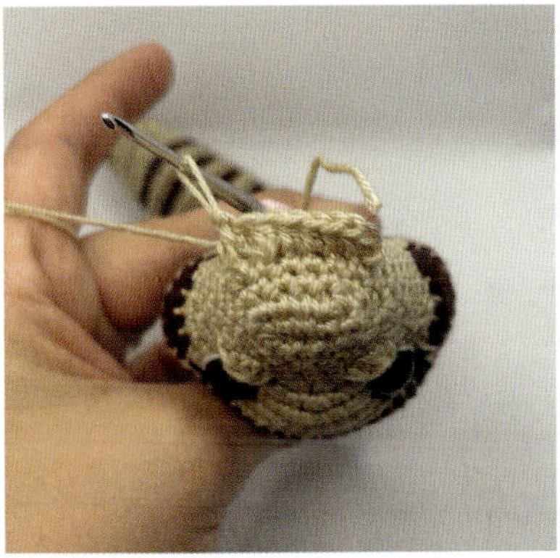

In die 1. M 1 fM, 1 hStb, weiter mit 4 hStb, in die letzte Masche 1 hStb, 1 Km.

lFab und den Faden so nach innen ziehen, dass das Maul deiner Schlange gerade aussieht. Ziehe den Faden am besten zu deinem Anfangsfaden, denn dann kannst du die beiden Fadenenden miteinander verknoten und nach innen ziehen.

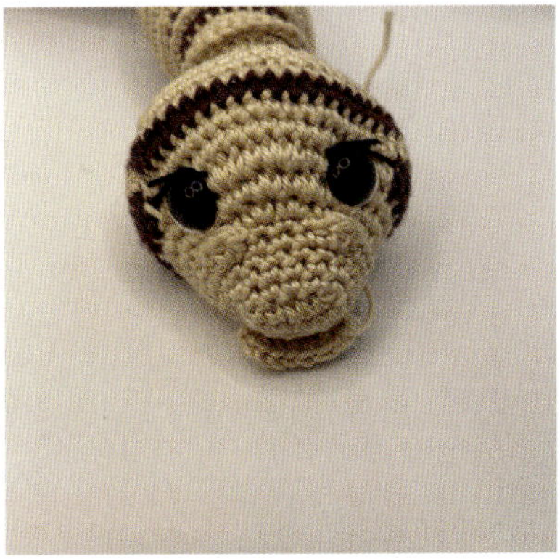

Maul anhäkeln

Zunge

Häkle in **Dusty Rose**.

1. Häkle 7 Lfm, wenden, in die 3. M von der Nadel aus zurück 1 Km, 2 Lfm und in die 1 Km wieder eine Km.

   Nun noch weitere 4 Km an der Lfmk zurückhäkeln.

lFab und durch die letzte M ziehen. Nähe jetzt noch die Zunge im Maul fest.

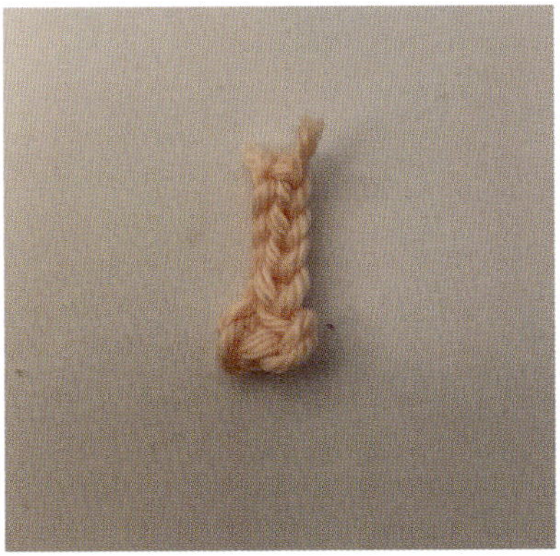

Variation: Python

Natürlich kannst du diese Schlange auch als Pepe, die Python, häkeln.

Hierfür brauchst du folgende Wolle:

Hobbii Friends Cotton 8/4

- 051 Baby Pink
- 005 Beige und 20 Americano

Da die Python im Gegensatz zur Bambusotter nicht einfarbig ist, häkelst du ihr einfach Streifen ein. Wo du das machst, entscheidest du, immerhin ist ja auch jede Schlange individuell.

Um die Nasenlöcher und Falten hervorzuheben, werden die Rd, die in die vMg gearbeitet werden, mit FW gehäkelt.

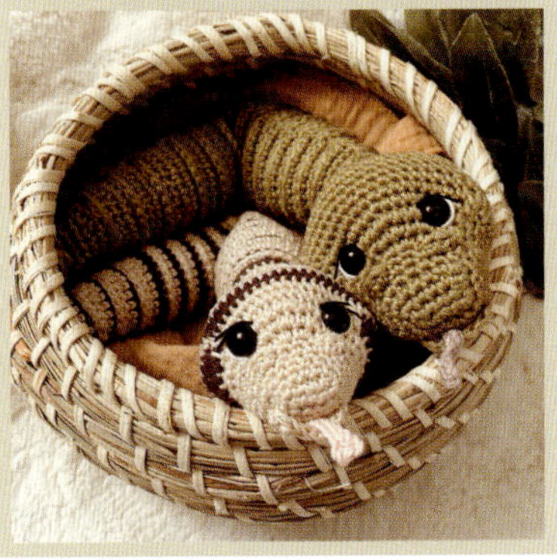

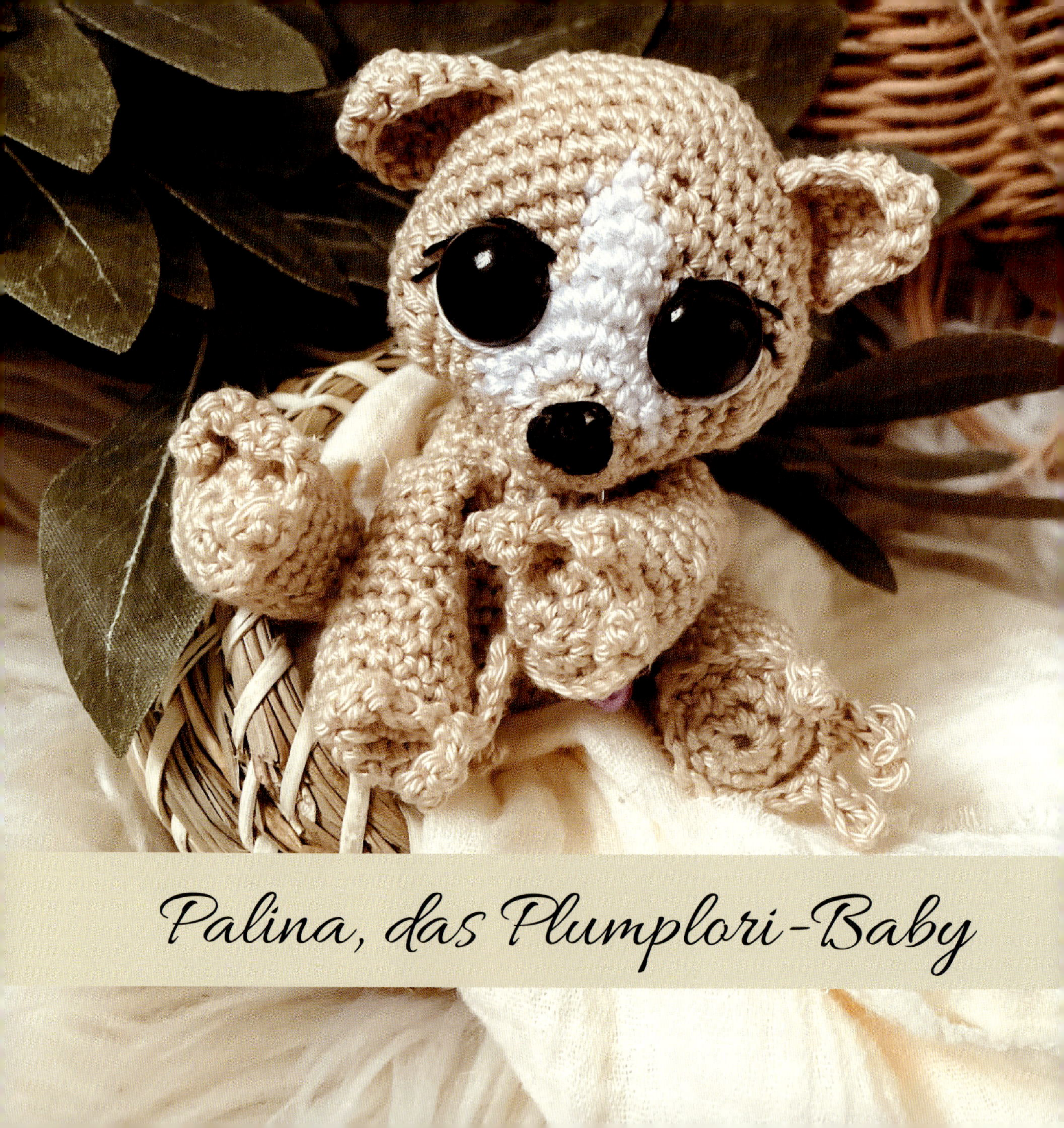

Palina, das Plumplori-Baby

Infos & Material

Schwierigkeitsgrad:
Maschenart: geeignet für fM in X und V
Wolle: Hobbii Friends Cotton 8/4

- 01 White
- 05 Beige

Häkelnadel: 2,00 mm
Sicherheitsaugen: 14 mm Ø
Sonstiges Material:

- Schere
- Füllwatte
- Stopfnadel & Stickgarn
- Maschenmarkierer

Faktencheck

Plumploris gehören zu den Primaten, ihre Heimat ist Südostasien, von Indien über China bis zu den Inseln Borneo und Java.

Im Regelfall bringt das Plumplori-Weibchen nur ein einziges Jungtier zur Welt, nur ganz selten gibt es Zwillinge. Anfangs klammert sich das Jungtier an den Bauch der Mutter. Wenn das Weibchen es später während der Nahrungssuche zurücklässt, schleckt es das Jungtier ab, um es mit ihrem Gift zu schützen.

Wichtig

In dieser Anleitung werden Farbwechsel unter anderem durch eine veränderte Schriftfarbe angezeigt. Orientiere dich dafür auch an der Farbauflistung im Kasten links.

Kopf

Starte in **Beige**, dann FW mit **White**.

1. MR 6 fM (6)
2. 6 fM (6)
3. 1 M verd x6 (12)
4. 5 fM, 1 M verd x4, 3 fM + 1 Agm (16+1)
5. 4 fM, (1 fM, 1 M verd) x2, (1 M verd, 1 fM) x2, 4 fM (20)
6. 6 fM, 1 M verd, 2 fM, 1 M verd, 1 M verd, 2 fM, 1 M verd, 6 fM (24)
7. 4 fM, 1 M verd, 3 fM, 1 M verd, 2 fM, 1 fM, 1 M verd, 1 fM, 2 fM, 1 M verd, 3 fM, 1 M verd, 3 fM + 1 Agm (29+1)
8. (4 fM, 1 M verd) x2, 3 fM, 1 M verd, 2 fM, 3 fM, 1 M verd, 4 fM, 1 M verd, 4 fM (34)
9. 6 fM, 1 hStb verd, 1 Stb verd, 1 hStb verd, 8 fM, 2 fM, 8 fM, 1 hStb verd, 1 Stb verd, 1 hStb verd, 4 fM (40)
10. 5 fM, 8 hStb, 7 fM, 1 fM, 7 fM, 8 hStb, 4 fM (40)
11. 19 fM, 1 M verd x3, 18 fM (43)

12.-15. 43 fM (4 Rd) (43)

Setze die Sicherheitsaugen zwischen den Rd 6/7 mit einem Abstand von 4 sichtbaren M.

16. (5 fM, 1 M abn) x6, 1 fM (37)
17. (4 fM, 1 M abn) x6, 1 fM (31)
18. (3 fM, 1 M abn) x6, 1 fM (25)

Stopfe den Kopf fest mit Füllmaterial aus.

19. (2 fM, 1 M abn) x6, 1 fM (19)
20. (1 fM, 1 M abn) x6, 1 fM (13)
21. 1 M abn x6, 1 fM (7)

Kopf nochmals gut stopfen. IFab und das Loch schließen. Faden vernähen. Vertiefe die Augen (siehe *Häkeltechniken*). Sticke deinem Plumplori ein paar schöne Augendetails und eine kleine Nase auf.

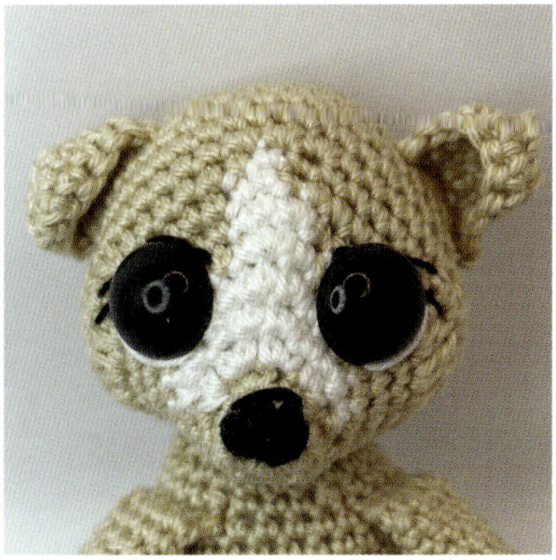

Ohren (2x)

Häkle in **Beige**. Es wird in R gehäkelt.

1. 6 Lfm, wenden, ab 2. M zurück (6)

2.-4. 5 fM, 1 Wlfm (3 R) (5+1)

5. vMg 5 fM, 1 M abn, 5 fM, 1 Wlfm (11+1)

6. 11 fM (11)

Nähe die Ohren leicht schräg zwischen den Rd 13/14 mit einem Abstand von 10 M an.

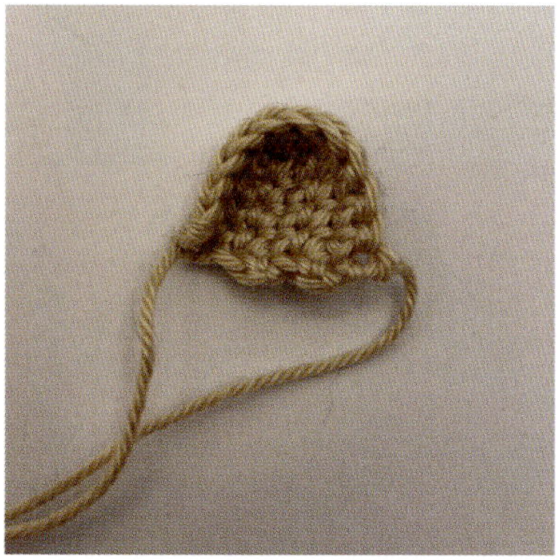

Arm & Bein (links)

Häkle in **Beige**.

1. MR 6 fM (6)

2. 1 M verd x6 (12)

3. 4 fM, 1 M verd x4, 4 fM (16)

4. vMg 2 fM, (vMg 1 fM, 3 Lfm, wenden, ab 2. M zurück 2 fM in eine M, 1 Km, 1 Km in den Anfang der Lfmk), 1 fM, (vMg 1 fM, 4 Lfm, wenden, ab 2. M 2 fM in eine M, 2 Km, 1 Km in den Anfang der Lfmk, vMg 1 fM) x3, 6 fM (16)

5. hMg 2 fM, 1 fM in das hMg aus Rd 3, 1 fM, 6 fM in das hMg aus Rd 3 (die Finger zeigen nun nach vorne), 6 fM (16)

6.-7. 16 fM (2 Rd) (16)

8. (3 fM, 1 M abn) x3, 1 fM (13)

9. (2 fM, 1 M abn) x3, 1 fM (10)

10.-15. 10 fM (6 Rd) (10)

Fülle nur bis Rd 8.

Falte nun die Öffnung aufeinander und häkle sie mit 5 fM zusammen. Der kurze Daumen zeigt nach oben Richtung Kopf.

Fab. Die Arme und Beine werden später in den Körper eingehäkelt.

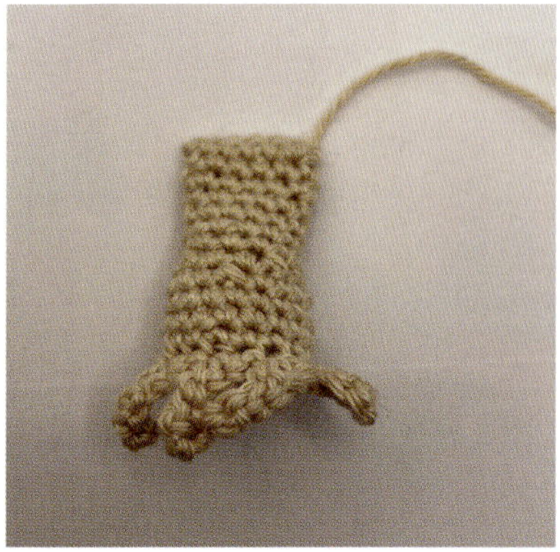

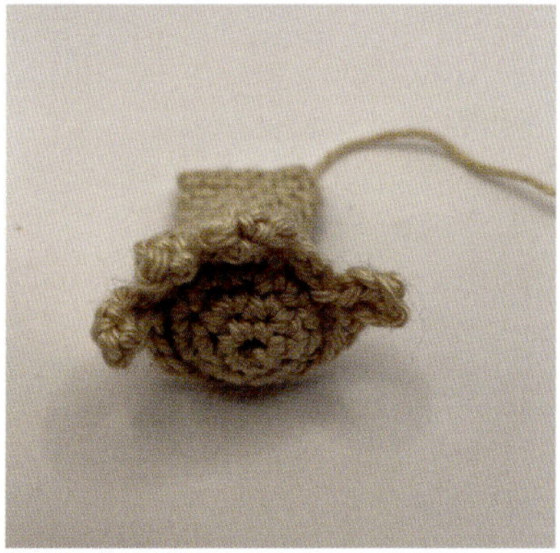

Wichtig

Die Arme und Beine links und rechts sind quasi spiegelverkehrt, daher musst du beim späteren Anhäkeln an den Körper darauf achten, sie nicht zu vertauschen!

Arm & Bein (rechts)

Häkle in **Beige**.

1. MR 6 fM (6)
2. 1 M verd x6 (12)
3. 4 fM, 1 M verd x4, 4 fM (16)
4. vMg 6 fM, (vMg 1 fM, 4 Lfm, wenden, ab 2. M 2 fM in eine M, 2 Km, 1 Km in den Anfang der Lfmk, vMg 1 fM) x3, (vMg 1 fM, 3 LfM, wenden, ab 2. M 2 fM in eine M, 1 Km, 1 Km in den Anfang der Lfmk), vMg 3 fM (16)
5. hMg 6 fM, 6 fM in das hMg aus Rd 3, hMg 1 fM, 1 fM in das hMg aus Rd 3, hMg 4 fM (die Finger zeigen nun nach vorne) (16)

6.-7. 16 fM (2 Rd) (16)

8. (3 fM, 1 M abn) x3, 1 fM (13)

9. (2 fM, 1 M abn) x3, 1 fM (10)

10.-15. 10 fM (6 Rd) (10)

Wichtig

Du musst hier evtl. noch 1-2 Agm häkeln, damit die Finger die richtige Position haben. Der kurze Finger zeigt nach oben in Richtung Kopf.

Fülle nur bis Rd 8.

Falte nun die Öffnung aufeinander und häkle sie mit 5 fM zusammen.

Körper

Häkle in **Beige**. Der Rdanf befindet sich am Rücken.

1. MR 6 fM (6)
2. 1 M verd x6 (12)
3. (1 fM, 1 M verd) x6 (18)
4. (2 fM, 1 M verd) x6 (24)
5. (3 fM, 1 M verd) x6 (30)

6.-7. 30 fM (2 Rd) (30)

Wichtig

Beim Einhäkeln der Arme und Beine musst du darauf achten, dass der kurze Finger nach oben/ vorne zeigt.

8. 5 fM, **rechtes Bein** mit 5 fM einhäkeln, 10 fM, **linkes Bein** mit 5 fM einhäkeln, 5 fM (30)

9.-14. 30 fM (6 Rd) (30)

15. 8 fM, **rechter Arm** mit 5 fM einhäkeln, 7 fM, **linker Arm** mit 5 fM einhäkeln, 5 fM (30)

16. (3 fM, 1 M abn) x6 (24)

17. 24 fM (24)

18. (2 fM, 1 M abn) x6 (18)

Stopfe den Körper fest mit Füllmaterial aus.

19. 18 fM (18)

20. (1 fM, 1 M abn) x6 (12)

Fülle noch einmal gut nach, lFab.

Nähe nun den Kopf an der Halsöffnung zwischen den Rd 8-14 am Körper fest.

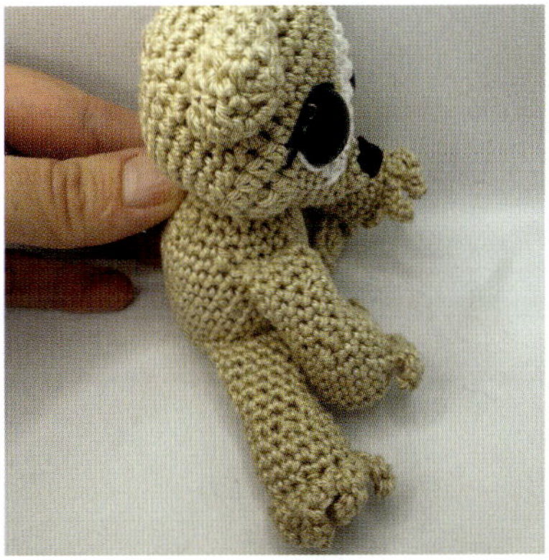

Variation

Du kannst dein Plumplori auch in einer dunkleren Farbe häkeln.

Hobbii Friends Cotton 8/4

- 05 Beige
- 08 Ash Brown

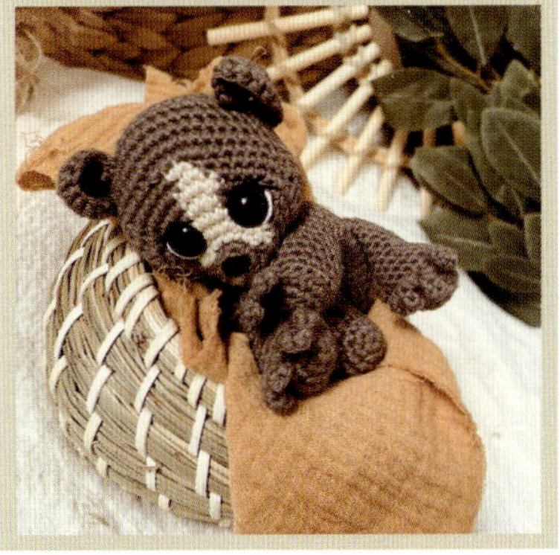

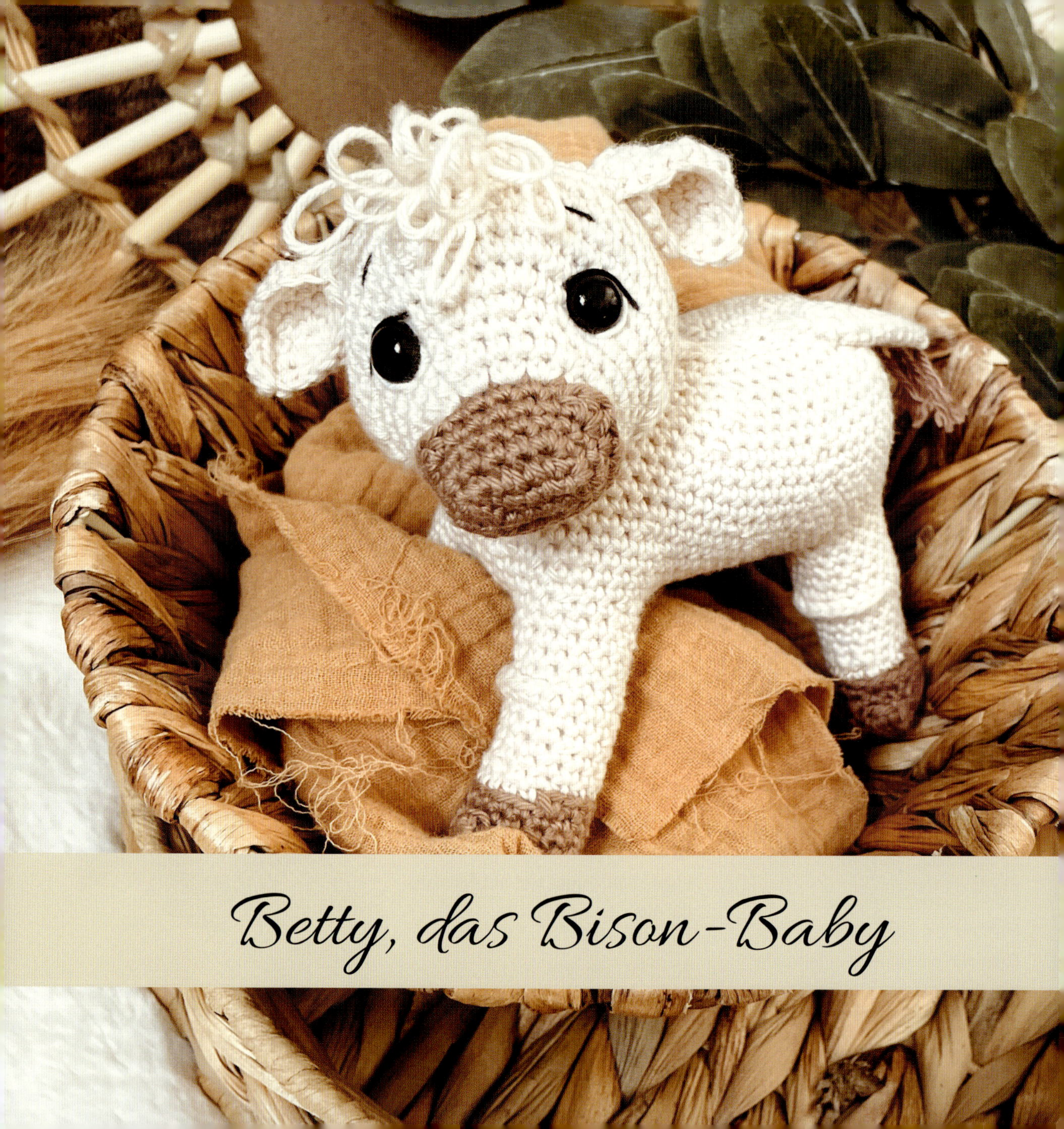

Betty, das Bison-Baby

Infos & Material

Schwierigkeitsgrad: ●●●
Maschenart: geeignet für fM in X und V
Wolle: Hobbii Friends Cotton 8/4
- 03 Oatmilk
- 10 Cappuccino

Häkelnadel: 2,00 mm
Sicherheitsaugen: 10 mm Ø
Sonstiges Material:
- Schere
- Füllwatte
- Stopfnadel & Stickgarn
- Maschenmarkierer

Faktencheck

Der amerikanische Bison, auch Büffel genannt, ist in Nordamerika beheimatet. Zwischen Mitte April und Ende Mai bringt eine Bisonkuh ein ca. 15-25 kg schweres Kalb auf die Welt.

Schon nach wenigen Minuten kann es stehen und nach ein bis zwei Tagen wird es mit der Herde mitziehen. Mutter und Kalb haben eine sehr intensive Beziehung. Die Mutter säugt ihr Junges bis zu einem Alter von etwa vier bis sechs Monaten.

Kopf

Starte in **Cappuccino**.

1. 7 Lfm, wenden, ab 2. M zurück (7)
2. 5 fM, 3 fM in eine M, 4 fM, 1 M verd (14)
3. 1 fM, 1 M verd, 3 fM, 1 M verd, 1 fM, 1 M verd, 5 fM, 1 M verd (18)
4. 18 fM (18)
5. 1 fM, vMg 3 hStb in eine M, 5 fM, vMg 3hStb in eine M, 10 fM + 1 Agm (22+1)

Hinweis

Die M, die in die vMg gehäkelt wurden, werden in der nächsten Rd nicht behäkelt, denn sie bilden die Nasenlöcher.

6. hMg von Rd 4 1 M verd, beide Mg 5 fM, hMg von Rd 4 1 M verd, 11 fM (20)

FW zu **Oatmilk**.

7. 2 fM, 1 M verd x5, 13 fM (25)
8. 2 fM, (1 M verd, 1 fM) x2, 2 fM, (1 fM, 1 M verd) x2, 13 fM (29)
9. 29 fM (29)
10. 5 fM, (1 M verd, 1 fM) x5, 14 fM (34)
11. 5 fM, (1 M verd, 2 fM) x5, 14 fM (39)
12. 1 hStb verd, 1 Stb verd, 1 hStb verd, 4 fM, (1 M verd, 3f M) x4, 3f M, 1 hStb verd, 1 Stb verd, 1 hStb verd, 10 fM (49)
13.-17. 49 fM (5 Rd) (49)

Setze die Augen zwischen den Rd 11/12 mit einem Abstand von 12 sichtbaren M ein.

18. (6 fM, 1 M abn) x6, 1 fM (43)
19. (5 fM, 1 M abn) x6, 1 fM (37)
20. (4 fM, 1 M abn) x6, 1 fM (31)
21. (3 fM, 1 M abn) x6, 1 fM (25)

Stopfe Schnauze und Kopf fest mit Füllmaterial aus.

22. (2 fM, 1 M abn) x6, 1 fM (19)
23. (1 fM, 1 M abn) x6, 1 fM (13)

Noch einmal gut füllen.

24. 1 M abn x6, 1 fM (7)

LFab und Loch schließen. Vernähe den Faden.

Vertiefe die Augen (siehe *Häkeltechniken*). Sticke deinem Bison nun noch ein paar schöne Augendetails auf.

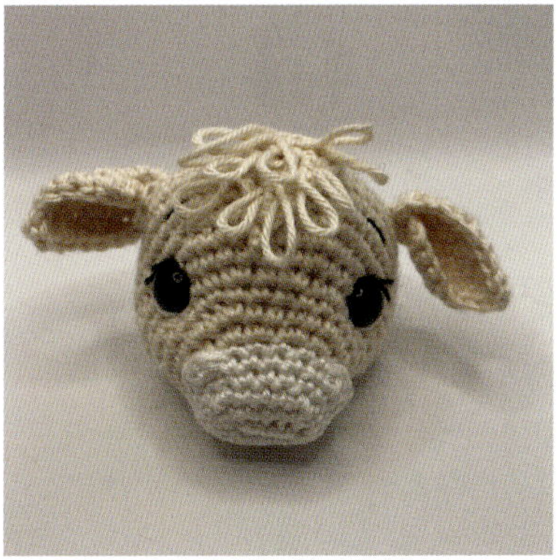

Ohren (2x)

Häkle in **Oatmilk**. Es wird in R gehäkelt

1. 2 Lfm, wenden, ab 2. M zurück (2)
2. 1 M verd, 1 Wlfm (2+1)
3. 1 M verd x2, 1 Wlfm (4+1)
4. 1 M verd, 2 fM, 1 M verd, 1 Wlfm (6+1)

5.-8. 6 fM, 1 Wlfm (4R) (6+1)

9. 6 fM (6)

Umhäkle das Ohr mit fM, dabei in die M an der Spitze 3 fM häkeln. An der Unterseite das Ohr falten und mit 3 fM zusammenhäkeln.

Nähe die Ohren zwischen den Rd 15/16 mit einem Abstand von 15 M an den Kopf.

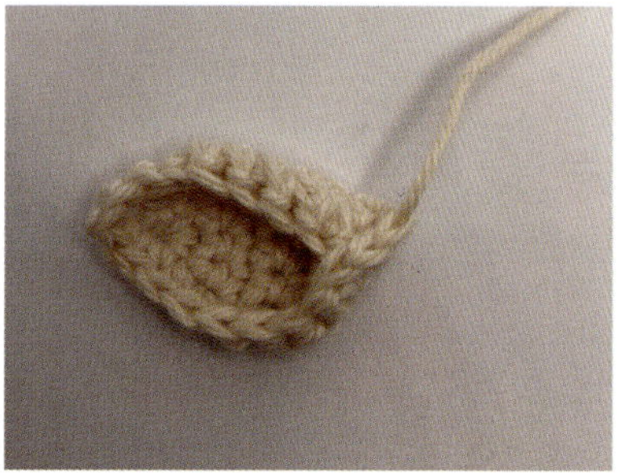

Beine (4x)

Starte in **Cappuccino**. Es wird in R gehäkelt.

1. dLfmk mit 4 Lfm, 1 Wlfm, wenden, ab 2. M zurück (4+1)
2. 4 fM, 1 Wlfm (4+1)

3.-5. 4 fM, 1 Wlfm (3 R) (4+1)

Es wird in Rd gehäkelt.

6. (1 Stb, 1 dStb, 1 Stb. in eine M), 1 Km, (1 Stb, 1 dStb, 1 Stb in eine M), 1 M üspr, 12 fM (dabei jeweils in die Ecken 2 fM häkeln)
7. Wlfm aus der Vorrunde wird nicht behäkelt:
   hMg 3 fM, in beide Mg 1 Km, hMg 3 fM, 1 M abn 8 fM, 1 M abn (17)
8. 3 fM, 1 M abn, 12 fM (16)
9. 16 fM (16)

FW zu **Oatmilk**.

10. hMg 16 fM (16)
11. 2 fM, 1 M abn x2, 10 fM (14)

12.-15. 14 fM (4 Rd) (14)

16. 2 fM, vMg 1 M verd x4 (diese M werden nicht mehr behäkelt), 8 fM (14)
17. 2 fM, hMg der Rd 16 4 fM, 8 fM (14)

18.-21. 14 fM (4 Rd) (14)

KmFab.

> **Wichtig**
>
> Zuerst werden die Beine gehäkelt, denn sie werden im nächsten Schritt direkt mit dem Körper verbunden. Stopfe erst einmal nur den unteren Teil der Beine, den Rest befüllst du später zusammen mit dem Körper.

Körper (& Beine)

Häkle in **Oatmilk**.

1. 17 Lfm, wenden, ab 2. M zurück (17)
2. 1 M verd, 14 fM, 4 fM in eine M, auf der anderen Seite der Lfmk: 14 fM, 1 M verd (36)
3. 1 M verd, 1 fM, 1 M verd, 12 fM, 1 M verd, 1 fM, 1 M verd x2, 1 fM, 1 M verd, 12 fM, 1 M verd, 1 fM, 1 M verd (44)
4. 1 M verd, 1 fM, 1 M verd, 16 fM, 1 M verd, 1 fM, 1 M verd x2, 1 fM, 1 M verd, 16 fM, 1 M verd, 1 fM, 1 M verd + 2 Agm (52+2)

Neuer Rdanf!

Nun werden die Beine mit eingehäkelt. Der Rdanf liegt am Po deines Bisons. Denk also beim Einhäkeln daran, dass die Beine in die richtige Richtung zeigen.

Bei **Bein 1** und **Bein 2** zählst du 3 M von der Km aus zurück, und bei **Bein 3** und **Bein 4** zählst du 3 M von der Km aus nach vorne. Das sind die Anfangsmaschen, mit denen du beim Einhäkeln der Beine startest.

Beim Einhäkeln stichst du erst durch das Bein und dann durch den Körper. Auf der nächsten Seite siehst du eine Skizze davon, wie die Beine angehäkelt werden. Du blickst dabei von

Wichtig

Beachte, dass die Kniescheiben (vMg der Rd 16) nach vorne zeigen!

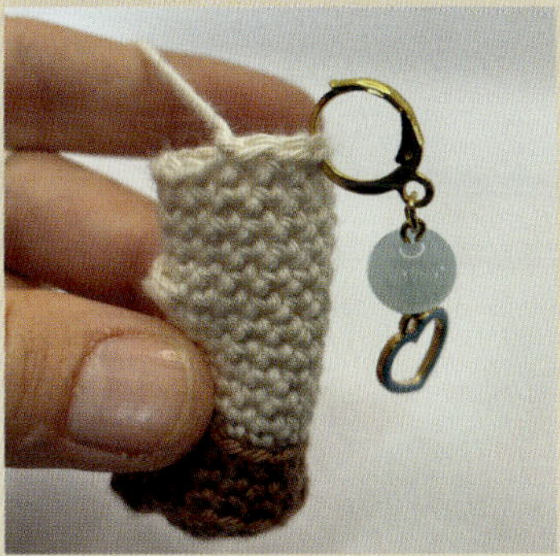

Bein 1 und 2

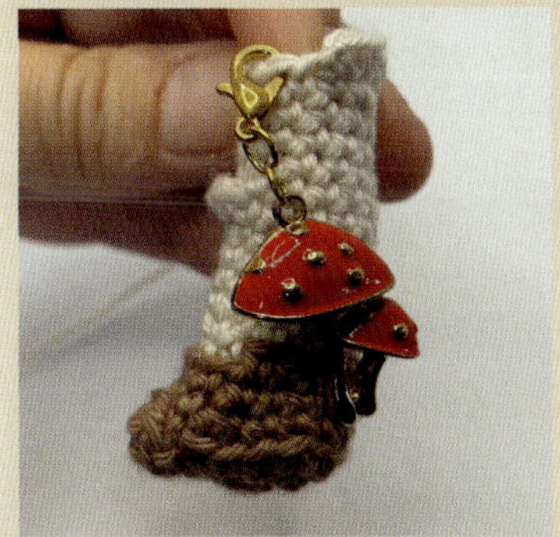

Bein 3 und 4

oben auf das Bison, der Kopf befindet sich gegenüber vom Rdanf.

5. 2 fM, **Bein 1** einhäkeln mit 5 fM, 12 fM, **Bein 2** einhäkeln mit 5 fM, 4 fM, **Bein 3** einhäkeln mit 5 fM, 12 fM, **Bein 4** einhäkeln mit 5 fM, 2 fM (52)
6. 2 fM, 9 fM *außen entlang* um **Bein 1**, 12 fM, 9 fM *außen entlang* um **Bein 2**, 4 fM, 9 fM *außen entlang* um **Bein 3**, 12 fM, 9 fM *außen entlang* um **Bein 4**, 2 fM (68)

7.-10. 68 fM (4 Rd) (68)

Stopfe die Beine fest mit Füllmaterial aus.

11. (6 fM, 1 M abn) x8, 4 fM (60)
12.-15. 60fM (4Rd) (60)
16. (5 fM, 1 M abn) x8, 4 fM (52)
17. 52 fM (52)
18. (4 fM, 1 M abn) x8, 4 fM (44)
19. 20 fM, 12 fM üspr, 12 fM (32)

Die kleinere Öffnung bildet den Hals und wird später zugenäht.

An der größeren Öffnung häkest du wie folgt weiter:

20. (3 fM, 1 M abn) x6, 2 fM (26)
21. 1 M abn x3, 8 fM, vMg 1 M verd x4, 8 fM (27)
22. 1 M abn x2, 23 fM (25)

KmlFab. Nähe nun den Rücken bzw. den Hals zusammen.

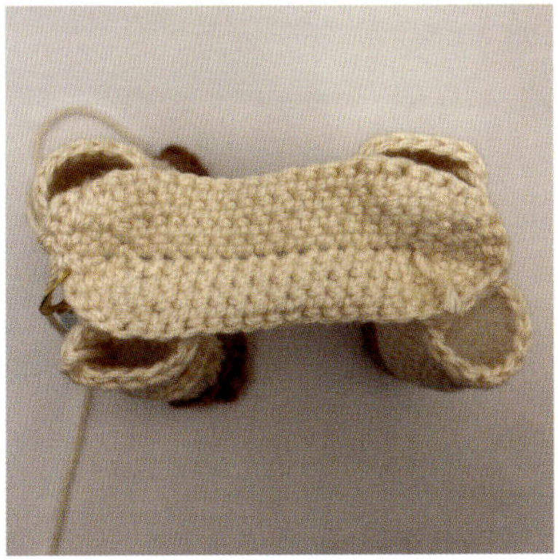

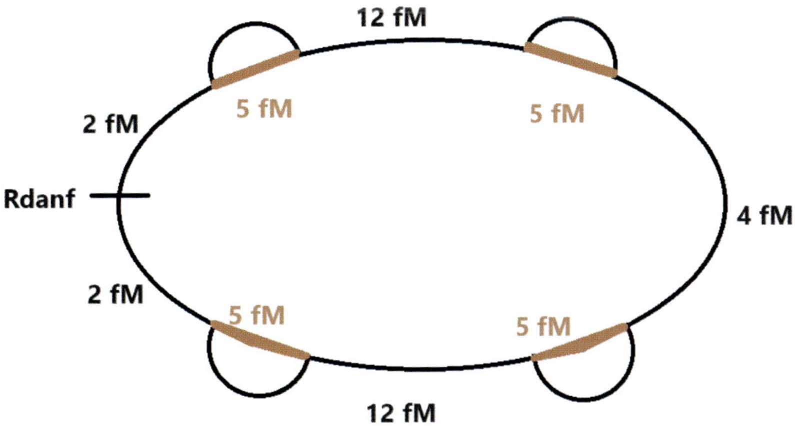

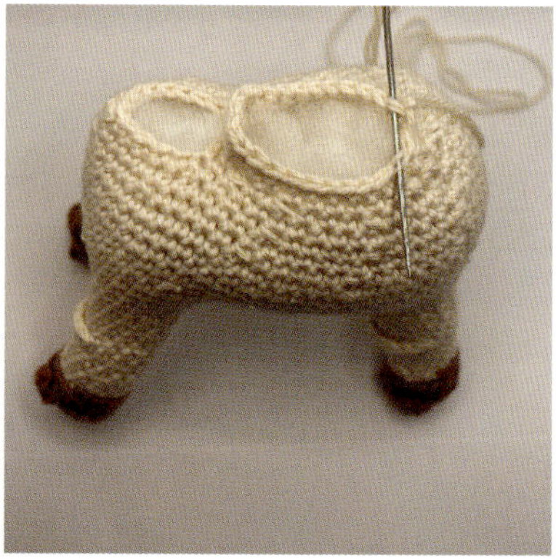

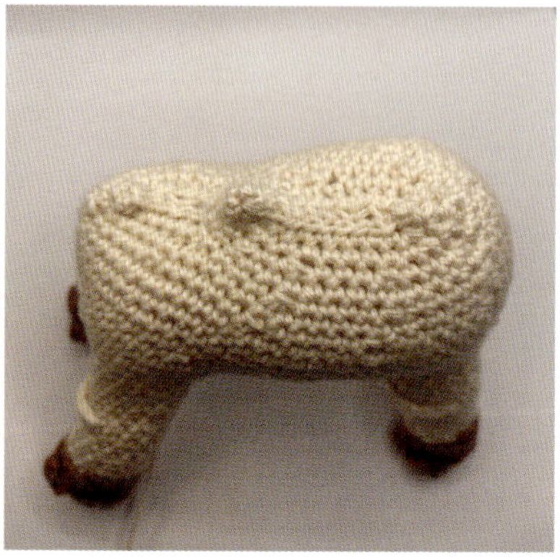

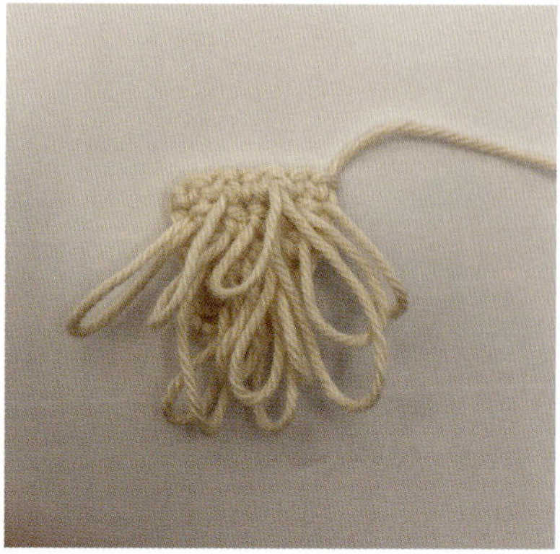

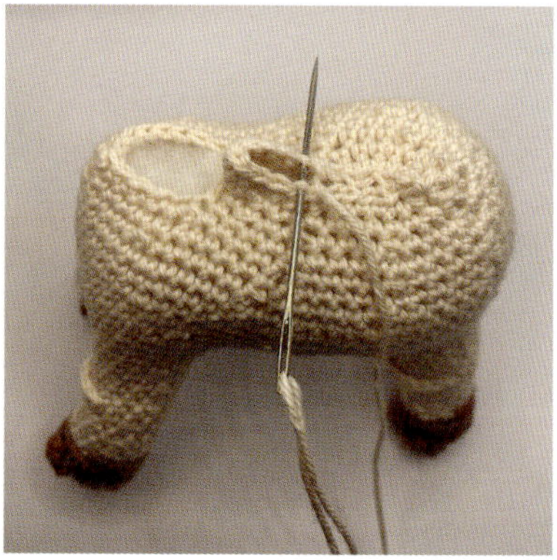

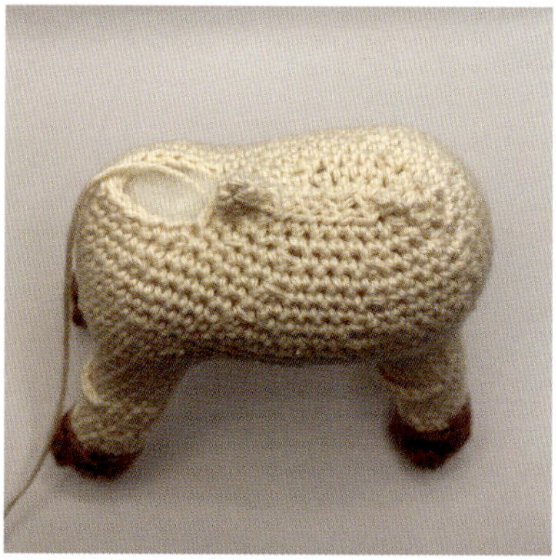

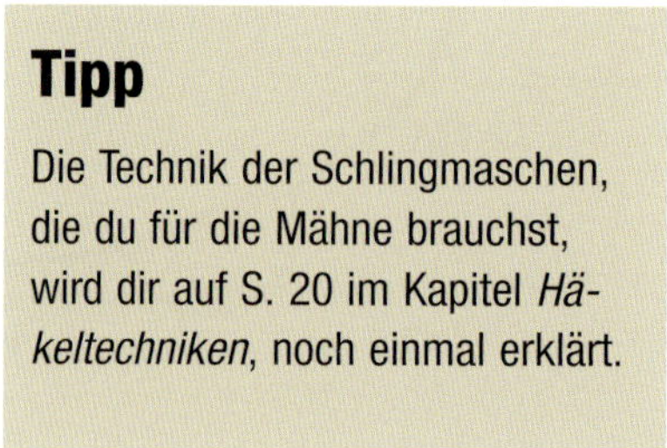

Mähne

Häkle in **Oatmilk**. Es wird in R gehäkelt.

1. 2 Lfm, wenden, ab 2. M zurück (2)
2. 1 M verd, 1 Wlfm (2+1)
3. Schlingmasche x2, 1 Wlfm (2+1)
4. 1 M verd x2, 1 Wlfm (4+1)
5. Schlingmasche x4, 1 Wlfm (4+1)
6. 1 M verd, 2 fM, 1 M verd, 1 Wlfm (6+1)
7. Schlingmasche x6 (6)

KmlFab. Nähe jetzt die Haare genau mittig zwischen den Ohren (Rd 15/16) am Kopf deines Bisons fest.

Tipp

Die Technik der Schlingmaschen, die du für die Mähne brauchst, wird dir auf S. 20 im Kapitel *Häkeltechniken*, noch einmal erklärt.

Schwanz

Häkle in **Oatmilk**. Es wird in R gehäkelt.

1. 10 Lfm, wenden, ab 2. M zurück (10)

2.-5. 9 fM, 1 Wlfm (4 R) (9)

Falte dein Häkelstück der Länge nach und häkle es mit 9 fM zusammen.

Die schmale kurze Seite wird mit 2 fM zusammengehäkelt.

lFab.

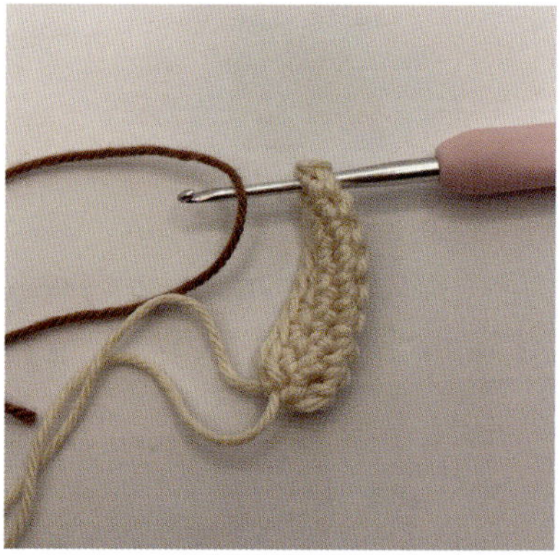

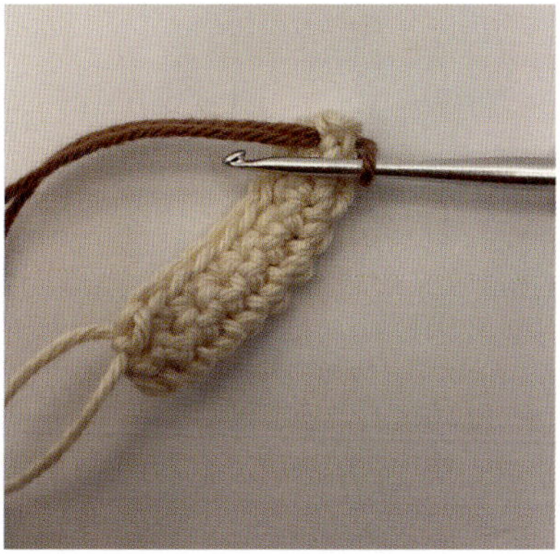

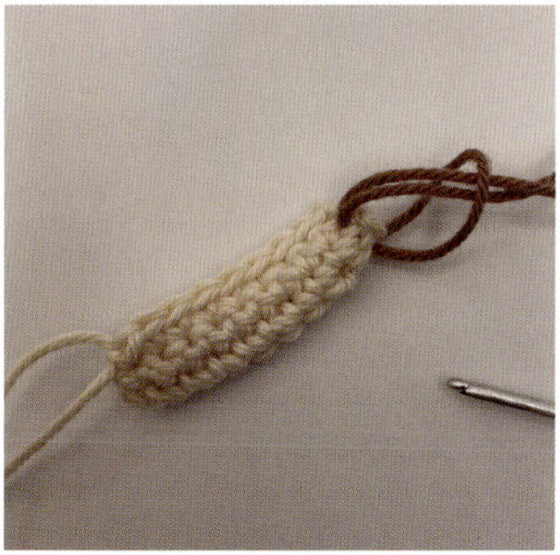

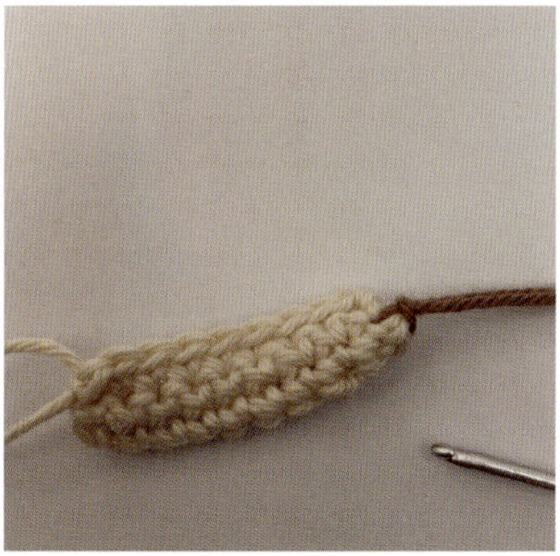

Am anderen Schwanzende kannst du ein paar Fäden in **Ash Brown** anknüpfen und auskämmen.

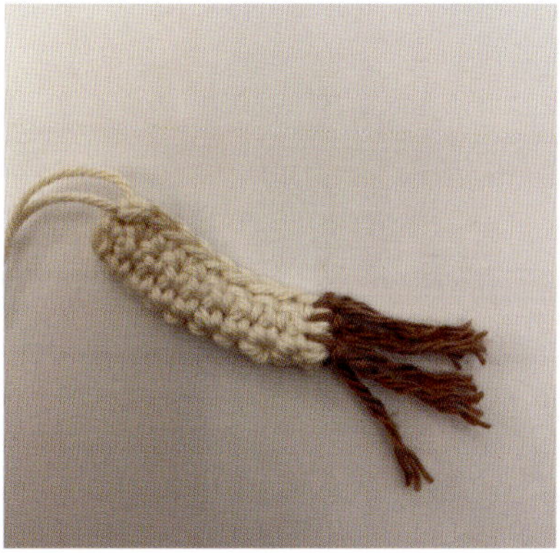

Nähe nun den Schwanz am Hinterteil deines Bisons fest, am besten dort, wo du angefangen hast, den Rücken zuzunähen.

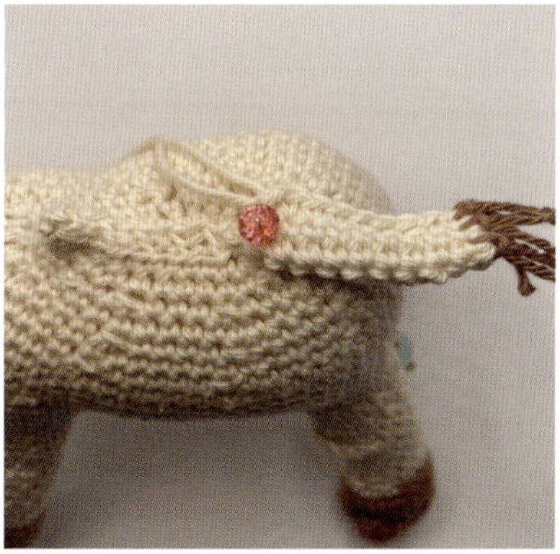

Variation

Du kannst statt Betty auch ihren Freund Bero häkeln, denn eigentlich sind Bisons braun. Weißgeborene Bisons sind sehr selten und sie bleiben weiß.

Hierfür brauchst du folgende Wolle:

Hobbii Friends Cotton 8/4

- 08 Ash Brown statt Oatmilk
- 09 Nougat statt Cappuccino

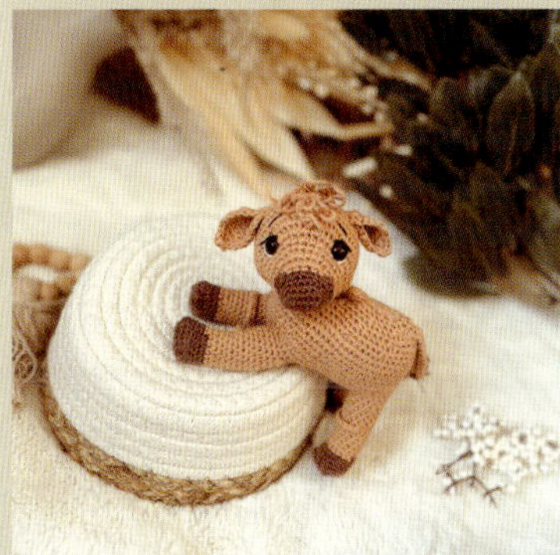

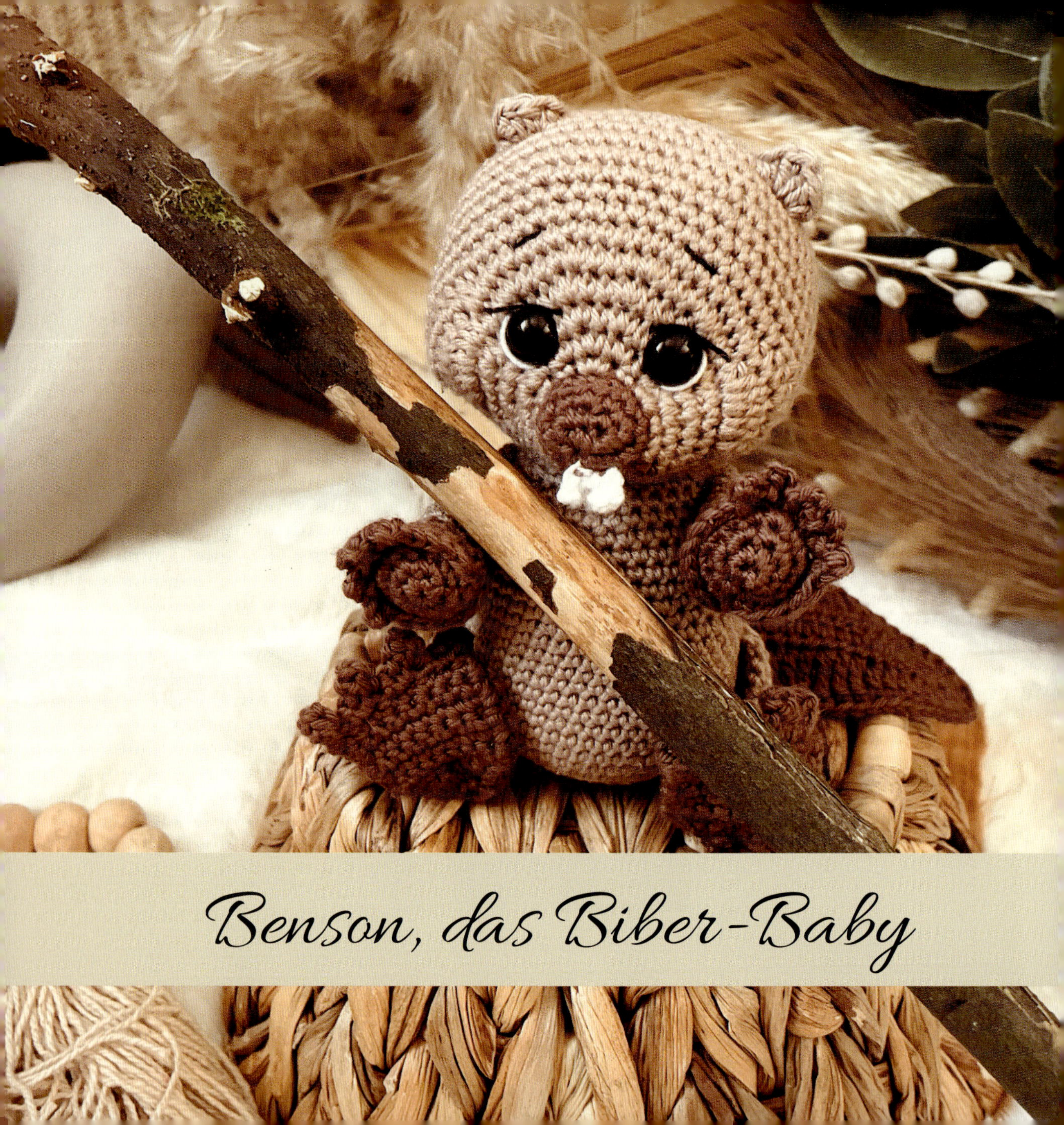

Benson, das Biber-Baby

Infos & Material

Schwierigkeitsgrad:
Maschenart: geeignet für fM in X und V
Wolle: Hobbii Friends Cotton 8/4

- 01 White
- 09 Nougat
- 15 Walnut

Häkelnadel: 2,00 mm
Sicherheitsaugen: 10 mm Ø
Sonstiges Material:

- Schere
- Füllwatte
- Stopfnadel & Stickgarn
- Maschenmarkierer

Faktencheck

Der Biber ist nicht nur das Nationaltier Kanadas, sondern war früher auch in Europa und Asien weitverbreitet. Heute ist er eine geschützte Art.

Junge Biber sind anfangs sehr wasserscheu, werden dann aber von der Mutter einfach ins Wasser geworfen. Nach etwa drei Jahren werden Biber-Jungtiere von ihren Eltern vertrieben, damit sie sich ein eigenes Revier suchen und eine eigene Biberfamilie gründen.

Kopf

Starte in **Walnut**.

1. 4 Lfm, wenden, ab 2. Masche zurück (4)
2. 1 M verd, 1 fM, 3 fM in die letzte M, auf der anderen Seite weiter: 1 fM, 1 M verd (9)
3. (1 M verd, 1 fM) x4, 1 M verd (14)
4. 3 fM, hMg 4 fM, 3 fM, hMg 3 fM, 1 fM (14)

FW zu **Nougat**.

5. (1 M verd, 1 fM) x7 (21)
6. 3 fM, 1 M verd x7, 11 fM (28)
7. 3 fM, (1 fM, 1 M verd) x7, 11 fm (35)
8. 3 fM, (2 fM, 1 M verd) x7, 11 fM (42)
9. 3 fM, 1 hStb verd, 1 Stb verd x2, 1 hStb verd, (3 fM, 1 M verd) x4, 5 fM, 1 hStb verd, 1 Stb verd x2, 1 hStb verd, 10 fM (54)
10. 4 fM, 8 hStb, 23 fM, 8 hStb, 11 fM (54)

11.-12. 54 fM (2 Rd) (54)

13. 20 fM, (1 M verd, 1 fM) x6, 22 fM (60)

14.-16. 60 fM (3 Rd) (60)

17. 18 fM, vMg (1 hStb verd, 1 Stb verd, 1 hStb verd), 14 fM, vMg (1 hStb verd, 1 Stb verd, 1 hStb verd), 22 fM (66)

18. 18 fM, hMg der Rd 16: 3 fM, 14 fM, hMg der Rd 16: 3 fM, 22 fM (60)

Setze die Augen zwischen den Rd 7/8 mit einem Abstand von 7 sichtbaren M ein.

19. (8 fM, 1 M abn) x6 (54)
20. (7 fM, 1 M abn) x6 (48)
21. (6 fM, 1 M abn) x6 (42)
22. (5 fM, 1 M abn) x6 (36)
23. (4 fM, 1 M abn) x6 (30)

Beginne, den Kopf fest zu stopfen.

24. (3 fM, 1 M abn) x6 (24)
25. (2 fM, 1 M abn) x6 (18)
26. (1 fM, 1 M abn) x6 (12)

Noch einmal gut füllen.

27. 1 M abn x6 (6)

Fab. Das Loch schließen und den Faden vernähen. Die Augen vertiefen (siehe *Häkeltechniken*). Sticke jetzt die *Augendetails* wie Augenweiß und Wimpern auf. Die Augenbrauen befinden sich zwischen Rd 10/11 mit einem Abstand von 7 M zueinander.

Loch verschließen

Zähne

Häkle in **White**.

Halte den Kopf kopfüber und kette im ersten vMg der Rd 4 an.

> Häkle 3 Lfm, wenden, ab 2. M zurück 2 fM, 1 Km, 3 Lfm, wenden, ab 2. M zurück 2 fM, 1 Km in den Anfang der Lfmk

Fab und vernähen.

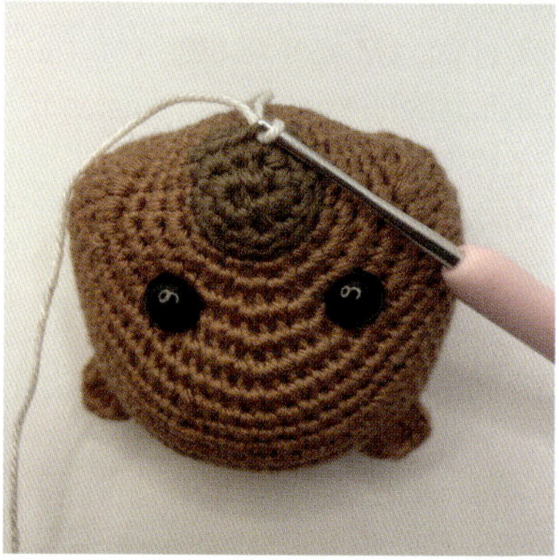

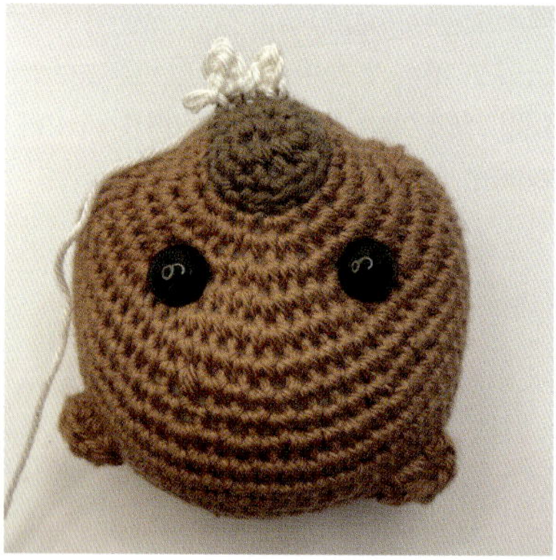

Tipp

Du kannst die Zähne aber auch erst häkeln und später annähen. Dazu gehe wie folgt vor:

(3 LfM, wenden, ab 2. M zurück 2 Km) x2, lFab.

Nähe die Zähne an der Schnauze unten mittig an die Rd 4 in das vMg.

Arme (2x)

Starte in **Walnut**.

1. MR 6 fM (6)
2. 1 M verd x6 (12)
3. (1 fM, 1 M verd) x6 (18)
4. vMg 6 fM (2 Lfm, wenden, ab 2. M zurück 1 fM, 1 Km in den Anfang, 1 fM) x5, 7 fM (18)
5. hMg der Rd 3 18 fM (18)
6. 6 fM, 1 M abn x3, 6 fM (15)
7. 5 fM, 1 M abn x2, 6 fM (13)

FW zu **Nougat**.

8.-13. 13 fM (6 Rd) (13)

14. 13 fM + 3 Agm (13+3)

Stopfe nur die Pfoten, der restliche Arm wird nicht gefüllt. Falte die Öffnung und schließe diese mit 6 fM.

Nähe die Arme links und rechts am Körper in Höhe der Rd 19-24 fest.

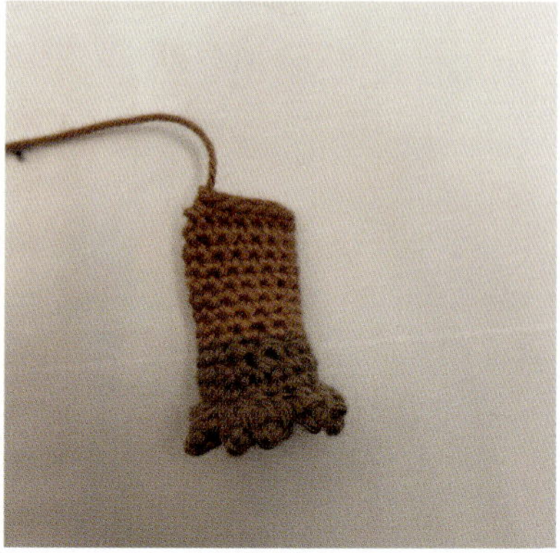

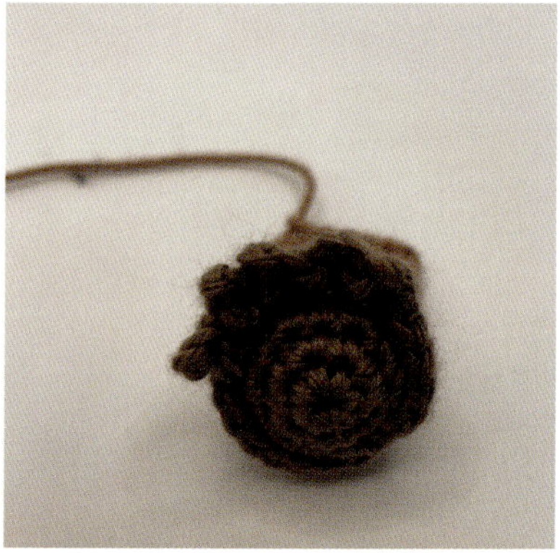

Tipp

Wenn du dir nochmal anschauen möchtest, wie man Körperteile anhäkelt, dann findest du in den *Häkeltechniken* eine Anleitung sowie einen QR-Code zu einem Video auf Youtube, wo ich dir das alles nochmal genau zeige.

Beine (2x)

Häkle in **Nougat**. Die Beine werden nicht gefüllt.

1. MR 6 fM (6)

2. (1 fM, 1 M verd) x3 (9)

3. (2 fM, 1 M verd) x3 (12)

4.-8. 12 fM (5 Rd) (12)

9. (3 fM, 1 M verd) x3 (15)

10.-11. 15 fM (2 Rd) (15)

12. (4 fM, 1 M verd) x3 (18)

13.-14. 18 fM (2 Rd) (18)

Falte die Öffnung und häkle sie mit 9 fM zusammen.

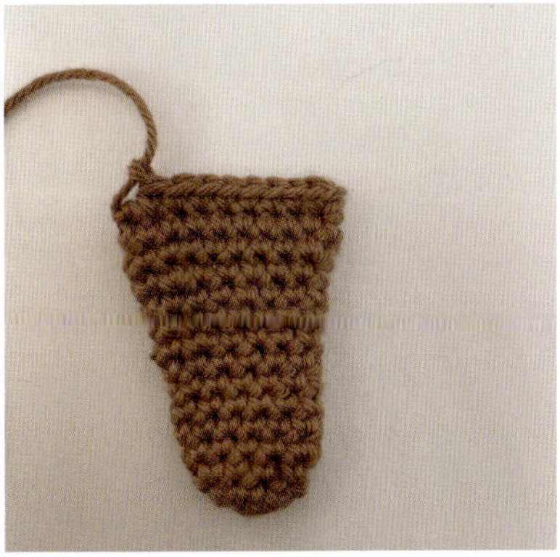

Füße (2x)

Häkle in **Walnut.** Es wird in R gehäkelt.

1. 2 Lfm, wenden, ab 2. M zurück (2)

2. 1 M verd, 1 Wlfm (2)

3. 1 M verd x2, 1 Wlfm (4)

4. 1 M verd, 2 fM, 1 M verd, 1 Wlfm (6)

5. 1 M verd, 4 fM, 1 M verd, 1 Wlfm (8)

6.-10. 8 fM, 1 Wlfm (5 R) (8)

11. 3 Lfm, wenden, ab 2. M zurück 2 hStb, 1 Km in den Anfang, 2 fM, (3 Lfm, 2 hStb, 1 Km, 2 fM) x2, 3 Lfm, 2 hStb, 1 Km, 1 fM

Behäkle nun die 2 Ränder mit fM. Dabei häkelst du in die hintere Ecke 2 fM. KmlFab. Lass einen langen Endfaden zum Annähen stehen.

Nähe nun jeweils ein Bein und einen Fuß zusammen (siehe Bilder). Nähe anschließend die Beine links und rechts vom Körper zwischen den Rd 6-13 an.

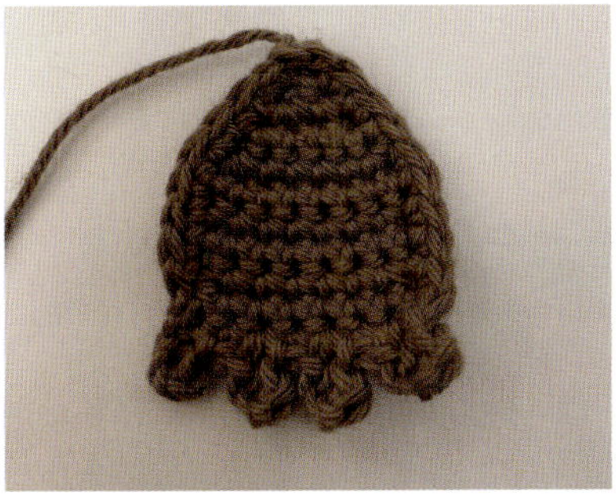

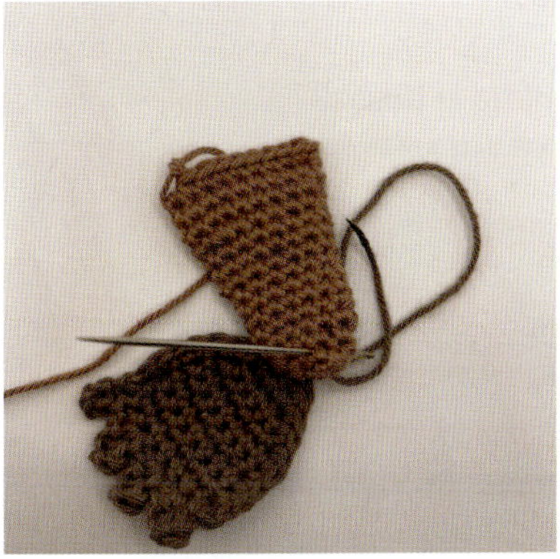

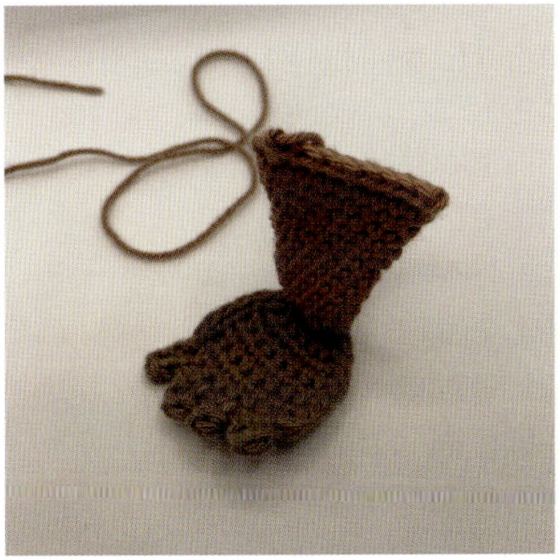

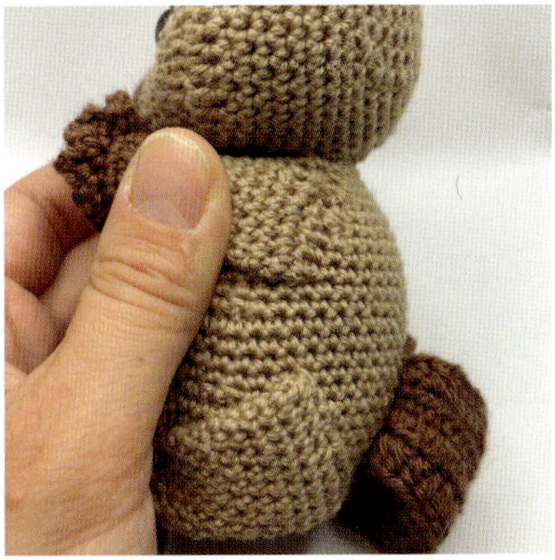

Körper

Häkle in **Nougat**.

1. MR 8 fM (8)
2. 1 M verd x8 (16)
3. (1 fM, 1 M verd) x8 (24)
4. (2 fM, 1 M verd) x8 (32)
5. (3 fM, 1 M verd) x8 (40)
6. (4 fM, 1 M verd) x8 (48)

7.-12. 48 fM (6Rd) (48)

13. 10 fM, 1 M abn x2, 20 fM, 1 M abn x2, 10 fM (44)

14.-17. 44 fM (4 Rd) (44)

18. 10 fM, 1 M abn, 20 fM, 1 M abn, 10 fM (42)

19.-22. 42 fM (4Rd) (42)

23. (5 fM, 1 M abn) x6 (36)
24. 36 fM (36)
25. (4 fM, 1 M abn) x6 (30)
26. (3 fM, 1 M abn) x6 (24)
27. (2 fM, 1 M abn) x6 (18)

28.-29. 18 fM (2 Rd) (18)

Stopfe den Körper gut mit Füllmaterial.

lFab. Mit dem Endfaden nähst du später den Kopf am Körper fest.

Tipp

Nähe den Schwanz ein bisschen schräg an, denn so sieht man ihn von vorne besser.

Schwanz

Häkle in **Walnut**. Es wird in R gehäkelt.

1. dLfmk 20 fM, 1 Wlfm, wenden, ab 2. M zurück (20+1)
2. 19 hStb, 3 hStb in die letzte M, 19 hStb, 2 Lfm wenden (41)
3. 4 hStb, 4 Stb, 4 dStb, 4 Stb, 3 hStb, 1 hStb verd x3, 3 hStb, 4 Stb, 4 dStb, 4 Stb, 4 hStb (44)

Häkle an der Unterseite weiter:

4. 6 fM, 1 Wlfm (6)
5. 1 M verd x2, 2 fM, 1 M verd x2, 1 Wlfm (10)
6. 1 M verd, 8 fM, 1 M verd (12)

7.-8. 12 fM (2 Rd) (12)

lFab. Mit dem Endfaden den Schwanz zwischen den Rd 5-15 mittig an den Po nähen.

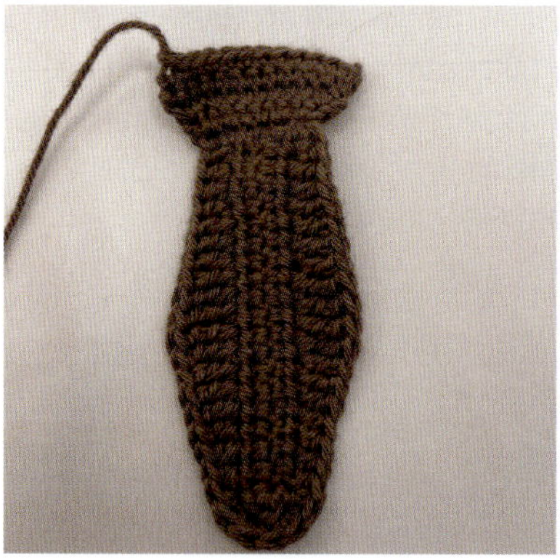

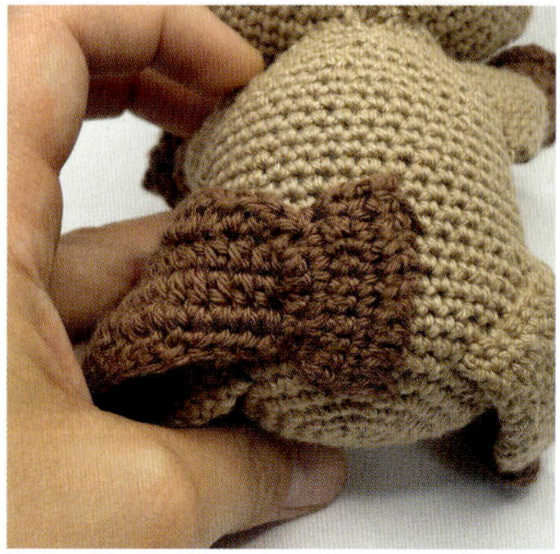

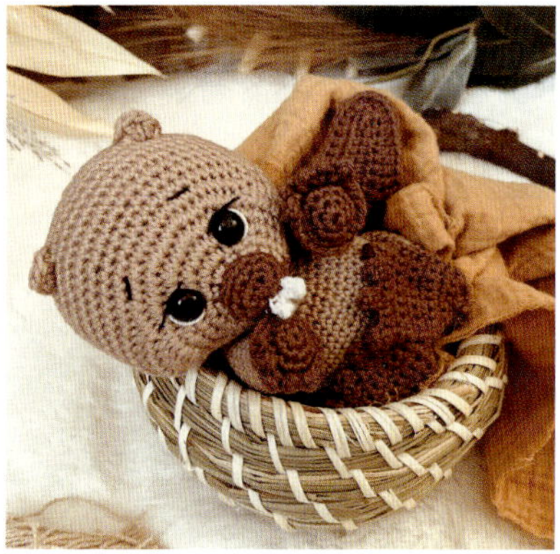

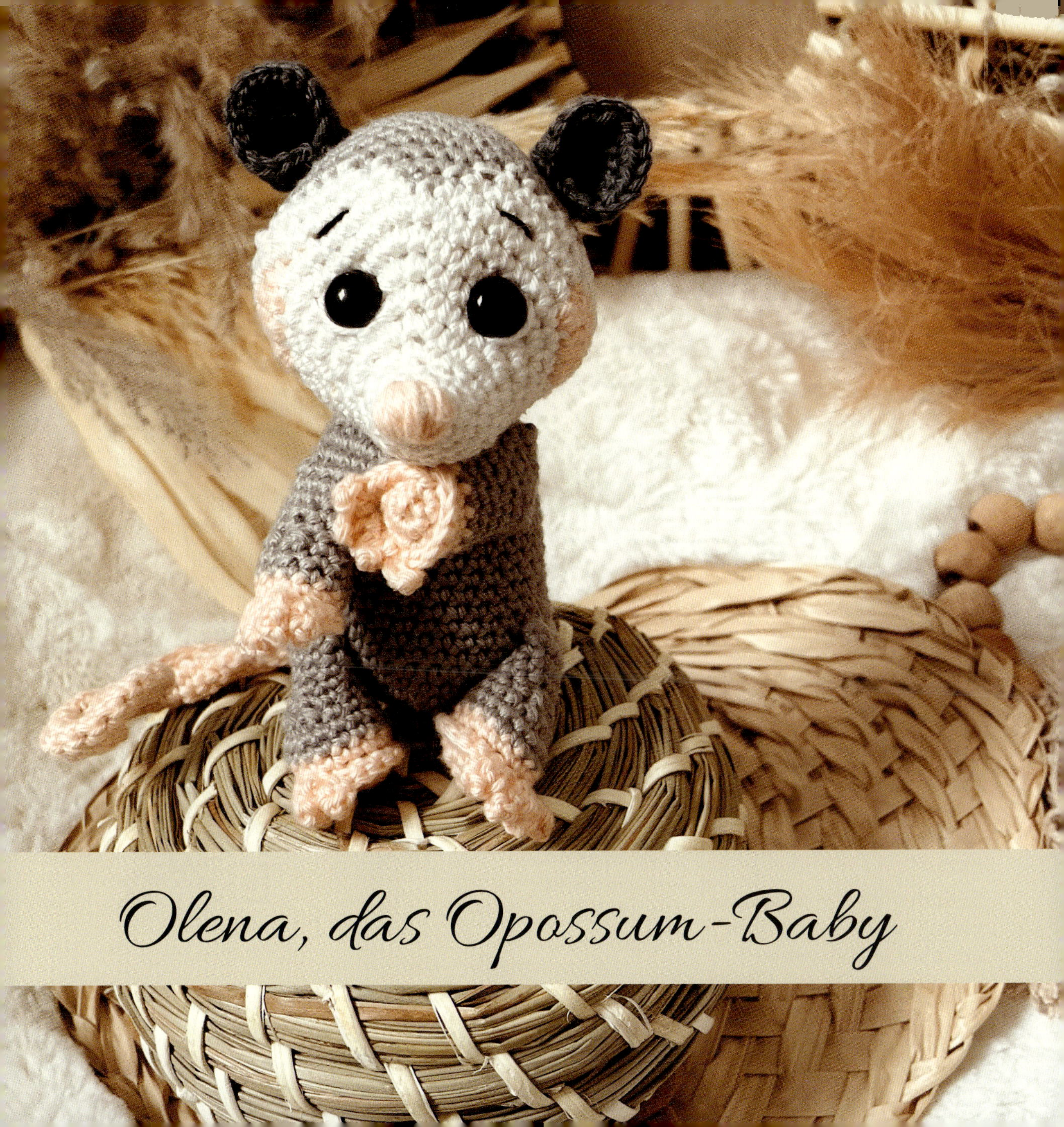

Olena, das Opossum-Baby

Infos & Material

Schwierigkeitsgrad:
Maschenart: geeignet für fM in X und V
Wolle: Hobbii Friends Cotton 8/4

- 01 White
- 51 Baby Pink
- 117 Silver
- 123 Charcoal

Häkelnadel: 2,00 mm
Sicherheitsaugen: 10 mm Ø
Sonstiges Material:

- Schere
- Füllwatte
- Stopfnadel & Stickgarn
- Maschenmarkierer

Faktencheck

Opossums gehören zu den Beutelratten und sind nachtaktive Tiere. Ihre Tragezeit ist mit nur 10-14 Tagen sehr kurz und es kommen pro Wurf ca. 20 Junge zur Welt. Bei der Geburt sind Opossums nur ca. 1 cm lang und 0,13 Gramm leicht.

Im Alter von zwei bis drei Monaten verlassen die kleinen Opossums zum ersten Mal den sicheren Beutel der Mutter.

Wichtig

In dieser Anleitung werden Farbwechsel unter anderem durch eine veränderte Schriftfarbe angezeigt. Orientiere dich dafür auch an der Farbauflistung im Kasten links.

Kopf

Starte in White, dann FW mit Silver und Baby Pink.

1. MR 6 fM (6)
2. 6 fM (6)
3. (1 fM, 1 M verd) x3 (9)
4. 9 fM (9)
5. (2 fM, 1 M verd) x3 (12)
6. 4 fM, 1 M verd x4, 4 fM (16)
7. 4 fM, (1 fM, 1 M verd) x2, (1 M verd, 1 fM) x2, 4fM (20)
8. 4 fM, (2 fM, 1 M verd) x2, (1 M verd, 2 fM) x2, 4 fM (24)
9. 4 fM, (3 fM, 1 M verd) x2, (1 M verd, 3 fM) x2, 4 fM (28)
10. 4 fM, (4 fM, 1 M verd) x2, (1 M verd, 4 fM) x2, 4 fM (32)
11. 4 fM, (5 fM, 1 M verd) x2, (1 M verd, 5 fM) x2, 4 fM (36)
12. 6 fM, 1 hStb verd, 1 Stb verd, 1 hStb verd, 8 fM, 2 fM, 8 fM, 1 hStb verd, 1 Stb verd, 1 hStb verd, 6 fM (42)
13. 6 fM, 7 hStb, 6 fM, 4 fM, 6 fM, 7 hStb, 6 fM (42)
14. 18 fM, 7 fM, 17 fM (42)

15.-18. 42 fM (4 Rd) (42)

Setze jetzt die Augen zwischen den Rd 7/8 mit einem Abstand von 6 sichtbaren M ein.

19. (5 fM, 1 M abn) x6 (36)
20. 36 fM (36)
21. (4 fM, 1 M abn) x6 (30)

Beginne ab hier den Kopf fest zu stopfen.

22. (3 fM, 1 M abn) x6 (24)
23. (2 fM, 1 M abn) x6 (18)

Noch einmal gut nachfüllen.

24. (1 fM, 1 M abn) x6 (12)
25. 1 M abn x6 (6)

LFab. Das Loch schließen und den Faden vernähen. Vertiefe jetzt noch die Augen (siehe *Häkeltechniken*).

Loch verschließen

Nase

Sticke nun eine Nase in **Baby Pink** auf. Die Nase stickst du vorne über die ersten 3 Rd auf. Die Augenbrauen liegen zwischen den Rd 12/13 über 3 M.

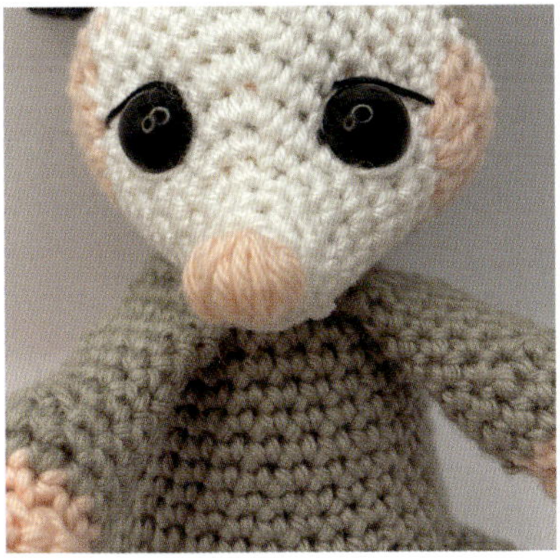

Ohren (2x)

Häkle in **Charcoal**. Es wird in R gehäkelt.

1. MR 6 fM, 1 Wlfm, wenden, ab 2. M zurück
2. 1 M verd, 2 fM, 1 M verd, 2 fM, 1 Wlfm (8)
3. 1 M verd, 3 fM, 1 M verd, 3 fM, 1 Wlfm (10)
4. 3 fM, 1 M verd x3, 4 fM, 1 Wlfm (13)
5. 4 fM, 1 M verd x5, 4 fM (18)

Häkle nun an der unteren geraden Seite deines Häkelstücks 1 M abn x4. lFab. Nähe die untere Seite (dort, wo die abn sind) zusammen.

Anschließend werden die Ohren am Kopf zwischen den Rd 19-21 mit einem Abstand von 10 M angenäht.

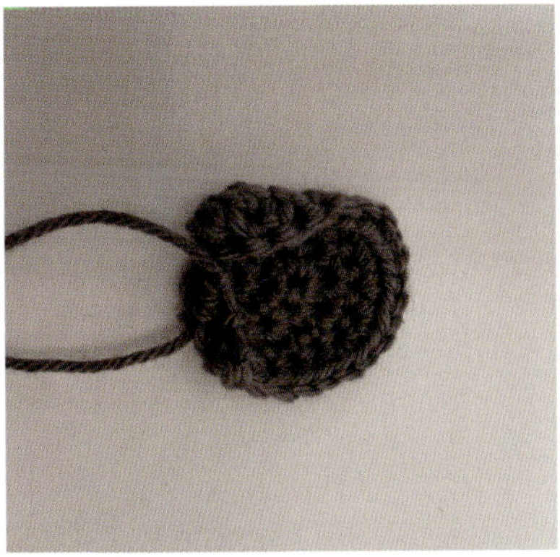

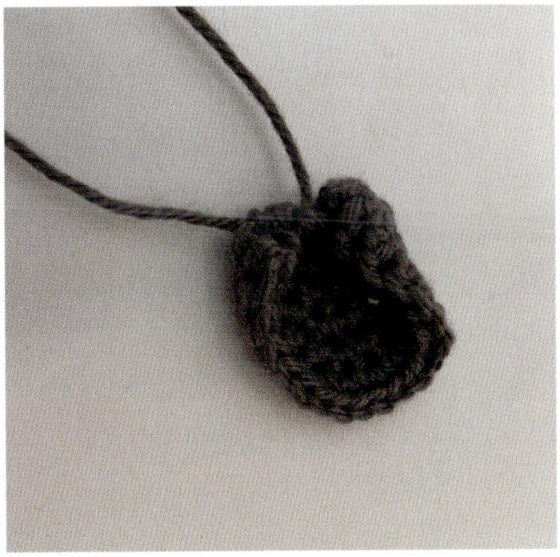

Arme (2x)

Starte in Baby Pink, dann FW zu Silver.

1. MR 6 fM (6)
2. 1 M verd x6 (12)
3. vMg 4 fM, (3 LfM, ab 2. M 2 fM, 1 Km in das gleiche vMg, 1 fM) x4, 4 fM (12)
4. 12 fM in das hMg der Rd 2 (12)

5.-6. 12 fM (2 Rd) 12)

7. 4 fM, 1 M abn x2, 4 fM (10)

8.-12. **10 fM (5 Rd) (10)**

Fülle die Arme nur bis Rd 7. Häkle 3 fM weiter, falte die Öffnung zusammen und schließe diese mit 5 fM.

Fab. Die Arme werden später in den Körper eingehäkelt.

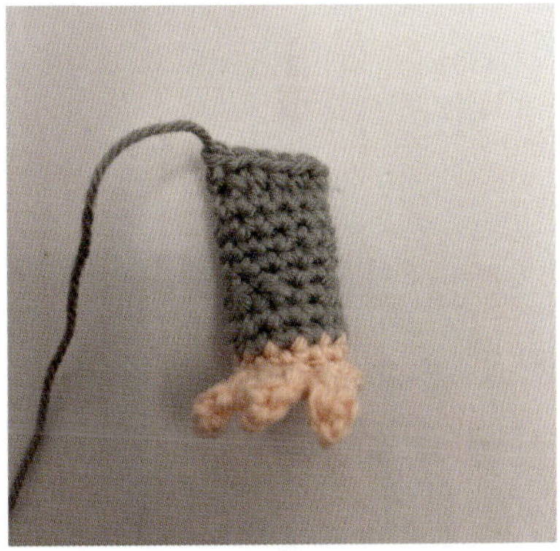

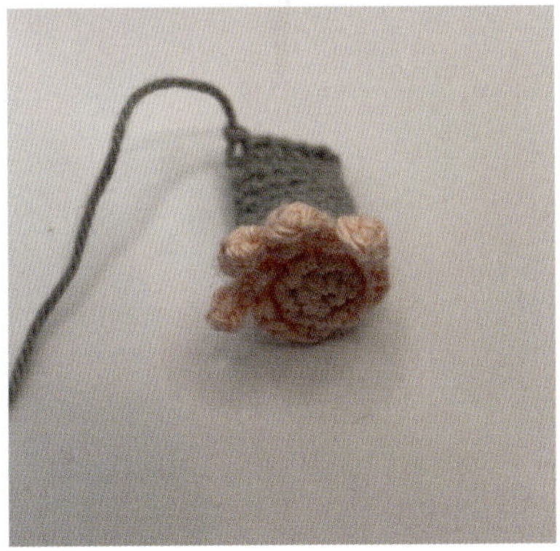

Beine (2x)

Starte in Baby Pink, dann FW zu Silver.

1. MR 6 fM (6)
2. 1 M verd x6 (12)
3. 4 fM, 1 M verd x4, 4 fM (16)
4. vMg 6 fM, (3 Lfm, ab 2. M 2 fM, 1 Km in das gleiche vMg, 1 fM) x4, 6 fM (16)
5. 16 fM in das hMg der Rd 3 (16)

6.-7. 16 fM (2 Rd) (16)

8. 5 fM, 1 M abn x4, 3 fM (12)
9. 5 fM, 1 M abn x2, 3 fM (10)

10.-13. 10 fM (4 Rd) (10)

Fülle die Beine nur bis Rd 9. Häkle 3 fM weiter, falte die Öffnung zusammen und schließe sie mit 5 fM. Fab. Die Beine werden später in den Körper eingehäkelt.

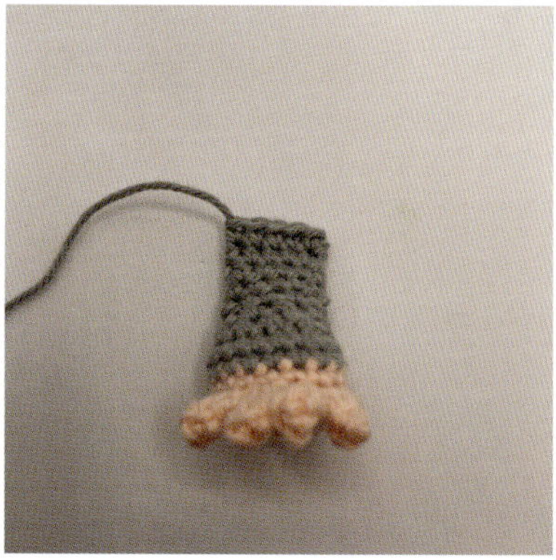

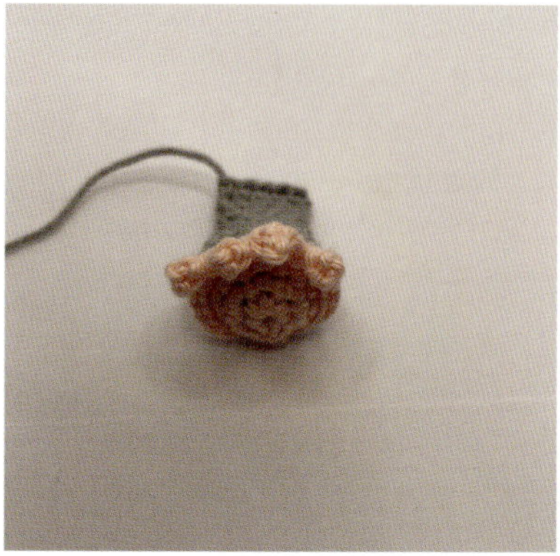

Schwanz

Häkle in Baby Pink. Der Schwanz wird nicht gefüllt. Es wird in R gehäkelt.

1. 36 Lfm, wenden, ab 2. M zurück

2.-6. 35 fM, 1 Wlfm (5 R) (35+1)

Lege dein Häkelstück an der langen Kante aufeinander und häkle es mit 35 fM zusammen. Stich dabei bei den oben liegenden M ins vMg und bei den darunterliegenden M ins hMg ein. lFab. Verschließe die kleine Öffnung vorne und nähe den Schwanz an den Körper.

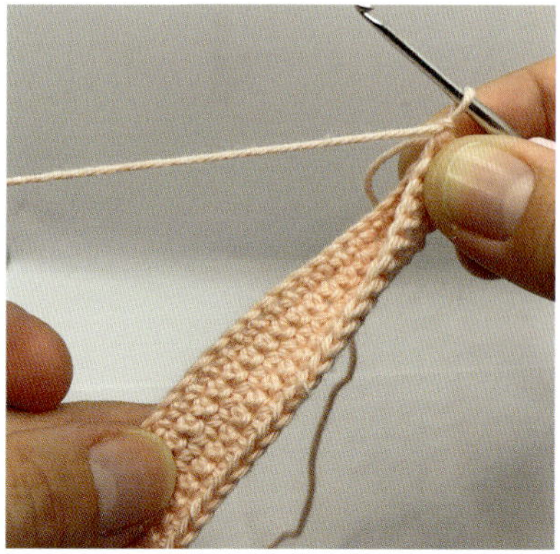

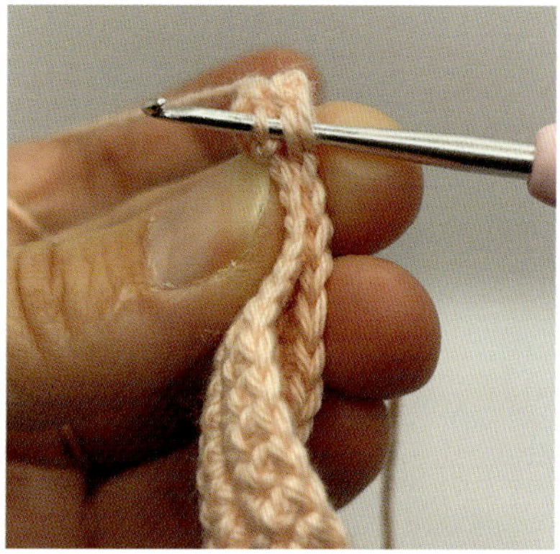

lFab. Verschließe die kleine Öffnung vorne und nähe den Schwanz an den Körper, und zwar zwischen den Rd 5-7 mittig an den Po.

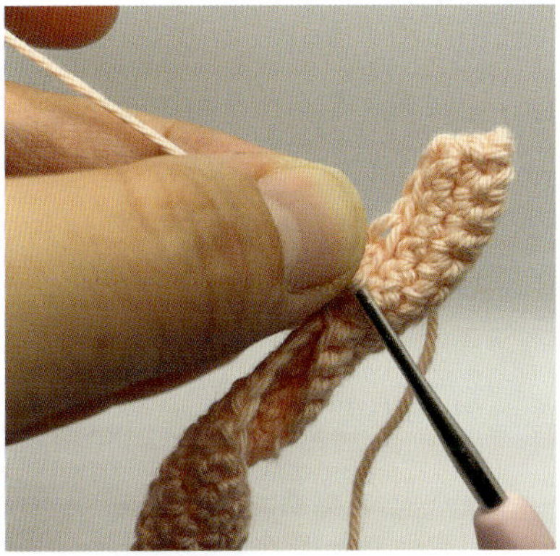

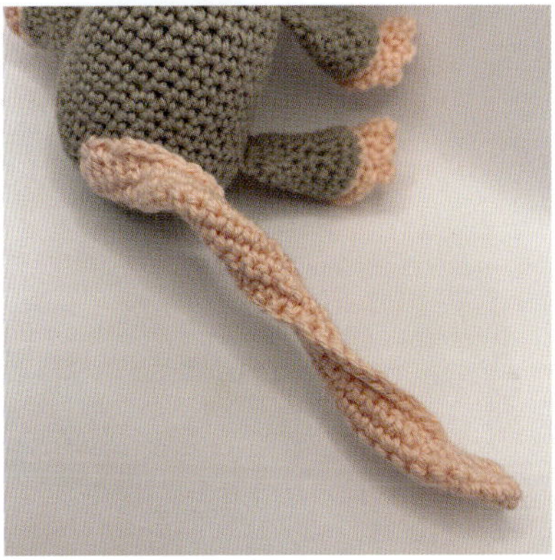

Schwanz häkeln

Wichtig

Achte beim Einhäkeln der Arme und Beine darauf, dass die Zehen und Finger nach oben/vorne zeigen.

Körper

Häkle in **Silver**.

1. MR 6 fM (6)
2. 1 M verd x6 (12)
3. (1 fM, 1 M verd) x6 (18)
4. (2 fM, 1 M verd) x6 (24)
5. (3 fM, 1 M verd) x6 (30)
6. (4 fM, 1 M verd) x6 (36)

7.-9. 36 fM (3 Rd) (36)

10. 9 fM, **Bein 1** mit 5 fM einhäkeln, 8 fM, **Bein 2** mit 5 fM einhäkeln, 9 fM (36)
11. 6 fM, 1 M abn x2, 16 fM, 1 M abn x2, 6 fM (32)
12. 32 fM (32)
13. 10 fM, 1 M abn, 10 fM, 1 M abn, 8 fM (30)

14.-20. 30 fM (7 Rd) (30)

21. 10 fM, **Arm 1** mit 5 fM einhäkeln, 3 fM, **Arm 2** mit 5 fM einhäkeln, 7 fM (30)

Starte hier mit dem Füllen.

22. (3 fM, 1 M abn) x6 (24)
23. (2 fM, 1 M abn) x6 (18)
24. (1 fM, 1 M abn) x6 (12)

Noch einmal gut stopfen. KmlFab. Nähe jetzt den Kopf am Körper fest.

Nähe den Kopf dann zwischen den Rd 14-20 an die Öffnung des Körpers. Fülle dabei noch ein bisschen Füllmaterial nach.

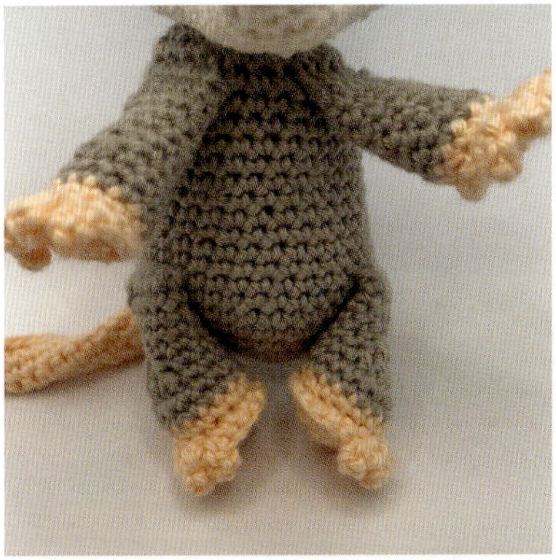

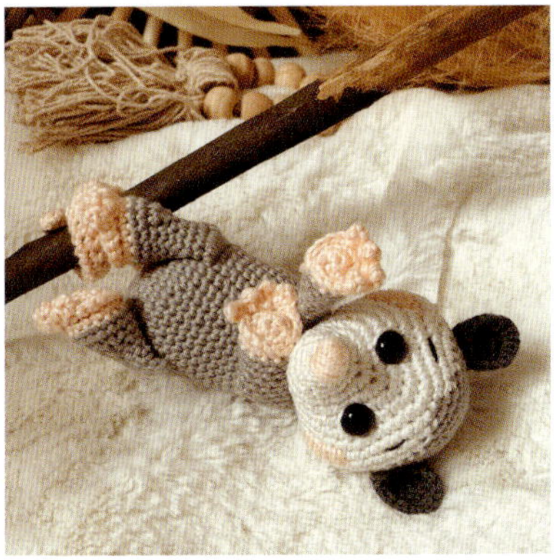

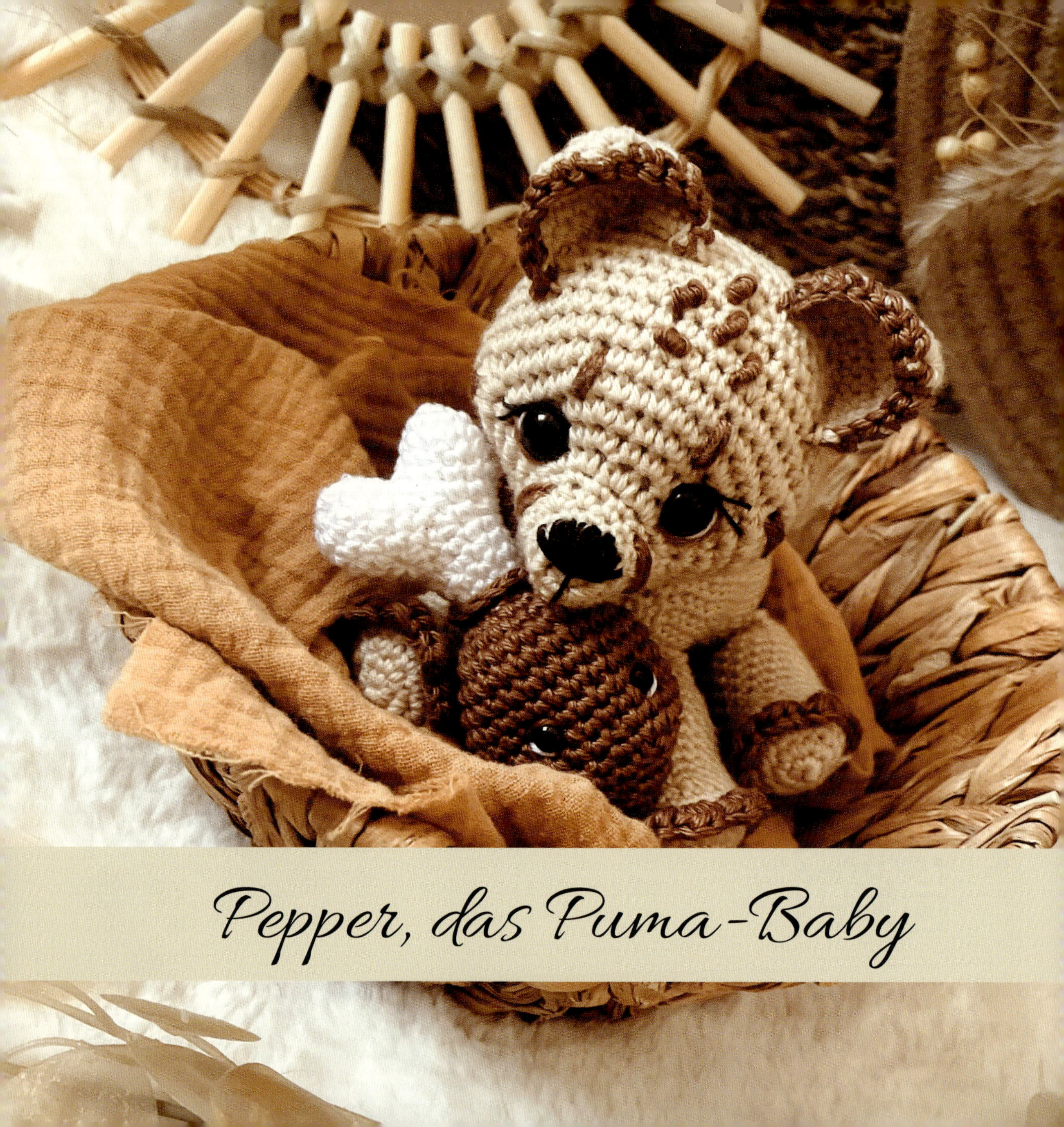

Pepper, das Puma-Baby

Infos & Material

Schwierigkeitsgrad: ●●
Maschenart: geeignet für fM in X und V
Wolle: Hobbii Friends Cotton 8/4
- 09 Nougat
- 20 Americano

Häkelnadel: 2,00 mm
Sicherheitsaugen: 10 mm Ø
Sonstiges Material:
- Schere
- Füllwatte
- Stopfnadel & Stickgarn
- Maschenmarkierer

Faktencheck

Der Puma ist die zweitgrößte Katzenart der Welt. Mit Ausnahme der Paarungszeit sind Pumas Einzelgänger. Ein Puma-Baby wiegt bei der Geburt ca. 230-350 Gramm und ist etwa 25 cm groß.

Nach knapp zwei Monaten beginnt das Puma-Baby, feste Nahrung zu fressen. Es bleibt dann noch eine Weile bei seiner Mutter, doch mit ca. 20 Monaten geht es seine eigenen Wege.

Kopf

Häkle in **Nougat**.

1. MR 6 fM (6)
2. 1 M verd x6 (12)
3.-4. 12 fM (2 Rd) (12)
5. 2 fM, 1 hStb verd x2, 4 fM, 1 hStb verd x2, 2 fM (16)
6. 16 fM (16)
7. 5 fM, 1 M verd x6, 5 fM (22)
8. 5 fM, (1 fM, 1 M verd) x6, 5 fM (28)
9. 5 fM, (2 fM, 1 M verd) x3, (1 M verd, 2 fM) x3, 5 fM (34)
10. 5 fM, (3 fM, 1 M verd) x3, (1 M verd, 3 fM) x3, 5 fM + 1 Agm (40+1)

Setze hier deinen neuen Rdanf.

11. 5 fM, 1 hStb verd, 1 Stb verd x2, 1 hStb verd, 22 fM, 1 hStb verd, 1 Stb verd x2, 1 hStb verd, 5 fM (48)
12.-18. 48 fM (7 Rd) (48)
19. (6 fM, 1 M abn) x6 (42)

Setze die Sicherheitsaugen zwischen den Rd 6/7 mit einem Abstand von 6 sichtbaren M ein.

20. (5 fM, 1 M abn) x6 (36)
21. (4 fM, 1 M abn) x6 (30)
22. (3 fM, 1 M abn) x6 (24)

Stopfe den Kopf mit Füllmaterial fest aus.

23. (2 fM, 1 M abn) x6 (18)
24. (1 fM, 1 M abn) x6 (12)

Noch einmal gut füllen.

25. 1 M abn x6 (6)

Fab und vernähen. Vertiefe die Augen (siehe *Häkeltechniken*).

Sticke jetzt noch ein paar schöne Augendetails auf. Die Augenbrauen kannst du mit braunem Garn aufsticken. Sticke nun mit schwarzem Garn noch eine Nase auf.

Ohren (2x)

Starte in **Nougat**. Es wird in R gehäkelt. Der MR wird nicht zum Ring geschlossen.

1. MR 5 fM, 1 Wlfm (5+1)
2. 1 M verd, 3 fM, 1 M verd, 1 Wlfm (7+1)
3. 1 M verd, 5 fM, 1 M verd, 1 Wlfm (9+1)
4. 9 fM (9)
5. 1 M verd, 7 fM, 1 M verd, 1 Wlfm (11+1)
6.-7. 11 fM, 1 Wlfm (2 R) (11+1)

FW zu **Americano**.

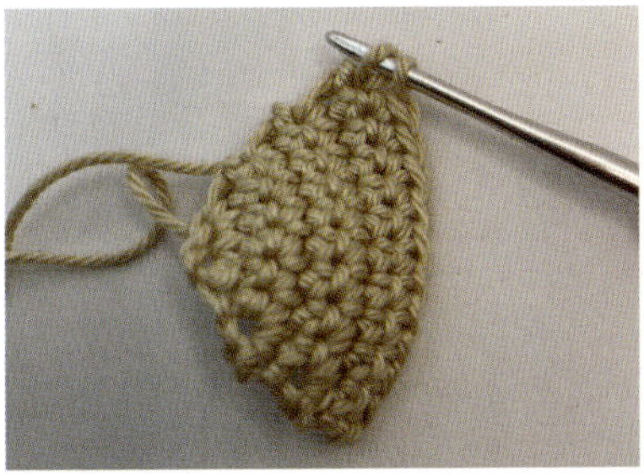

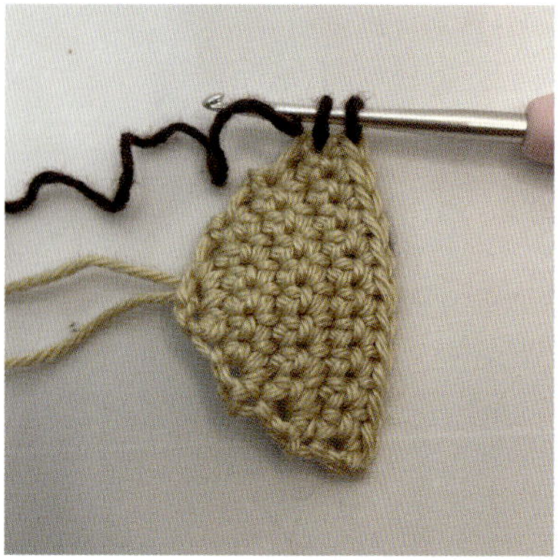

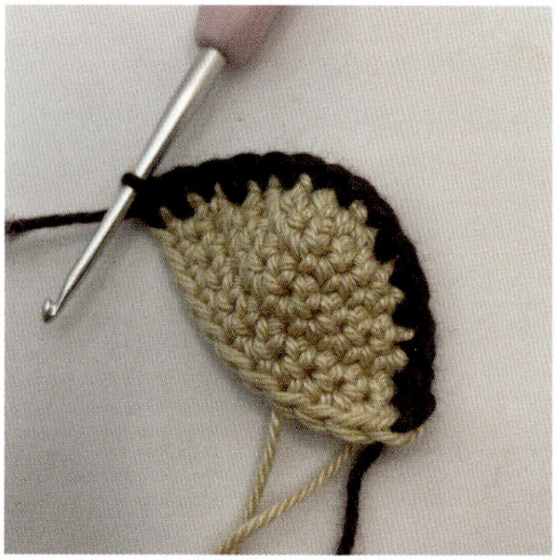

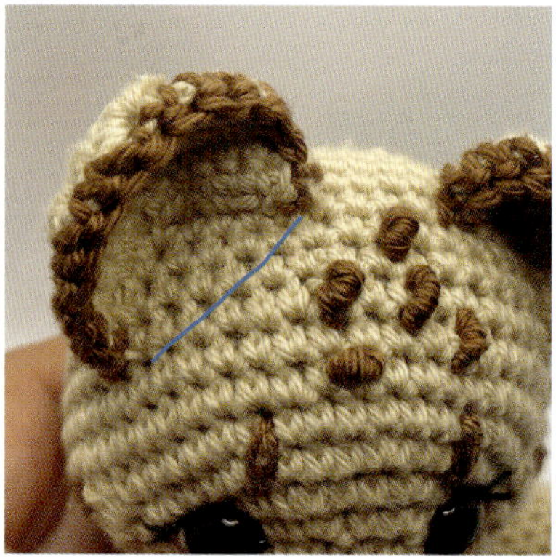

8. 14 fM

lFab. Mit dem Endfaden werden die Ohren später an den Kopf genäht, und zwar an die Rd 14-17 leicht schräg nach vorne gebeugt.

Tipp

Du kannst deinem Puma auf der Stirn ein paar Highlights setzen, indem du einige Knötchenstiche (S. 20) in dunklerem Braun aufstickst.

Pfoten (4x)

Starte in **Nougat**.

1. MR 6 fM (6)
2. 1 M verd x6 (12)
3. (1 fM, 1 M verd) x6 (18)
4. (2 fM, 1 M verd) x6 (24)

FW zu **Americano**.

5. alle M ins vMg:
   8 fM, (3 hStb in eine M, 1 Km) x4, 8 fM (32)

FW zu **Nougat**.

6. hMg der Rd 4 24 fM (24)
7. 8 fM, 1 M abn x4, 8 fM (20)
8. 8 fM, 1 M abn x2, 8 fM (18)
9. 8 fM, 1 M abn, 8 fM (17)

10.-16. 17 fM (7 Rd) (17)

17. (1 fM, 1 M abn) x5, 2 fM (12)

Fülle nur den unteren Teil der Pfote bis ca. Rd 13. Falte die Öffnung und häkle diese mit 6fM zusammen. Fab und vernähen. Die Pfoten werden später in den Körper eingehäkelt.

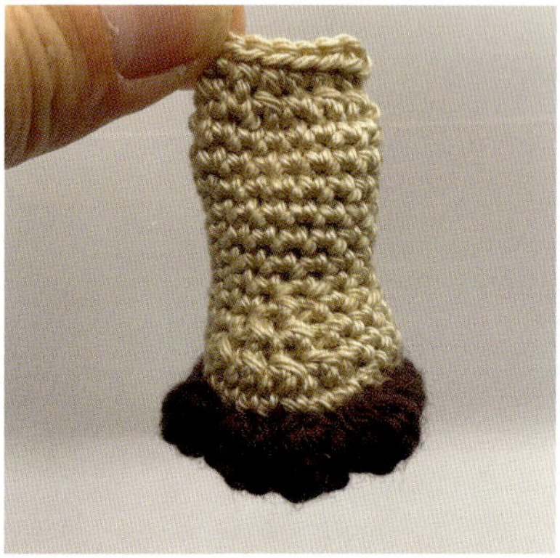

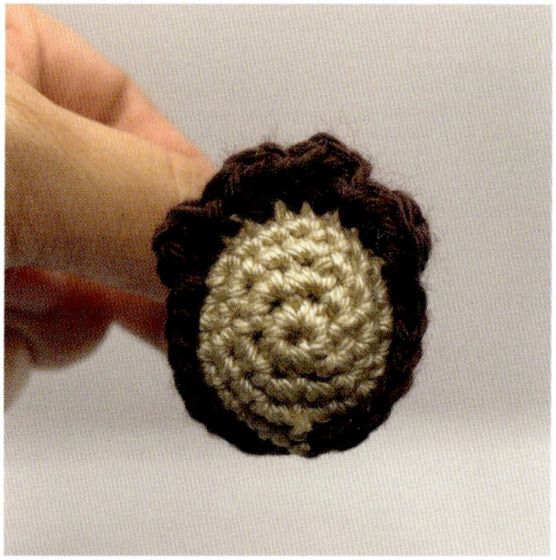

Wichtig

Wenn du die Pfoten gleich in den Körper einhäkelst, müssen sie nach vorne und die Zehen nach oben zeigen.

Körper

Häkle in **Nougat**. Der Rdanf befindet sich am Bauch.

1. MR 8 fM (8)
2. 1 M verd x8 (16)
3. (1 fM, 1 M verd) x8 (24)
4. (2 fM, 1 M verd) x8 (32)
5. (3 fM, 1 M verd) x8 (40)
6. (4 fM, 1 M verd) x8 (48)

7.-10. 48 fM (4Rd) (48)

11. 5 fM, **Pfote 1** mit 6 fM einhäkeln, 26 fM, **Pfote 2** mit 6 fM einhäkeln, 5 fM (48)

12. (1 M abn, 2 fM) x3, 24 fM, (1 M abn, 2 fM) x3 (42)

13. 42 fM + 1 Agm (42+1)

Setze hier deinen neuen Rdanf.

14. (1 M abn, 1 fM) x3, 24 fM, (1 M abn, 1 fM) x3 (36)

15.-19. 36 fM (5 Rd) (36)

20. 36 fM + 1 Agm (36+1)

Setze hier deinen neuen Rdanf.

21. 1 fM, **Pfote 3** mit 6 fM einhäkeln, 22 fM, **Pfote 4** mit 6 fM einhäkeln, 1 fM (36)

22. (4 fM, 1 M abn) x6 (30)

23. 30 fM (30)

Beginne den Körper mit Füllmaterial zu stopfen.

24. (3 fM, 1 M abn) x6 (24)

25. (2 fM, 1 M abn) x6 (18)

26. (1 fM, 1 M abn) x6 (12)

Noch einmal gut stopfen.

27. 1 M abn x6 (6)

KmlFab und das Loch schließen. Mit dem Faden wird der Kopf an den Körper genäht.

Nähe den Kopf an den Rd 5-8 (von Rd 27 aus gezählt) an den Körper.

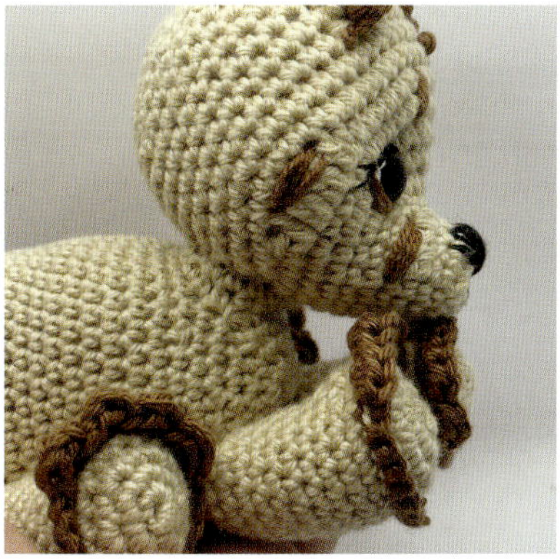

Schwanz

Starte in **Americano**. Der Schwanz wird leicht gefüllt.

1. MR 6 fM (6)
2. (1 fM, 1 M verd) x3 (9)

3.-5. 9 fM (3 Rd) (9)

FW zu **Beige**.

6.-18. 9 fM (13 Rd) (9)

KmlFab und den Schwanz hinten zwischen den Rd 5/6 mittig an den Po annähen.

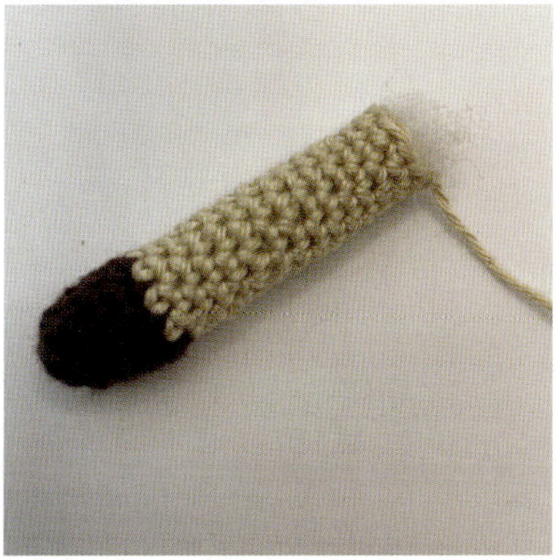

Variation

Du kannst den Puma auch in einem dunklen Farbton häkeln. Hierfür brauchst du folgende Wolle:

Friends Cotton 8/4 Print

- 15 Latte Macchiato

Den »keuligen« Freund findest du als Bonus-Kapitel zum Download unter www.mitp.de/0766.

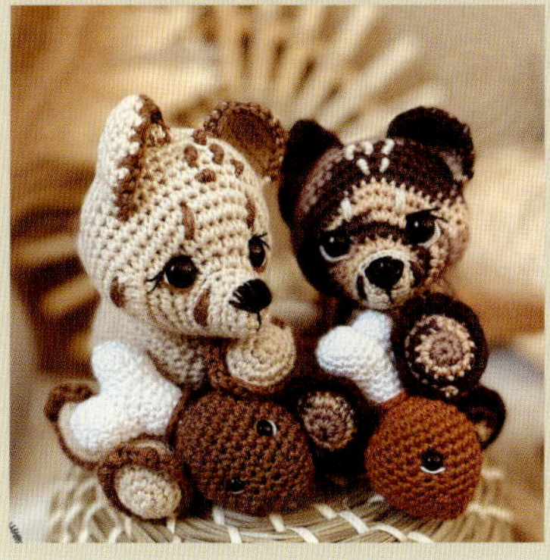

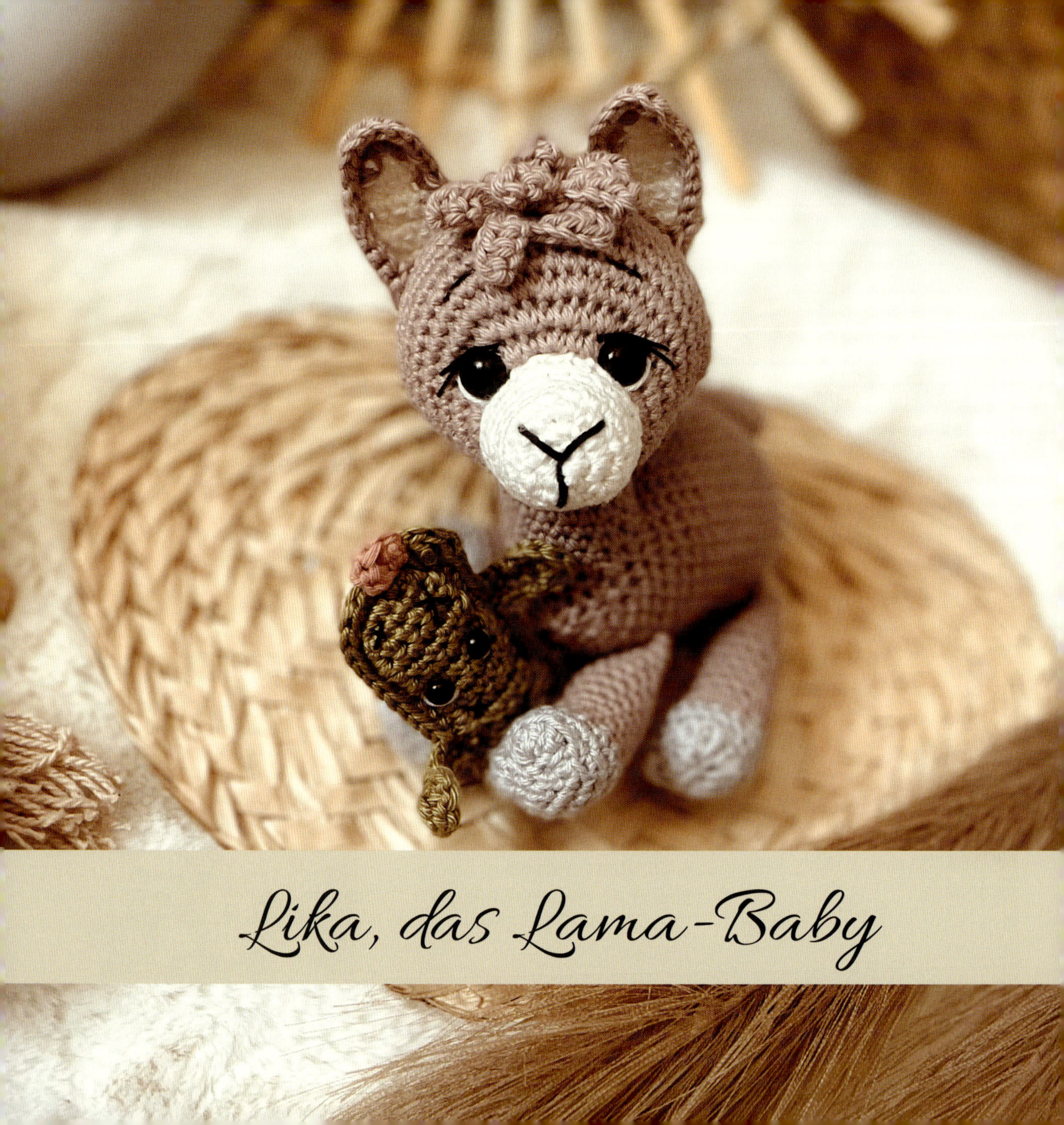

Lika, das Lama-Baby

Infos & Material

Schwierigkeitsgrad:
Maschenart: geeignet für fM in X und V
Wolle: Hobbii Friends Cotton 8/4
- 01 White
- 58 Dusty Mauve
- 119 Gray

Häkelnadel: 2,00 mm
Sicherheitsaugen: 10 mm Ø
Sonstiges Material:
- Schere
- Füllwatte
- Stopfnadel & Stickgarn
- Maschenmarkierer

Faktencheck

Lamas gehören zur Gattung der Kamele und leben in der freien Natur nur in Südamerika.

Nach einer Tragezeit von elf bis zwölf Monaten bringt das Lama-Weibchen ein Fohlen zur Welt. Nur sehr selten gibt es Zwillinge bei den Lamas. Bis junge Männchen geschlechtsreif werden, leben sie mit einem starken Männchen, den Weibchen und anderen Jungtieren in einer Herde aus ca. 30 Tieren, bevor sie vom Leithengst vertrieben werden.

Kopf

Häkle in **Dusty Mauve**.

1. MR 6 fM (6)
2. 1 M verd x6 (12)
3. 12 fM (12)
4. (1 fM, 1 M verd) x6 (18)
5.-7. 18 fM (3 Rd) (18)
8. 5 fM, 1 M verd x8, 5 fM (26)
9. 5 fM, (1 fM, 1 M verd) x8, 5 fM (34)
10. 10 fM, (1 M verd, 1 fM) x7, 10 fM (41)
11. 14 fM, (1 M verd, 2 fM) x4, 15 fM (45)
12.-14. 45 fM (45) (3 Rd) + 1 Agm (45+1)

Setze hier deinen neuen Rdanf.

15. 8 fM, 1 hStb, 1 Stb verd x2, 1 hStb, 21 fM, 1 hStb, 1 Stb verd x2, 1 hStb, 8 fM (49)
16.-18. 49 fM (3 Rd) (49)

Setze jetzt die Sicherheitsaugen zwischen den Rd 8/9 mit einem sichtbaren Abstand von 7 M ein.

19. (5 fM, 1 M abn) x7 (42)
20. (4 fM, 1 M abn) x7 (35)
21. (3 fM, 1 M abn) x7 (28)

Beginne jetzt mit Füllmaterial zu stopfen.

22. (2 fM, 1 M abn) x7 (21)
23. (1 fM, 1 M abn) x7 (14)

Noch einmal gut stopfen.

24. 1 M abn x7 (7)

Fab. Loch schließen und Faden vernähen. Vertiefe die Augen (siehe *Häkeltechniken*). Sticke jetzt deinem Lama noch ein paar schöne Augendetails auf.

Schnauze

Häkle in **White**.

1. MR 6 fM (6)
2. 1 M verd x6 (12)
3. (1 fM, 1 M verd) x6 (18)
4.-6. 18 fM (3 Rd) (18)
7. (2 fM, 1 M verd) x6 (24)
8. hMg 24 fM (24)

lFab und nähe die Schnauze vorne am Kopf an. Stülpe die Schnauze vorne am Kopf über den MR.

Beim Annähen kannst du die Schnauze noch ein bisschen mit Füllmaterial stopfen. Sticke nun deinem Lama noch eine Nase mit schwarzem Stickgarn auf.

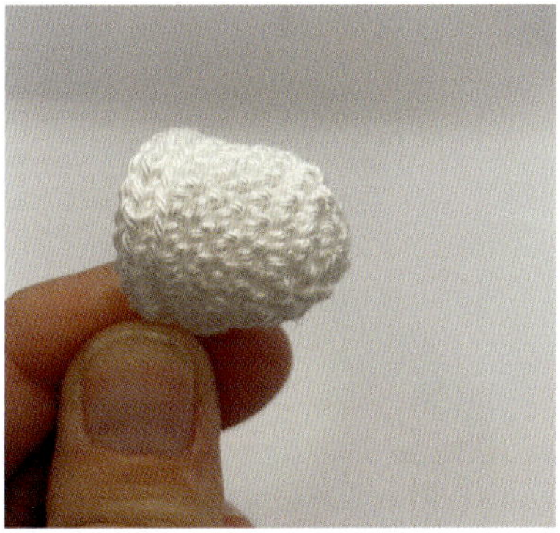

Mähne

Häkle in **Dusty Mauve**.

Kette zwischen den Augen mittig zwischen den R 13/14 an.

Häkle 5 Lfm, ab 2. M 4 hStb, 1 fM in die nächste M am Kopf

Häkle in einem Kreis genau so weiter, sodass du am Schluss 7 Haarsträhnen erhältst.

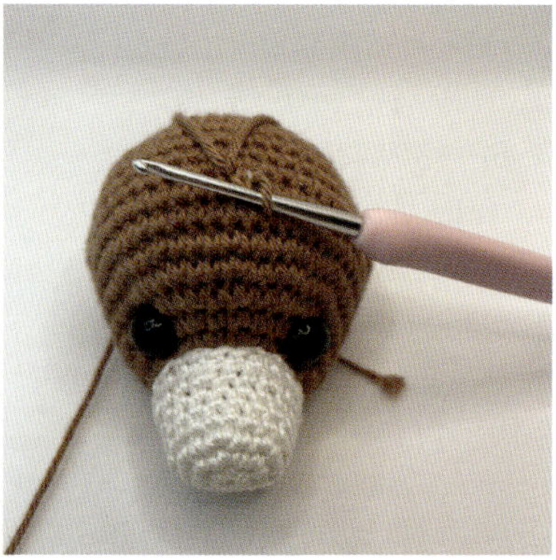

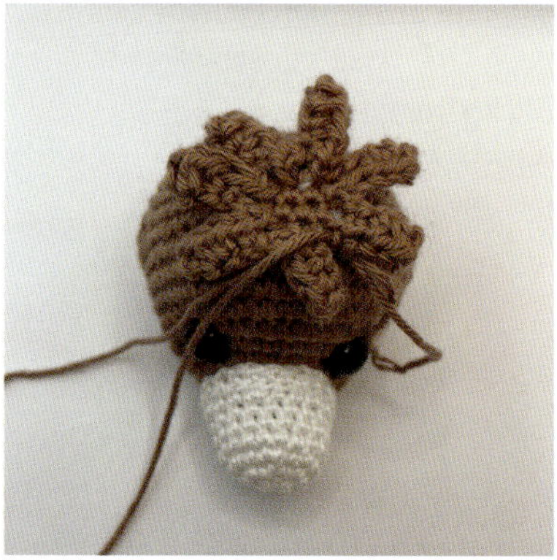

In die Mitte des Kreises häkelst du noch zwei weitere Haarsträhnen.

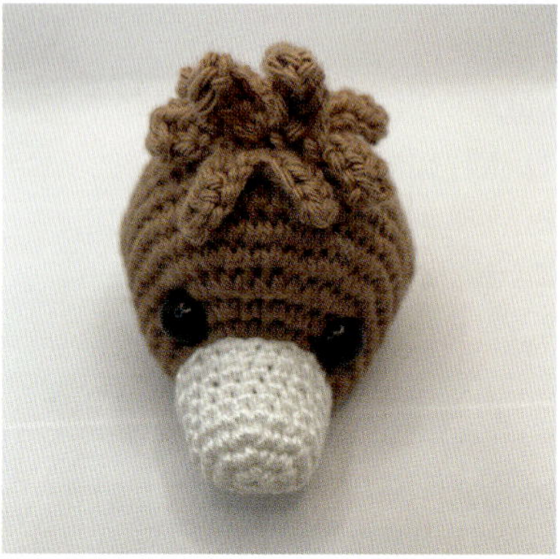

Haarsträhnen anhäkeln

Ohren (2x)

Starte in **White**. Es wird in R gehäkelt.

1. Lfmk 2 Lfm, wenden, ab 2. M zurück (2)
2. 1 M verd, 1 Wlfm (2+1)
3. 1 M verd x2, 1 Wlfm (4+1)

4.-9. 4 fM, 1 Wlfm (6 R) (4+1)

10. 4 fM (4)

Fab und das Fadenende vernähen.

FW zu **Dusty Mauve**.

Umhäkle das Häkelstück wie folgt:

11. 7 fM bis zur Spitze, 1 M verd x3 an der Oberkante, 11 fM an der anderen Seite nach unten (24)

12. 8 fM, 3 hStb verd, 13 fM (27)

KmlFab. Nähe das Ohr unten an 2M ein bisschen zusammen. Nähe die Ohren am Kopf deines Lamas mit einem Abstand von 20 M an die Rd 18. Weil die Ohren sehr lang sind, kannst du sie nach oben hin noch ein bisschen annähen, sodass du zwischen den Ohren noch einen Abstand von 10 M hast.

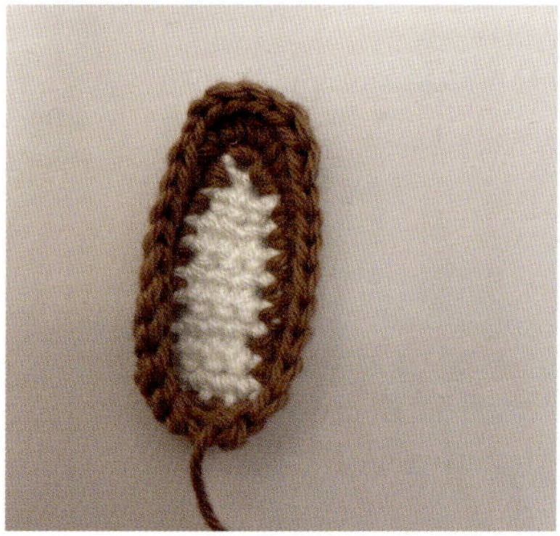

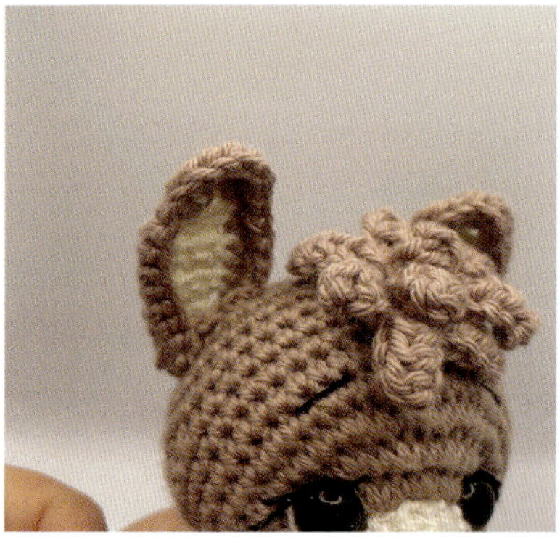

Beine (4x)

Starte in **Gray**. Es wird in R gehäkelt.

1. 5 Lfm, wenden, ab 2. M zurück (5)

2.-3. 4 fM, 1 Wlfm (2R) (4+1)

4. 4 fM (4)

Es wird in Rd gehäkelt.

5. 1 fM in dieselbe M/Ecke, 1 fM, 3 Stb in eine M, 2 lockere Km, 3 Stb in eine M, 3 fM

Setze hier deinen neuen Rdanf.

6. Die ganze Rd ins hMg häkeln: 8 fM, 1 M abn, 6 fM (15)

7.-8. 15 fM (2 Rd) (15)

FW zu **Dark Mauve**.

9. 7 fM, (1 M abn, 1 fM) x2, 2 fM (13)

10.-18. 13 fM (9 Rd) (13)

Stopfe die Hufe gut mit Füllmaterial. Das restliche Bein wird nur leicht gefüllt. Häkle 2 Agm. Falte die Öffnung und häkle sie mit 6 fM zusammen.

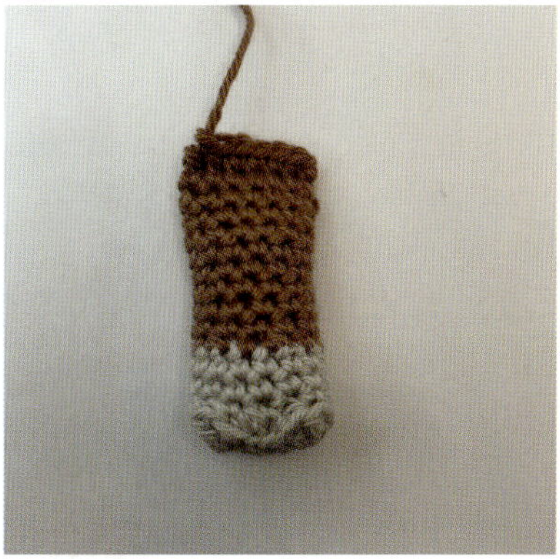

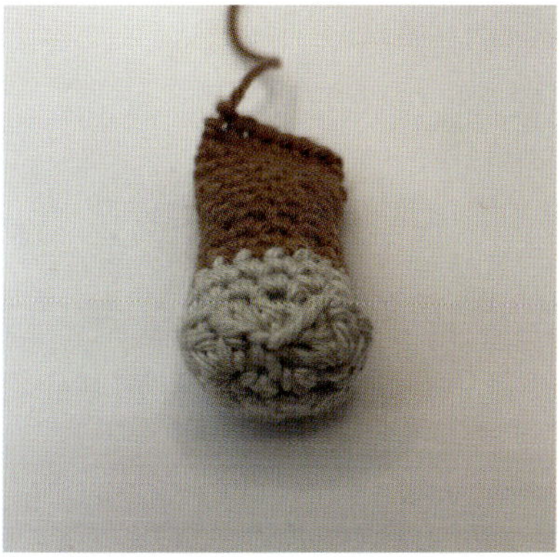

Wichtig

Wenn du gleich die Hufe anhäkelst, musst du darauf achten, dass die Stb aus Rd 5 nach vorne zeigen.

Das ist auch wichtig, wenn du die Beine an den Körper häkelst – auch hier müssen die Hufe mit den Spitzen nach vorne zeigen!

Körper

Häkle in **Dusty Mauve**. Der Rdanf befindet sich vorne am Bauch.

1. MR 8 fM (8)

2. 1 M verd x8 (16)

3. (1 fM, 1 M verd) x8 (24)

4. (2 fM, 1 M verd) x8 (32)

5. (3 fM, 1 M verd) x8 (40)

6. (4 fM, 1 M verd) x8 (48)

7.-10. 48 fM (4 Rd) (48)

11. 5 fM, **Bein** mit 6 fM einhäkeln, 26 fM, **Bein** mit 6 fM einhäkeln, 5 fM (48)

12. (1 M abn, 2 fM) x3, 24 fM, (1 M abn, 2 fM) x3 (42)

13. 42 fM (42)

14. (1 M abn, 1 fM) x3, 24 fM, (1 M abn, 1 fM) x3 (36)

15.-20. 36 fM (6 Rd) (36)

21. 1 fM, **Bein** mit 6 fM einhäkeln, 22 fM, **Bein** mit 6 fM einhäkeln, 1 fM (36)

22. (4 fM, 1 M abn) x6 (30)

Wichtig

In Rd 23 häkelst du den Halsausschnitt. Dieser sollte sich genau mittig befinden. Falls nicht, passe bitte die Maschenanzahl mit Agm dementsprechend an.

23. 11 fM, 8 LfM, 8 M üspr, 11 fM (30)

24. (3 fM, 1 M abn) x6 (24)

25. (2 fM, 1 M abn) x6 (18)

26. (1 fM, 1 M abn) x6 (12)

27. 1 M abn x6 (6)

KmFab. Loch verschließen und Faden vernähen.

Hals

Häkle in **Dusty Mauve**. Starte in der rechten Ecke mit 1 Lfm.

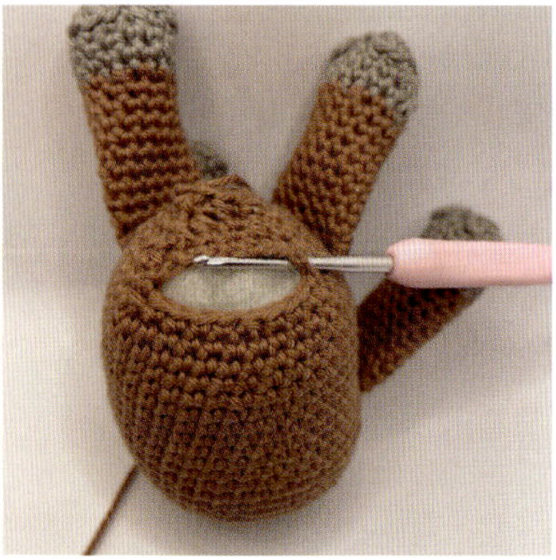

Häkle 18 fM. Die Ecken werden mit behäkelt.

1.-6. 18 fM (6 Rd) (18)

KmlFab. Nähe jetzt den Kopf zwischen den Rd 11-18 an den Hals deines Lamas Lika.

Tipp

Wenn du dir nochmal anschauen möchtest, wie man Körperteile anhäkelt, dann findest du in den *Häkeltechniken* eine Anleitung sowie einen QR-Code zu einem Video auf Youtube, wo ich dir das alles nochmal genau zeige.

Schwänzchen

Häkle in Dusty Mauve. Das Schwänzchen wird nicht gefüllt.

1. MR 6 fM (6)
2. 1 M verd x 6 (12)

3.-10. 12 fM (8 Rd) (12)

Lege beide Seiten aufeinander und häkle die Öffnung mit 6 fM zusammen.

Nähe den Schwanz hinten zwischen den Rd 6/7 mittig an den Po deines Lamas.

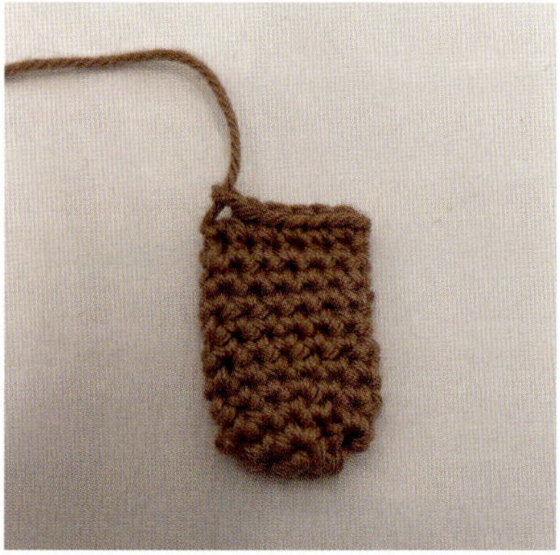

Bonus: Kaktus

Um für Lika zusätzlich noch einen kleinen Kaktus-Freund zu häkeln, brauchst du folgende Wolle:

Hobbii Friends Cotton 8/4

- 52 Dusty Rose
- 114 Sage

Zusätzlich:

- Sicherheitsaugen: 6 mm

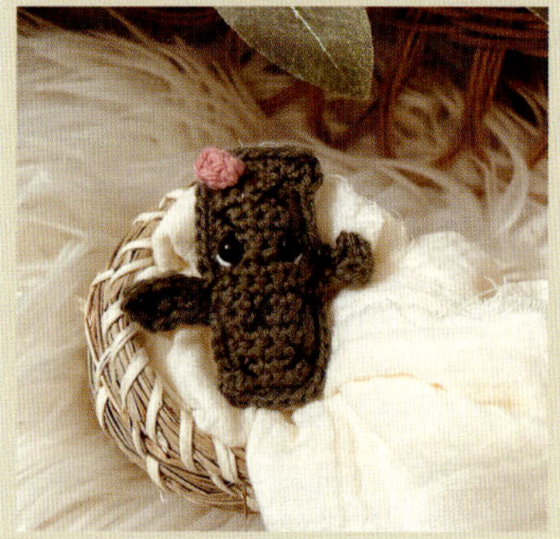

Körper

Häkle in Sage. Es wird in R gehäkelt.

1. 6 Lfm, wenden, ab der 2. M zurück (6)

2.-16. 5 fM, 1 Wlfm (15 R) (5+1)

Jetzt umhäkelst du diesen Teil wie folgt:

1 fM in die letzte M, 7 fM, 6 Lfm, wenden, ab 2. M zurück 5 fM, 1 Km in den Anfang der Lfmk, 20 fM, 6 Lfm, wenden, ab 2. M

zurück 5 fM, 1 Km in den Anfang der Lfmk, 4 fM, 1 Km

Beim zweiten Teil häkelst du keine Km.

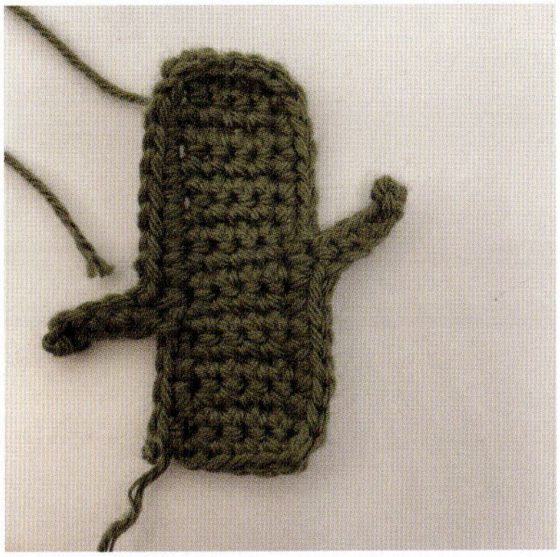

Setze bei einem der beiden Teile nun die Sicherheitsaugen zwischen den Rd 9/10 mit einem Abstand von 2 M ein.

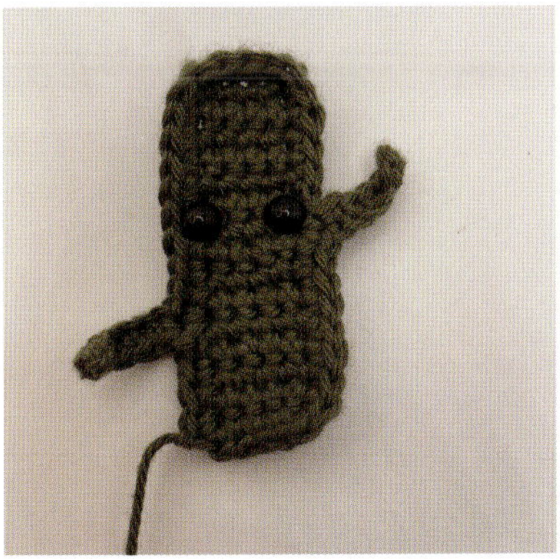

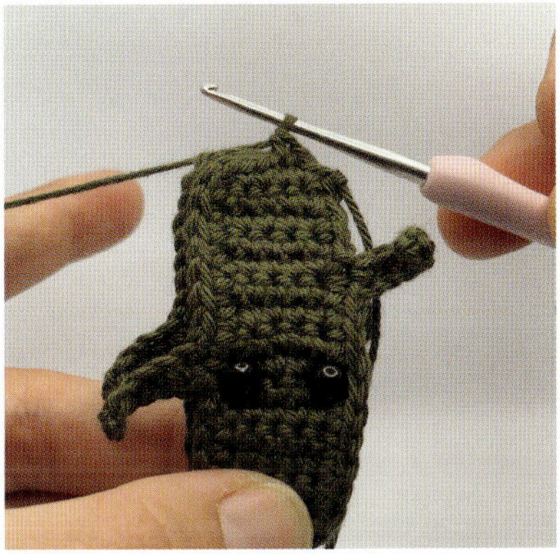

Lege beide Teile so zusammen, dass die Lfmk an derselben Seite aufeinander liegen und häkle durch beide Teile wie folgt:

5 fM, 2 fM in die Ecke, 7 fM, 4 Km,
2 Lfm, 4 Stb in eine M, 1 Km,
8 fM, (1 hStb, 3 Stb in eine M),
4 fM, 2 fM in die Ecke, 7 fM, 1 Km,
4 fM, 2 Lfm, 4 Stb in eine M, 5 Km

Stopfe jetzt leicht mit Füllmaterial aus und häkle weitere 4 fM.

KmFab und vernähen.

Jetzt kannst du noch ein paar Augendetails und ein paar Stacheln hinzufügen. Dazu habe ich mit schwarzem Stickgarn ein paar »X« auf den Körper gestickt.

Kleine Rose

Häkle in **Dusty Rose**.

MR 2 Lfm, 5 Stb in den Ring, mit einer Km schließen

lFab und die Rose so an den Kaktus annähen, wie es dir gefällt.

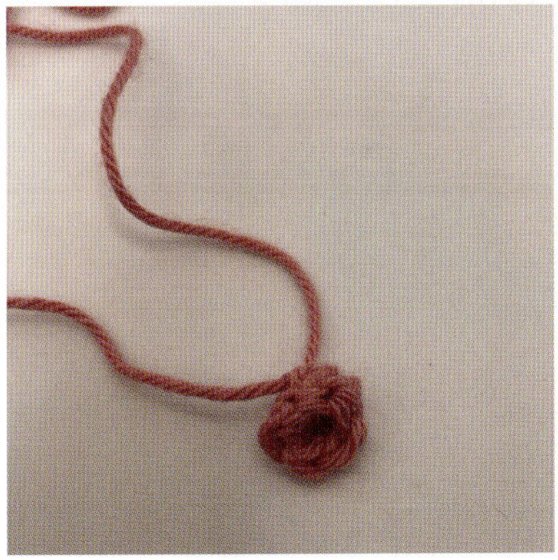

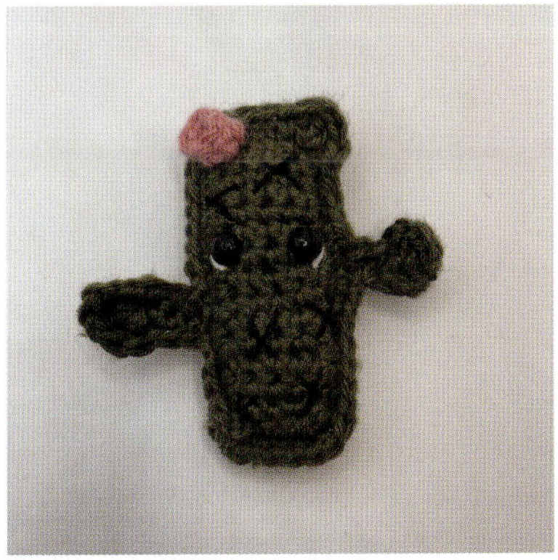

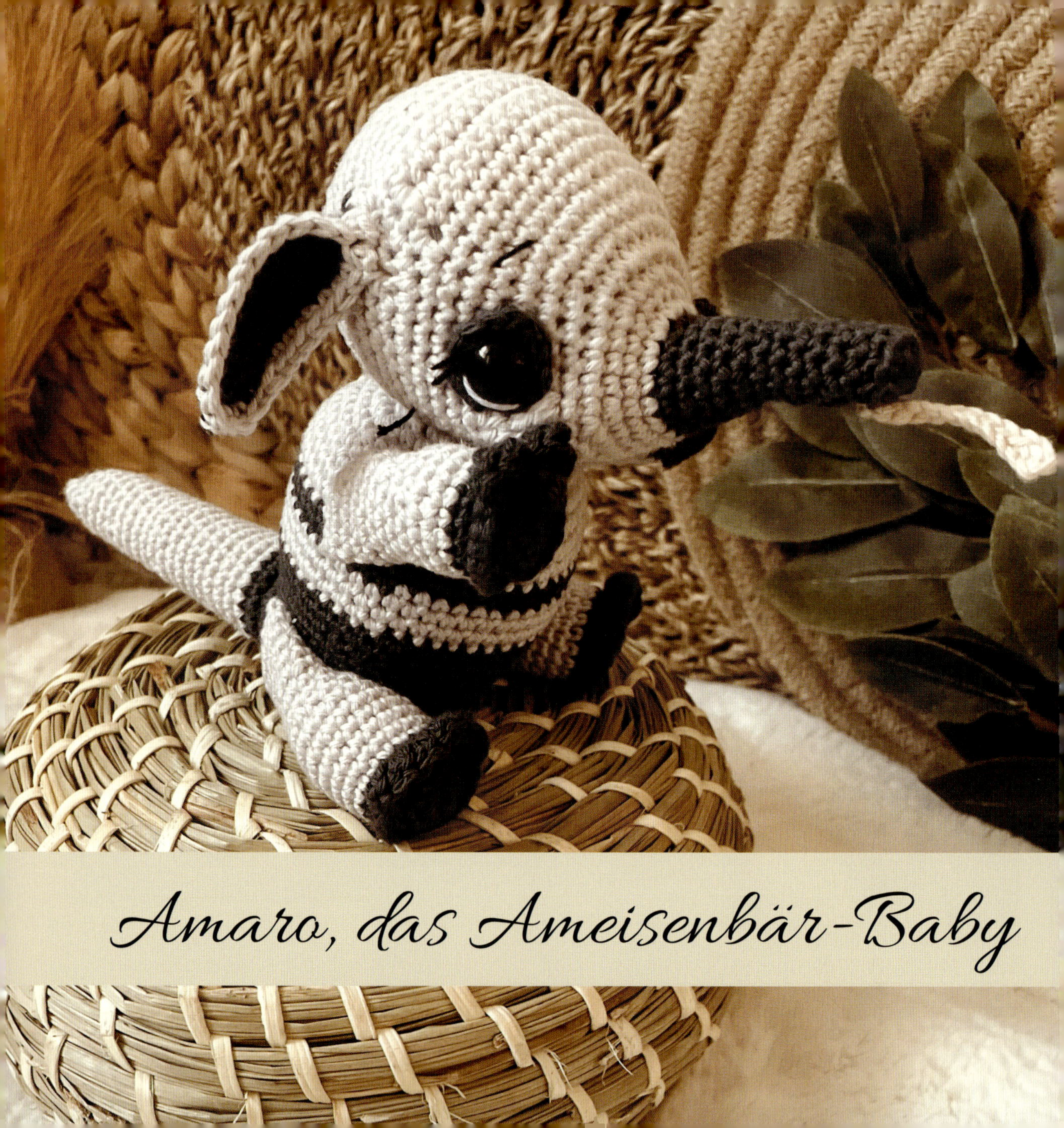

Amaro, das Ameisenbär-Baby

Infos & Material

Schwierigkeitsgrad: 3 von 3

Maschenart: geeignet für fM in X und V

Wolle: Hobbii Friends Cotton 8/4

- 51 Baby Pink
- 117 Light Gray
- 123 Charcoal

Häkelnadel: 2,00 mm

Sicherheitsaugen: 12 mm Ø

Sonstiges Material:

- Schere
- Füllwatte
- Stopfnadel & Stickgarn
- Maschenmarkierer

Faktencheck

Ameisenbären leben in Mittel- und Südamerika. Weibchen bringen in der Regel nur ein einziges Jungtier pro Wurf zur Welt. In den Monaten nach der Geburt reitet das Jungtier auf dem Rücken der Mutter.

Manche Ameisenbärenarten leben auch auf Bäumen, wo sie ihre Jungtiere während der Nahrungssuche zurücklassen. Tatsächlich ernähren sich Ameisenbären beinahe ausschließlich von Ameisen und Termiten, die sie durch ihre ausgezeichnete Nase aufspüren.

Wichtig

In dieser Anleitung werden Farbwechsel unter anderem durch eine veränderte Schriftfarbe angezeigt. Orientiere dich dafür auch an der Farbauflistung im Kasten links.

Augen-Patches (2x)

Häkle in **Charcoal**.

1. MR 6 fM (6)
2. 1 M verd x6 (12)

Fab und Faden vernähen.

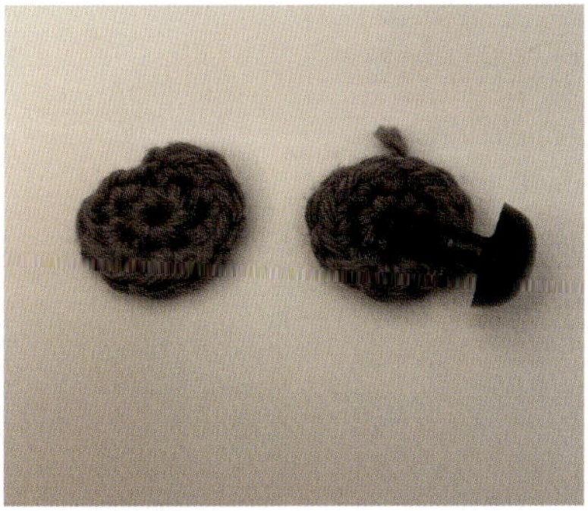

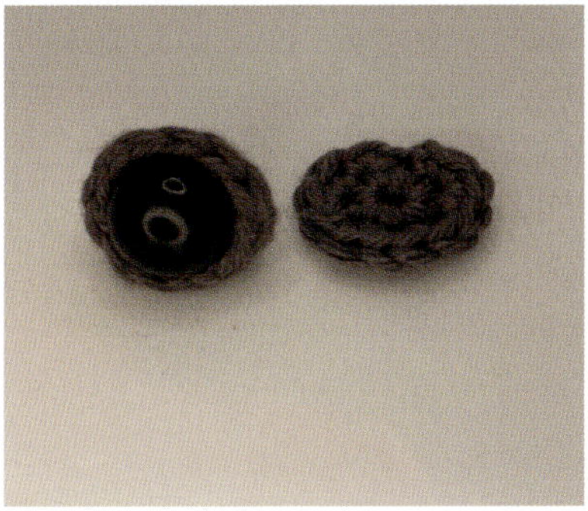

Kopf

Starte in **Charcoal**, dann FW zu **Light Gray**.

1. MR 6 fM (6)

2. (1 fM, 1 M verd) x3 (9)

3. hMg 9 fM (9)

4.-9. 9 fM (6 Rd) (9)

10. 1 M verd x2, 4 fM, 1 M verd x2, 1 fM (13)

11.-12. 13 fM (2Rd) (13)

13. 2 fM, 1 M verd, 7 fM, 1 M verd, 2 fM (15)

14. 2 fM, 1 M verd, 2 fM, 1 M verd x4, 2 fM, 1 M verd, 3 fM (21)

15. 21 fM (21)

16. 3 fM, 1 M verd, 3 fM, 1 M verd x6, 3 fM, 1 M verd, 4 fM (29)

17. 4 fM, 1 M verd, 3 fM, (1 M verd, 1 fM) x3, (1 fM, 1 M verd) x3, 3 fM, 1 M verd, 5 fM + 1 Agm (37+1)

Setze hier deinen neuen Rdanf.

18. 37 fM (37)

19. 6 fM, 1 hStb verd, 1 Stb verd, 1 hStb verd, (2 fM, 1 M verd) x3, (1 M verd, 2 fM) x3, 1 fM, 1 hStb verd, 1 Stb verd, 1 hStb verd, 6 fM (49)

20. 6 fM, 7 hStb, 24 fM, 7 hStb, 5 fM (49)

21.-22. 49 fM (2 Rd) (49)

23. 1 M abn x2, 43 fM, 1 M abn (46)

24. 34 fM, 1 Wlfm (34+1)

Es wird in R gehäkelt:

20 fM, 1 Wlfm (20+1)

20 fM, 1 Wlfm (20+1)

20 fM, 1 Wlfm (20+1)

20 fM (20)

Es wird in Rd gehäkelt:

4 fM seitlich entlang der R, 12 fM (50)

25. 14 fM, 4 fM seitlich entlang der R, 36 fM (54)

26. (7 fM, 1 M abn) x6 (48)

Wichtig

Die Öffnung für den Hals sollte sich direkt mittig befinden.

Falls dies bei dir nicht der Fall ist, passe die Maschenanzahl individuell an.

27. 46 fM, die restlichen M bleiben unbehäkelt.

Setze hier deinen neuen Rdanf.

28. 7 Lfm, 7 fM üspr, 41 fM (48)

29. 48 fM (48)

30. (6 fM, 1 M abn) x6 (42)

31. (5 fM, 1 M abn) x6 (36)

32. (4 fM, 1 M abn) x6 (30)

Jetzt werden die Augen befestigt.

Erst werden die Sicherheitsaugen direkt durch die Mitte des MR vom Patch gesetzt und dann im Kopf befestigt. Sie liegen zwischen den Rd 19/20 mit einem Abstand von 20 sichtbaren M.

Beginne, den Kopf zu füllen.

33. (3 fM, 1 M abn) x6 (24)

34. (2 fM, 1 M abn) x6 (18)

35. (1 fM, 1 M abn) x6 (12)

Noch einmal fest stopfen.

36. 1 M abn x6 (6)

Fab und Faden vernähen. Vertiefe die Augen (siehe *Häkeltechniken*).

Ohren (2x)

Starte in **Charcoal**, dann FW zu Light Gray. Es wird in R gehäkelt.

1. Lfmk 10 Lfm, wenden, ab 2. M zurück

2.-4. 9 fM, 1 Wlfm (3 R) (9+1)

Umhäkle nun das Ohr wie folgt:

5. 9 fM, 1 M abn x2 an der Spitze, 9 fM an der anderen Seite zurück (20)

Falte jetzt das Ohr an der unteren Seite und häkle es mit 2 fM zusammen. KmlFab. Nähe die Ohren anschließend zwischen den Rd 26/29 mit einem Abstand von 20 M am Kopf an.

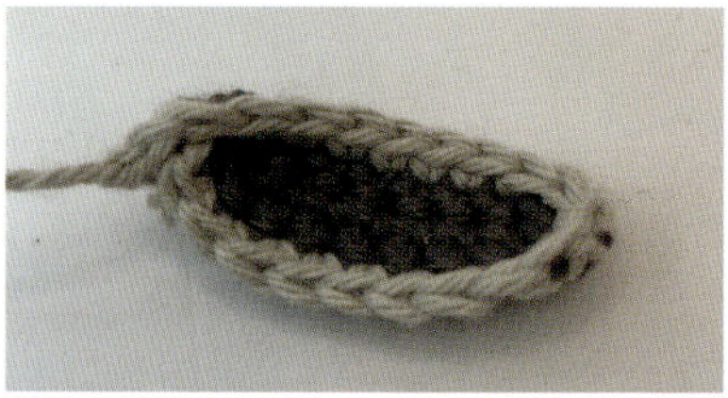

Beine (2x)

Starte in **Charcoal**, dann FW zu Light Gray.

1. MR 6 fM (6)

2. 1 M verd x6 (12)

3. (1 fM, 1 M verd) x6 (18)

4. vMg 6 fM, (2 Stb, 1 Km in eine M) x6, 6 fM (30)

Hinweis

Die Stb bilden die Zehen und werden nicht weiter behäkelt.

5. hMg der Rd 3 18 fM (18)

6.-11. 18 fM (6 Rd) (18)

12. (2 fM, 1 M abn) x4, 2 fM (14)

Fülle das Bein nur bis hier, der Rest wird nicht gefüllt.

13.-19. 14 fM (7 Rd) (14)

Falte beide Seiten des Beins aufeinander und häkle die Öffnung mit 7 fM zusammen.

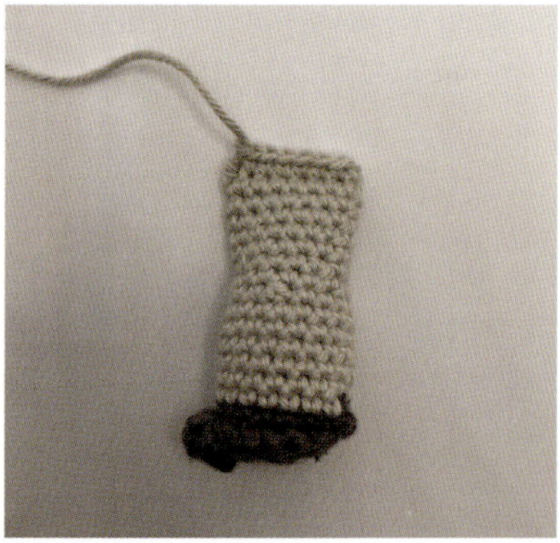

IFab. Nähe die Beine links und rechts nach Rd 7 (von unten gezählt) direkt beim Schwanz an, und zwar von unten gezählt nach Rd 7-13.

Arme (2x)

Starte in **Charcoal**, dann FW zu Light Gray.

1. MR 6 fM (6)
2. 1 M verd x6 (12)
3. (1 fM, 1 M verd) x6 (18)
4. vMg 7 fM, (2 Stb, 1 dStb, 1 Stb, 1 Km in eine M), 1 fM, 3 Lfm, wenden, ab 2. M zurück 1 M verd, 1 fM, 1 Km, (1 Stb, 1 dStb, 2 Stb, 1 Km in eine M), 6 fM (27)

> **Hinweis**
>
> Die Stb bilden die Finger und werden nicht weiter behäkelt.

5. hMg der Rd 3 18 fM (18)
6.-8. 18 fM (3 Rd) (18)
9. (2 fM, 1 M abn) x4, 2 fM (14)
10. 4 fM, 1 M abn x2, 6 fM (12)

Fülle den Arm nur bis hier, der Rest wird nicht gefüllt.

11.-15. 12 fM (5 Rd) (12)

Eventuell brauchst du hier 2 Agm, um hinten in die Mitte zu gelangen. Falte nun die Öffnung und häkle sie mit 6 fM zusammen. IFab. Nähe die Arme zwischen den Rd 4-10 (in einer Linie zu den Ohren) links und rechts am Körper fest, und zwar nach Rd 4-9.

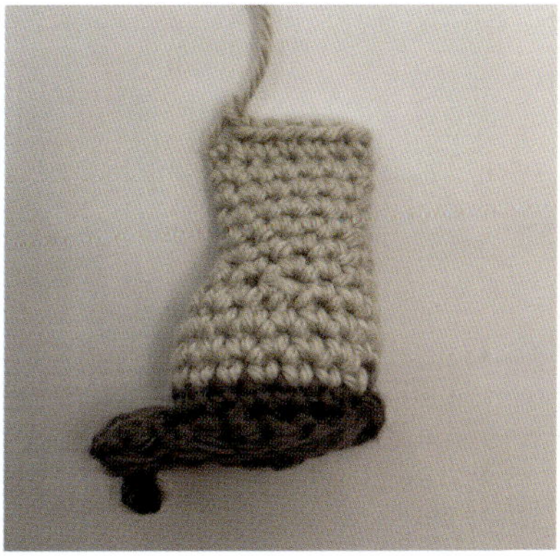

Körper

Starte in Light Gray, dann FW zu **Charcoal**. Kette am Kopf mit 1 Lfm an.

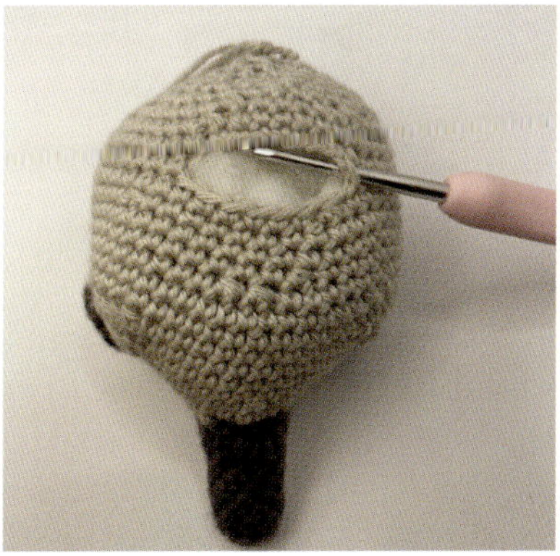

1. 1 M verd x16 (32)
   Auch in den Ecken 1 M verd!
2. (3 fM, 1 M verd) x8 (40)
3. (5 fM, 1 M verd) x6, 4 fM (46)

4.-7. 46 fM (4 Rd) (46)
8.-9. 46 fM (2 Rd) (46)
10.-12. 46 fM (3 Rd) (46)
13.-14. 46 fM (2 Rd) (46)

Stopfe den Körper fortlaufend fest aus.

15. (7 fM, 1 M abn) x5, 1 fM (41)
16. 41 fM (41)
17. (6 fM, 1 M abn) x5, 1 fM (36)
18.-20. 36 fM (3 Rd) (36)
21. (5 fM, 1 M abn) x5, 1 fM (31)

> **Wichtig**
>
> Die Öffnung für den Schwanz sollte sich hinten mittig befinden.
>
> Falls dies bei dir nicht der Fall sein sollte, passe die Maschenanzahl individuell an.

22. 21 fM, 6 Lfm, 6 M üspr, 4 fM (31)
23. hMg 31 fM (31)
24. (4 fM, 1 M abn) x5, 1 fM (26)
25. (3 fM, 1 M abn) x5, 1 fM (21)
26. (2 fM, 1 M abn) x5, 1 fM (16)

Stopfe noch einmal fest nach.

27. (1 fM, 1 M abn) x5, 1 fM (11)
28. 1 M abn x5, 1 fM (6)

Fab und den Faden vernähen.

Loch verschließen

Schwanz

Starte in **Charcoal**, dann FW zu **Light Gray**. Kette hinten am Körper mit 1 Lfm an.

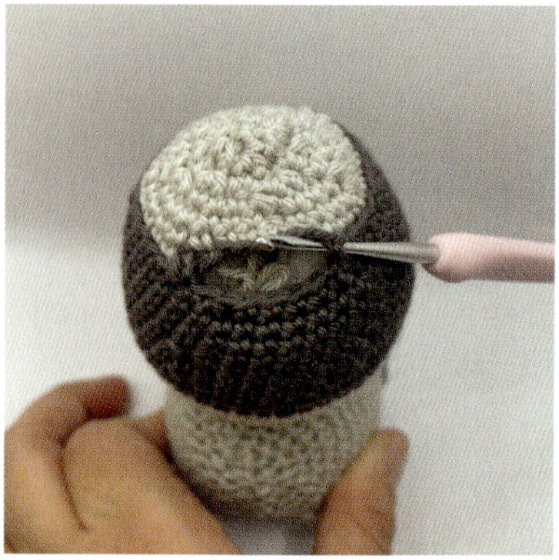

1. (1 fM, 1 M verd) x7 (21)
   Die Ecken werden auch behäkelt.
2. 1 M verd, 9 fM, 1 M verd, 10 fM (23)
3. 13 fM, 10 fM (23)
4. 13 fM, 1 M abn, 2 fM, 1 M abn, 2 fM, 1 M abn (20)
5. 12 fM, 1 M abn, 3 fM, 1 M abn, 1 fM (18)

6.-7. 18 fM (2 Rd) (18)

8. 11 fM, 1 M abn, 3 fM, 1 M abn (16)

9.-12. 16 fM (4 Rd) (16)

13. 10 fM, 1 M abn, 2 fM, 1 M abn (14)

14.-17. 14 fM (4 Rd) (14)

18. 1 M abn, 6 fM, 1 M abn, 4 fM (12)

19.-21. 12 fM (3 Rd) (12)

Stopfe nun den Schwanz

22. (2 fM, 1 M abn) x3 (9)

23. (1 fM, 1 M abn) x3 (6)

Stopfe noch einmal gut nach.

Fab und das Loch schließen. Vernähe den Faden.

Zunge

Häkle in **Baby Pink**.

1. 10 Lfm, wenden, ab 2. M zurück (10)
2. 2 fM in eine M, 8 Km (10)

lFab. Verknote die Anfangsfäden und nähe die Zunge in Rd 3 an die vMg unten am Rüssel fest.

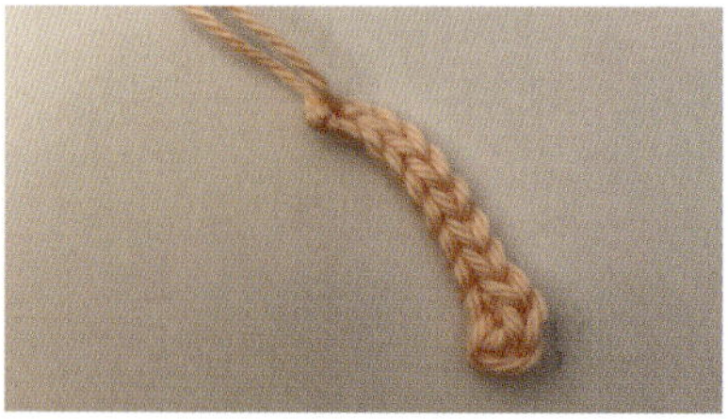

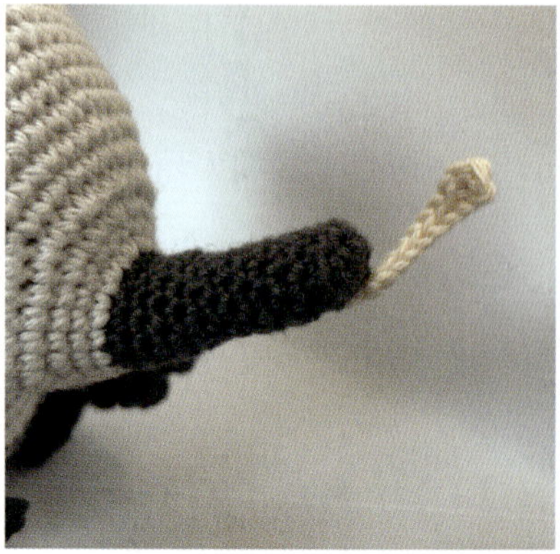

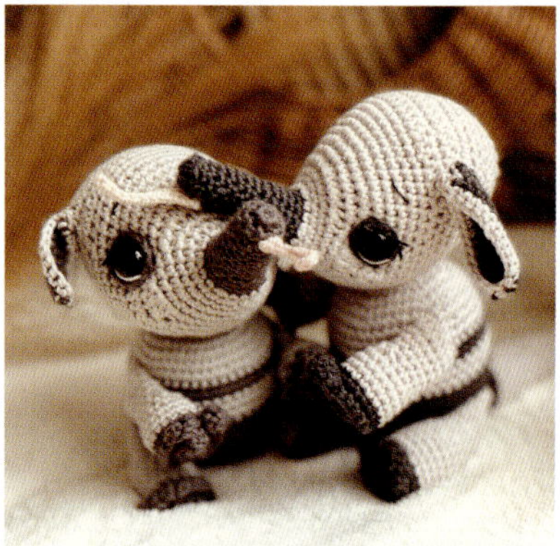

Liebe Häkelfreunde,

Amaro und ich verabschieden uns und freuen uns sehr auf eure Bilder mit dem Hashtag #elastierbabys!

Fröhliches Häkeln,
eure Ela!